浙江省"十四五"普通高等教育本科规划教材
浙江省普通高校"十三五"新形态教材
经济管理类核心课程系列规划教材

PRINCIPLES OF STATISTICS
统计学原理

周晖杰　程海峰　赵　杰　◎主编

ZHEJIANG UNIVERSITY PRESS
浙江大学出版社
·杭州·

图书在版编目（CIP）数据

统计学原理 / 周晖杰，程海峰，赵杰主编.—杭州：
浙江大学出版社，2020.11（2025.7 重印）
ISBN 978-7-308-20730-0

Ⅰ.①统… Ⅱ.①周… ②程… ③赵… Ⅲ.①统计学
—高等学校—教材 Ⅳ.①C8

中国版本图书馆 CIP 数据核字（2020）第 208475 号

统计学原理

主编 周晖杰 程海峰 赵 杰

策划编辑	黄娟琴	
责任编辑	徐 霞	
责任校对	王元新	
封面设计	春天书装	
出版发行	浙江大学出版社	
	（杭州市天目山路 148 号 邮政编码 310007）	
	（网址：http://www.zjupress.com）	
排 版	杭州青翊图文设计有限公司	
印 刷	杭州钱江彩色印务有限公司	
开 本	787mm×1092mm 1/16	
印 张	16.5	
字 数	412 千	
版 印 次	2020 年 11 月第 1 版 2025 年 7 月第 3 次印刷	
书 号	ISBN 978-7-308-20730-0	
定 价	49.00 元	

前　言

　　党的二十大擘画了全面建设社会主义现代化国家、以中国式现代化全面推进中华民族伟大复兴的宏伟蓝图,强调高质量发展是全面建设社会主义现代化国家的首要任务。高质量发展离不开高质量统计支撑。统计是经济社会发展重要的基础性工作,统计数据是国家宏观调控和科学决策管理的重要依据,服务中国式现代化是统计的职能所在。

　　我国著名经济学家马寅初说过:"学者不能离开统计而研究,政治家不能离开统计而执政,企业家不能离开统计而执业。"在日常经济生活中,统计在金融、证券、保险、投资、理财等各方面的应用越来越广泛,同时,统计学自身也在不断发展之中,其学科地位有了很大提高,成为经济类、管理类专业的基础核心课程之一。

　　近些年来,在中国经济建设现代化和高等教育大众化推动下产生的应用型高等院校在我国蓬勃发展,为我国的现代化建设事业培养了大批急需的各类应用型人才,对推动经济发展和促进社会进步起到重要的作用。为适应高等教育结构的调整和应用型高等院校发展的需要,按照突出应用性、实践性的原则,我们对统计学原理课程内容进行重新组合,力求教材能够适应应用型高等院校学生的学习特点,提高学生用统计方法分析问题和解决问题的能力,培养数据搜集、整理、分析等实际应用能力。

　　本书在编写过程中借鉴各版本统计学教材内容,参阅各兄弟院校统计学精品课程网站资料,在此对他们表示感谢。

　　限于编者的水平,书中的错误在所难免,希望广大师生在教学实践中积极提出意见与建议,并及时反馈给我们,以便我们对已出版的教材不断修订、完善。

编者

目　　录

第一章

绪　　论

第一节　统计学的产生与发展

一、统计的含义

统计是随着社会的发展,为适应国家与社会管理的需要而产生和发展的,其涉及的范围也逐步扩展到社会的各个领域,在商务管理活动中得到广泛应用。例如,某一品牌改装后一个月内其销量增加了 15%;某地消费者调查结果显示,有 45% 的人希望在本地区开设一家快餐店;某销售经理要知道按照现有条件,是否能在年底前完成其销售计划;对一批进口商品进行质量检验,以决定是否接受;若某企业销售额增长 10%,有多大成分是由价格引起的,有多大成分是由数量引起的;等等。从一般意义上说,这些数字化的资料都可以称为统计,但实际上不止于此。统计是对社会经济中的大量数据进行收集、整理和分析的一种认识活动和理论方法。统计具有不同的含义和范围。"统计"(statistics)一词在中文中一般解释成这样三种含义:统计工作、统计数据和统计学。

(一)统计工作

统计工作即统计实践,是指国家行政机关(主要是统计机构)、企事业单位为满足社会、经济、政治、科技等方面的管理需要或从事科学研究的需要,而对社会经济现象的数据进行收集、整理和分析的一系列统计活动过程。

以商务管理为例,《商业周刊》(*Business Week*)是一本著名的商务管理杂志,提供各种有关商务和经济实体感兴趣的文章。除了有关当前话题的特色文章外,该杂志还包括关于国际商务、经济分析、信息处理,以及科学和技术的定期讨论。特色文章和定期讨论帮助读者及时了解当前的发展状况,并评估该发展对商务和经济状况的影响。

《商业周刊》的绝大多数文章提供了有关当前关心的话题的深度报告。1937年,发表第一篇《公共关系职业统计报告》,表明当时全美有5000名公共关系从业人员,250家公共关系公司,数百家全美的大公司中有20%设有公共关系部。近些年,该杂志持续发布最佳商学院排名、全球企业1200强、最佳概念车排行、世界慈善家大排名、新兴市场200强排名等报告。其他吸引读者兴趣的是每年的高级职员酬金调查和《商业周刊》统计的美国各州经济指数,例如生产指数、股票价格、不动产贷款价值和利息率。

除了在杂志的文章中使用统计数据外,《商业周刊》还收集和使用统计数据来帮助管理其自身的经营。例如,《商业周刊》曾进行一次对其订阅者的调查来了解他们的个人形象、阅读习惯、购物习惯、生活方式等。杂志管理人员利用从该调查中得出的统计摘要向订阅者和广告客户提供更好的服务。

(二)统计数据

统计数据即统计信息,是指通过统计工作所取得的各项数据资料以及与之相关的其他资料的总称。在一般情况下,统计数据资料都集中收编和反映在统计公报、统计年鉴、数据手册、统计资料汇编、统计图表和统计分析报告中。在每期的《商业周刊》中就包含了大量的统计资料。

更多地,我们还可通过各种途径看到各类报道。例如,从中国国家统计局网站上可以看到,2018年国内生产总值900309.5亿元,比上年增长6.6%。2018年居民消费价格比上年上涨2.1%,其中生活用品与服务价格上涨1.6%;工业生产者出厂价格上涨3.5%,购进价格上涨4.1%。固定资产投资价格上涨5.4%;农产品生产者价格下降0.9%;全年猪牛羊禽肉产量8517万吨,比上年下降0.3%,其中猪肉产量5404万吨,下降0.9%;全年全国居民人均消费支出19853元,比上年增长8.4%,扣除价格因素,实际增长6.2%。这些报道中与数据有关的事实被称为统计数据。

(三)统计学

统计学即统计理论,是指系统地阐述统计实践活动基本原理和研究方法的理论。它是一门研究如何收集、整理和分析统计资料的理论和方法论的科学。统计方法是社会、经济、科学技术等各研究领域和工作部门必要的、基本的数量分析手段,是从大量数据资料中提取主要的有用信息的重要工具。

统计的三种含义密切相关:统计工作和统计数据是过程和结果的关系;统计数据是统计工作的成果或结晶,它来源于统计工作又服务于统计工作;统计工作和统计学是理论与实践的关系;统计学是统计活动发展到一定阶段的产物,是统计实践经验的理论概括,并用于指导统计实践,为统计工作提供理论依据;统计工作的发展会不断完善和丰富统计学理论,而统计学理论的丰富又促进了统计工作的发展,使之更有效、更科学。

以上对"统计"一词含义的理解,有助于对统计学的初步认识。但这还不够,统计学这一门科学的性质、特点、功能,还要从其产生的历史来考察。

二、统计学的产生与发展

一切科学都来源于实践,统计这门科学的产生和发展也是如此,它是适应社会经济的需要而产生和发展起来的。

最早的统计活动可以追溯到原始社会末期。当时的人们打猎捕兽、结绳记事,这些活动就孕育了统计的最初含义。在奴隶社会和封建社会里,统治阶层要巩固其对内统治和对外战争,加强对国家的宏观管理,就要进行征兵、课税,了解和掌握军队、农产品、世袭领地和国民财富等国情国力的信息,于是就产生了与人口、土地和国民财富等相关的统计调查。

据历史记载,我国古代的一些政治家、军事家早就意识到统计的重要性。秦国的商鞅在《商君书·去强篇》中这样说:"强国当知十三数:境内仓、口(府)之数,壮男、壮女之数,老弱之数,官士之数,以言说取食者之数,利民之数,马、牛、刍、藁之数。欲强国,不知国十三数,地虽利,民虽众,国愈弱至削。"2000多年前,春秋战国时代的统治阶级就已认识到统计是一种重要的认识工具和管理工具,它对战争的胜负、国家的安危有着重要意义。

同样,在欧洲的古希腊和古罗马时代,就已开始了人口和居民财产的统计调查工作。封建制国家根据其需要也进行了有关人口、军队、世袭领地和财产等统计。但是那个时代的统计活动和统计资料,无论是中国还是外国,由于生产力发展缓慢,统计还只是简单意义上的数字登记、汇总、计算和比较,还没有被当作一门学问去研究,处于没有统计理论指导的统计萌芽阶段。

随着资本主义的兴起和社会生产的不断发展,社会分工越来越科学,社会生活日趋复杂。为了解国内外社会经济状况、市场状况和企业的生产情况,资产阶级必须对有关的经济活动进行广泛的统计,于是工业、农业、商业、对外贸易等各方面的统计活动都发展起来。当资本主义发展到垄断资本主义阶段,随着科学技术的进步,统计在现代经济管理中的作用更为重要,从而得到了更广泛的应用和发展。随着统计实践的发展和经验的积累,各种统计理论和学说应运而生。但是直到17世纪统计才逐渐发展成一门科学,在欧洲的不同国家形成了不同的学派。

(一)国势学派

国势学派产生于18世纪封建制度的德国,代表人物是康令,继承者主要有阿亨瓦尔,其代表作是《近代欧洲各国国势学概论》,他在哥本哈根大学中开设了一门新的课程,最初叫作"国势学",因为在德文中"国势"与统计的含义相通,后正式定为统计学。它收集大量的实际资料,分门别类记述有关国情国力,包括土地、人口、政治、军事、财政等。这个学派以文字记述为主,始终没有把数量对比分析作为这门科学的基本特征,故又称为"记述学派"。这一学派对统计学的贡献不是很大,只是阿亨瓦尔在1749年第一个把国势学定名为统计学,统计学这一名词一直沿用至今。

(二)政治算术学派

政治算术学派产生于18世纪资本主义的英国,创始人是威廉·配第。配第在研究各国政治经济情况时不只是用文字进行表述,还通过大量的数字资料进行对比分析来反映国情国力。配第在《政治算术》一书中第一次用计量和比较的方法,从整体分析了英、法、荷三国的经济军事实力及其内在潜力。《政治算术》提出了一整套比较系统地反映社会经济现象、分析其数量关系的方法,创造性地进行了建立一门统计科学的尝试。马克思称配第在某种程度上也可以说是统计学的创始人。这里的"政治"是指政治经济学,"算术"就是指统计方法。该书采用了不同于传统的方法,而是利用数量、重量、尺寸来说话,找出事物变化的规律。

(三)概率统计学派

统计学的另一个起源是概率论的发展。16世纪以后,航海运输业的发展、保险事业的兴起等,为概率论的萌芽创造了现实的土壤。航海及保险的赔赚从单个事件看,都具有偶然的性质,但通过对大量现象的观察又可以发现其发生的可能性具有一定的规律性。现实需要促使许多数学家从大量的偶然现象中找出其内在的规律性,逐步形成了概率论。最早由法国数学家拉普拉斯将概率论方法引入统计学,他在1802年利用抽样调查方法对法国人口进行了调查,估算了全国的人口数,并给出了误差区间。其后,比利时统计学家凯特勒融合了国势学派和政治算术学派的已有成果,并把概率论的原理和大量观察法引入了统计研究的领域,使统计方法发生了重大的飞跃。他在犯罪问题、人口问题、寿命问题等多个领域运用概率论的方法进行研究,取得了丰硕的成果,因此有人推崇其为现代统计学之父。在他以后又有许多统计学家,如卡尔·皮尔逊、费歇尔等把统计方法应用于自然科学、社会科学各领域,并出现了一些有重大影响的学者。他们在实践中进一步发展了统计理论,使统计学逐步形成一门比较成熟的科学。

可以说,现代统计学沿袭了国势学派统计学的名称,内容上除了对国家重要事项进行调查外,又扩大了研究的范围,同时吸取了政治算术学派、概率统计学派对客观现象进行数字计量、大量观察和研究分析的方法,在三者基础上逐渐融合而形成的。

第二节　统计及商务管理统计的研究对象与程序

一、统计学的特点

统计学是对数据资料进行收集、整理、描述和分析,并从中探索数据内在规律性的一门方法论的学科,表现出如下特点。

(1)统计学的研究对象是客观事物现象的数量方面,是总体现象的大量数据,而不是个别的、单个的数据。例如,某学生在英语考试中取得80分的成绩,但仅通过这么一个数字是无法说明该学生的成绩如何的,因为不知道其他学生的考试成绩。只有其他学生的成绩知道了,才能对该生的成绩进行评价。另外,统计学所研究的客观现象十分广泛,既包括自然现象,也包括社会现象。早期统计所研究的问题有人口调查、保险精算等,后来逐渐扩大到社会经济和生物实验等方面。随着人类实践活动的需要向信息化发展,许多领域都需要研究事物的数量方面,需要联系数量方面的特征来研究事物的本质。因此统计学的应用范围越来越宽。可以说,只要是有大量数据出现的地方,都需要用到统计学。凡能以数量来表现的现象特征均可作为统计学的研究对象。统计方法已渗透到各个科学领域,成为 20 世纪最活跃的学科之一。

(2)统计学是一门方法论科学,它是由收集、整理、描述和分析数据资料的统计方法组成的。统计方法来源于对数据资料的研究,其目的是对数据资料研究以揭示出数据内在的规律性。统计方法是来源于实践的,是从现实问题中产生的,统计方法的发展是动态的。随着统计方法的应用日益广泛,内容不断充实,尤其是近代概率论的发展为统计方法提供了理论基础,发展到目前,统计的方法已相对独立地形成了自己的科学体系,其内容包括如何去搜集资料,如何对搜集的资料加以整理、概括和表现,以及如何对取得的数据进行分析和推断等一系列方法。现在统计方法已成为宏观及微观经济管理、科学决策和科学研究的重要工具,统计学学科体系日趋完善,成为一门既历史悠久又充满活力的学科。

(3)统计学的目的是探索和研究客观现象数量的内在规律性。那么,什么是数据内在的数量规律性呢? 下面我们用具体例子进行说明。我们知道,对每个家庭中新生婴儿的性别来说,既有可能是男孩,也有可能是女孩,是无法事先确定的。在过去未实施计划生育的时候,某个家庭可能连续生几个男孩,另一个家庭可能连续生几个女孩。然而,新生婴儿的性别从个别家庭来看,似乎是没有什么特殊规律的。但是如果对多个新生婴儿进行观察,即观察几千或上万个新生婴儿就会发现男孩会比女孩稍多一些,大致为每生 107 个男孩,就会有 100 个女孩出生。这个性别比例就是新生婴儿性别比例的稳定数值,即新生婴儿性别比例的数量规律性。之所以把 107:100 称为数量规律性,是因为古今中外新生婴儿的男、女性别比例都大致如此。这种数量规律性是由人类遗传规律和人类社会发展规律所决定的。众所周知,人类社会自身的协调发展,需要男、女性别结构保持在 1:1 的水平。在少儿时期,男孩比女孩略多,但男孩的死亡率比女孩要高一些。到中年时期,男女人数基本相一致。到老年时期,由于生理结构的原因,男性的平均预期寿命比女性的要短,从而男性比女性老人相对要少一些。这样,从总体上看,人类社会男女总人数还是基本平衡的。在中青年结婚生育时,也是大致平衡的。总的说来,新生儿性别比例是人类长期进化的结果,是一种和谐的平衡。

那么,为什么统计方法能通过对数据的大量观察进而探索和揭示数据的内在规律性呢? 这是由客观事物的本身特点和统计方法的特性所共同决定的。根据唯物辩证法的原理,客观事物是必然性和偶然性的对立统一,当然反映数量特征的数据也受必然性和偶然性两种因素的支配,是两者的对立统一。必然性反映了事物本质的联系,是比较稳定的,它决定了事物的表现形式是有规律可循的。如果客观事物只有必然性的一面,那么事物的表现形式就会简单化,也就不需要用统计方法了。但由于受偶然性的影响,事物的表现形式千变万化,数据也存在千差万别,这样必然性和数量规律性就被掩盖在千差万别的事物的表现形式中了。而统计学提供了一系列的统计方法,对表面上杂乱无章的数据加以整理和处理,根据研究目的和客观事物的特点探索出数据的内在规律性来,然后结合专业知识对这些数量规律性进行解释和分析。

二、商务管理统计的研究对象

统计学是以客观事物中的数量特征、数量关系和数量变化为研究对象的,商务管理统计是统计学在商务管理中的应用,其研究对象就是商务管理活动的数量特征、数量关系和数量变化,目的是通过对商务管理活动中数据的观察和分析,认识其规律性,为商务管理过程的计划、监督、预测和决策提供有力依据。由于商务管理活动中的数量变化也受自然、技术因素的影响,因此在研究商务管理活动中的数量的同时,也必须联系社会现象、经济现象和技术现象,研究它们对商务数据的影响程度及变化规律。所以,商务管理统计数据的分析研究不是孤立的,它不仅包括流通领域、生产领域,也和消费领域的统计数据密切相关。

统计学包括商务管理统计的研究对象具有如下特点。

(一)数量性

数据是统计的原料,离开了数据,统计工作就成了无米之炊。数量性是统计学研究对象的基本特点。统计数据是客观事物量的反映,通过数据可以测度事物的类型、量的顺序、量的大小和量的关系。例如,要分析和研究国民生产总值,就要对其数量、构成及数量变化趋势等进行认识,这样才能正确地分析和研究国民生产总值的规律性。

(二)总体性

统计研究虽然是从个别入手,对个别单位的具体事实进行观察研究,但其目的是认识总体数量特征。例如,进行居民家庭收支调查时,虽然是对具体的每个调查户进行观察,但其目的并非研究个别居民户的家庭基本状况,而是要反映一个部门、一个地区以至一个国家居民的收入、消费、就业等状况。

(三)变异性

统计研究的是同质总体的数量特征,其前提是总体各单位的特征表现存在差异,而这些差异不是由某些特定的原因事先给定的。统计学上把总体各单位由于随机因素引起的某一标志表现的差异称为变异。例如,一个学校的学生,其年龄的大小、学习成绩的高低存在差异,这才有必要研究其年龄、学习成绩的平均水平及其各层次的结构等状况。如果各单位不存在差异,也就无须进行统计了。

三、商务管理统计的工作过程

一般的社会经济统计工作包括统计设计、统计调查、统计整理显示及统计数据分析四阶段,自然地,商务管理统计的工作过程也包括了如下阶段。

（一）商务管理统计设计

它是按照商务管理统计活动的目的和要求，事先所做的总体规划和安排，即商务管理中的统计调查、统计资料整理和商务管理数据分析等一系列实践活动开始之前的准备工作。商务管理统计设计要科学、清晰、简明和具有可行性。通常在设计之前，要对所研究的事物或现象进行一次粗略的了解，以便在设计时做到有的放矢，针对性强。统计设计质量好坏、科学与否，直接影响着后面的几个工作程序。

（二）商务管理统计调查

它是搜集商务管理统计数据的阶段，即根据统计研究的目的和任务，有计划、有步骤地组织调查、登记和访问，以取得数据资料的工作过程。这一过程进行得是否顺利，直接决定着商务管理统计数据的真实性与可靠性，也直接影响着商务管理统计分析结果的科学性和可靠性。

（三）商务管理统计数据的整理、简缩与资料显示

它是一项案头统计工作，是对搜集得来的原始统计数字资料，按照研究目的进行分组、加工、汇总、制表、制图的统计工作阶段。即把分散的、说明个别现象的数字过渡到总体上来，以表明商务管理活动总体的情况、特征以及发展趋势。

（四）商务管理统计数据分析

它是对加工、整理过的商务管理统计数据，用特有的统计方法进行系统的、周密的深入研究，进而揭示被研究现象的本质和规律性，揭示现象之间的联系程度，进行适当的估计、推断、检验和预测，提出决策意见和建议。这是统计工作程序中的总结和出结论的阶段。

商务管理统计工作的上述四个阶段，反映出人们对客观事物的一种认识过程，商务管理统计活动和其他认识活动一样，是一个不断深化的过程。就一次具体的统计活动而言，它包括统计设计、调查、整理和分析四个阶段，实际上它也是使商务管理统计的认识从感性认识阶段上升到理性认识阶段的过程。统计工作的全部过程各阶段之间不是互相孤立的，而是前后紧密联系的一个整体，同时各个环节之间又常常是交叉进行的。例如，在统计分析阶段研究数据时，时常会发现某一事物与另一事物之间的密切关系要做进一步分析研究，或发现个别问题在设计标志时存在遗漏，这时就有必要在分析阶段再次搜集资料进行补充。另外在分析阶段也常因研究角度不同、使用方法不同，而对整理过的数据资料进行重新分组简缩和汇总。

四、商务管理统计的研究方法

随着统计学学科体系的不断完善和发展，统计研究的方式方法也越来越趋于多样性和科学性。常用的商务管理统计的研究方法有大量观察法、统计分组法、对比分析法、综合指

标法、统计推断法和动态测定法等。

（一）大量观察法

这是指在研究大量商务管理活动的过程中，必须从总体上进行全面观察，要对足够多的单位进行调查和分析，否则得出的结论就不具有代表性。这是统计的"大数定律"决定的。

（二）统计分组法

它是根据商务管理的研究目的，从研究对象最本质的特征出发，将所研究的对象，按一定标志区分出类型不同或性质不同的组，目的是寻找组与组之间的差异性。统计分组法与大量观察法在商务管理统计调查中常常共同使用。

（三）对比分析法

它将调查得到的大量商务管理数据，在统计分组的基础上，从不同角度进行绝对数或相对数对比分析、内部或外部对比分析、静态或动态对比分析，从而找出商务现象的内部差异程度，以及两种现象之间的联系程度。

（四）综合指标法

它是对商务管理活动中的数量方面进行综合分析研究的方法。如商务管理活动中某一总体的集中趋势和离散趋势的测量。目的是揭示研究对象的一般水平，使不便对比的两个总体水平可以进行比较研究。同时在遇到两个相似总体时，也可以进行差异分析。

（五）统计推断法

统计推断法可以用于对总体数量特征的估计，也可以用于对总体的某些假设进行检验。由于被研究总体自身的大量性和复杂性，从某种意义上说，我们所观察的搜集到的数据及资料，都是一种样本资料。对此，只能用样本信息去估计总体的一般水平。因而统计推断法被广泛地应用于统计研究的各个领域，特别是产品质量检验、市场调查、消费者意愿研究等方面的估计和检验。

（六）动态测定法

任何事物都不是静止和一成不变的，尤其是在市场经济条件下，消费者的观念更是不断变化的。动态测定法就是将商务管理数据与时间概念相联系，进行动态的分析研究，说明现象在不同时间上的变化差异，以及变化方向和变动幅度。

此外，商务管理统计的研究方法还包括方差分析、非参数检验等特有的统计方法，这里就不一一列举了。

应当指出，统计学所提供的上述一系列研究方法，使得从事商务管理活动的人们有可能透过对客观总体现象数量特征的观察与分析,去发现这些现象自身发展规律的存在,或者加深对这些规律的认识和理解。但是,对这样的实质性规律的论证和解释,则要由研究这些特定现象的实质性学科去完成。商务管理统计学所提供的研究方法是借助于观察和分析具体的总体现象来研究和分析其数量特征的一般方法。商务管理统计学不研究各种商务管理现象自身的发展规律,而商务管理现象中的固有的自然规律和社会规律,只能由研究现象的各门实质性学科去承担。当然,商务管理统计数据及方法,可以为商务管理活动实质性科学的研究,提供科学的方法和依据。

第三节 统计学的基本概念

统计学的概念比较多,有些是常用的基本概念,贯穿于统计学教学的始终。

一、统计总体和总体单位

(一)统计总体

统计总体简称总体,是从数理统计中借用来的名词,在数理统计中又称母体,与样本相对应。统计总体是指被确定的调查对象和调查单位的总体,也即根据统计研究的任务、目的所确定的研究事物的全体。

凡是客观存在的、具有共同性质的个体所构成的整体就是统计总体。例如,我们要研究居民户的生活水平,那么全体居民户便构成了统计总体。又如,要研究工业企业的规模,那么全部的工业企业便构成了统计总体。

统计总体的形成必须具备一定条件,主要包括以下几个方面。

大量性,总体是由现实存在的许多个别单位组成的,仅仅个别或少数单位不能形成总体。

同质性,即构成统计总体的所有单位至少具有某一共同性质,这是统计总体的前提条件。

差异性,即构成统计总体的各总体单位至少在某一性质上具有共同特征外,在其他性质上应具有差异性,变异性是统计研究的重点。

(二)总体单位

构成统计总体的每个基本单位称为总体单位,简称单位或个体,它是各项统计特征的原始承担者。例如,上面提到的每个工业企业就是总体单位,它们聚集在一起,构成了全国工业企业这个总体。又如,要进行工业生产设备普查,则每一台工业生产设备就是总体单位。

一般地说,统计是研究总体现象,综合总体的数量特征,因此仅仅对某一个体单位标志值的记述,还不能称为统计。但与此同时,统计又离不开个体单位。统计研究的过程就是从个体到总体综合和分析的过程。

（三）统计总体的分类

1. 有限总体和无限总体

统计总体按其包含的单位数是否可计量，分为有限总体和无限总体。

有限总体是指总体中包含的单位数是有限的。例如，全国人口总数、工业企业总数等，不论它们的数量有多大，它们都是有限的、可计量的。

无限总体是指总体中包含的单位数是无限的。例如，工业中连续大量生产的产品，其产量是无限的。

在社会经济现象中，大多数是有限总体，无限总体只是少数。对有限总体既可以采用全面调查的方法，也可以采用抽样调查的方法。对无限总体只能采用以调查一部分来推断总体的抽样调查的方法。

2. 实体总体和行为总体

统计总体按总体单位的形态，分为实体总体和行为总体。

实体总体是以某种客观存在的实体为单位组成的总体，如以个人、居民户、企业、设备、商品等单位组成的统计总体。

行为总体是以某种行为或事件为单位组成的总体，如以工伤事故、购销行为、犯罪事件、劳动争议等为单位所组成的统计总体。

（四）统计总体和总体单位的关系

统计总体是由总体单位组成的，总体单位是组成统计总体的个别事物。研究统计总体的情况必须从总体单位入手，从搜集个体的资料入手，经过汇总、整理和加工才能反映统计总体的全貌。

根据研究目的的不同，统计总体和总体单位是可以相互转化的。例如，当我们研究工业生产情况时，整个工业行业是统计总体，而每一个工业企业是总体单位。如果我们研究某一个工业企业的经济效益，那么这个工业企业便成了统计总体，而企业的每一个职工便成了总体单位。可见，统计总体和总体单位不是固定不变的，会随着研究的目的而改变。

二、标志和标志表现

（一）标志和标志表现的概念

每个事物都有它自身的特征从而可以区别于另一事物。例如，每个职工都有性别、年龄、籍贯、文化程度、政治面貌、身高、体重等特征，企业的所有制性质、规模、职工人数等都是作为总体单位的企业的特征，这些表示总体单位特征的名称就是标志。

标志表现即标志特征在各单位的具体表现。如性别标志的表现有"女""男"两个属性，年龄标志则用"30"岁、"50"岁等数量来表现。

(二)标志的分类

1. 品质标志和数量标志

根据标志表现的形式不同,标志可分为品质标志和数量标志。数量标志是指表明总体单位数量特征的标志,可以用数值表示,如某企业的职工人数、工资总额等。由于数量标志表现的是一具体数值,故也称为标志值。品质标志是指表明总体单位属性特征的标志,不能用数值表现,如人的性别、文化程度等。

2. 不变标志和可变标志

根据各总体单位标志的具体表现是否相同,标志可分为不变标志和可变标志。如果某一标志的具体表现在各总体单位中都相同,则称该标志为不变标志;如果某一标志的具体表现在各总体单位中不尽相同,则称该标志为可变标志。如在全市国有企业这一总体中,所有的总体单位,即每个国有企业,它们在"经济属性"这一标志上的表现是相同的,即经济属性是国有企业的不变标志,除此之外的其他标志的表现就不尽相同,属于可变标志,如职工人数、工资总额等。任何一个总体单位都同时具有这两种标志,前者是构成总体的同质性的基础,后者构成变异性。统计工作的主要任务是根据研究目的,调查登记各种可变标志在各个总体单位中的具体表现。

(三)总体单位和标志的关系

从总体单位和标志的关系中,可以看出总体单位是标志的承担者,标志是对总体单位的特征描述,依附于某个总体单位的标志可以有多个。

三、统计指标和指标体系

(一)统计指标

1. 统计指标及其构成要素

统计指标是反映总体现象具有的数量特征的名称(或概念)。一个完整的统计指标包括六个构成要素:时间、空间、指标名称、数值、计量单位、计算方法。例如,2018 年我国第一产业增加值为 64734 亿元,增长 3.5%;第二产业增加值为 366001 亿元,增长 5.8%;第三产业增加值为 469575 亿元,增长 7.6%。第一产业增加值占国内生产总值的比重为 7.2%,比上年下降 0.7 个百分点;第二产业增加值比重为 40.6%,上升 0.2 个百分点;第三产业增加值比重为 52.2%,上升 0.6 个百分点。这些都叫统计指标,都有六大要素。但在统计理论和统计设计中,统计指标仅仅有指标的名称,这种使用也是合理的。

统计指标具有很重要的作用:①从认识的角度讲,统计指标起社会指示器的作用和反映数量规律性的作用,它用数字表明社会经济活动过程中的各种事实、现状、发展过程和规律性。②从社会管理和科学研究的角度讲,统计指标是基本依据之一。

对统计指标的概念,一般有两种不同的理解和使用方法:一是指反映现象数量特征的概念,如年末人口数、商品销售额、劳动生产率等;二是指反映现象数量特征的概念和具体数值,如我国 2018 年的国内生产总值为 900309.5 亿元。

2. 统计指标的特点

为了全面研究统计指标,需要首先研究一下统计指标究竟有哪些特点。衡量统计指标的特点必须有一个标准或依据,最主要的依据就是统计研究的对象,也就是统计研究的客体。以此为依据,统计指标有以下几个特点。

(1)数量性。统计指标旨在说明社会经济现象总体的量的特征,并且都可以有数值表现,不存在不能用数值表现的统计指标。即使按照第一种理解处于理论研究和设计上使用的统计指标的概念,也仍然具有这种性质。统计指标必须密切联系社会经济范畴本身,从认识客观社会经济内容、本质和特征出发来计算其数量,体现统计指标质与量的辩证统一。统计指标的数量性前提,使统计工作利用现代计算技术有了巨大的可能性。

(2)综合性。统计指标是通过对总体单位调查登记并加以汇总整理而得到的数据,说明的不是个别单位或部分单位的数量特征,而是构成总体的全部单位的综合结果。当我们确定了统计总体、总体单位和单位标志之后,就可根据一定的统计方法对各单位和各单位各种标志的标志值进行登记、分组、汇总而得到各种说明总体数量特征的统计指标。例如,某地区的企业组成统计总体时,可以汇总得到全地区的企业数、职工人数和总产值等指标;又如,某县的村庄组成统计总体时,可以汇总得到全县的村庄数、总播种面积和总收获量等指标。拿地区总产值来说,各个企业产值大小的差异不见了,各种不同产品的差异、同一产品不同品种的差异也不见了,显示出的是该地区总产值的一般水平。可见,统计指标的形成都必须经过从个别到一般的过程。通过个别单位数量差异抽象化,来体现总体的综合数量特征。因此,统计指标也称作综合指标。

(3)具体性。统计指标不是抽象的概念和数字,它是总体某一方面质和量的具体统一,说明总体在具体时间、地点、条件下的数量特征;统计指标又是客观存在的事实反映。这样就把统计指标与数学抽象的数量区别开了。

3. 统计指标和统计标志的关系

统计指标和统计标志是一对既有明显区别又有密切联系的概念。

统计标志和统计指标的主要区别是:①统计指标是说明总体特征的,统计标志是说明总体单位特征的;②统计指标具有数量性,无论是数量指标还是质量指标,都能用数值表示,统计标志则不一定,数量标志具有数量性,品质标志不具有数量性。

统计标志和统计指标的主要联系表现在:①指标值最初往往由标志汇总而来;②在一定条件下,数量标志和指标存在着互换关系。

根据研究任务与目的不同,原来的统计总体如果变成总体单位了,则相对应的统计指标也就变成数量标志了;反之,亦然。例如,如果我们的任务是研究全国或一个地区的全部工业企业的情况,每个企业的总产值、职工人数、设备数量等则为总体单位的数量标志,如果现在的任务变了,只研究某个大型企业的职工素质情况,了解职工的文化水平、技术结构、工资结构、年龄结构、性别结构等,以便制定某项政策。这时,该企业的职工人数由原来的标志值变成了统计指标,而每个职工的年龄、工资、文化程度、技术等级、性别等则成为统计标志。

4.统计指标的种类

统计指标从不同的角度,可以分为各种不同的种类。

(1)统计指标按其所反映的数量特点不同,分为数量指标和质量指标。

数量指标是反映现象总规模水平或工作总量的指标,也称为总量指标,一般通过数量标志值直接汇总而来,用绝对数表示,指标数值均有计量单位。例如,国民生产总值、人口数、工业企业数、工资总额、商品销售额、货物运输量等。数量指标的数值随总体外延范围的大小而增减,它是认识总体现象的起点。数量指标又称为总量指标,它有两种表现形式:一种为总体单位总量,即表明构成总体的单位数,如工业企业数、商店数等;另一种为总体标志总量,即反映总体中各单位标志值的总和,如商品销售额、工资总额等。数量指标是计算质量指标和进行分析研究的基础。

质量指标是反映现象总体相对水平或工作质量的统计指标,又分为相对指标和平均指标,分别用相对数和平均数表示。它们通常是由两个总量指标对比派生出来的,反映现象之间的内在联系和对比关系。例如,第三产业在国民经济中的比重、国家公务员的平均工资和城镇居民平均每人可支配的生活费收入等。

数量指标和质量指标的关系表现在:数量指标是计算质量指标的基础,质量指标往往是相应的数量指标进行对比的结果。

(2)统计指标按其表现形式不同,分为总量指标、相对指标和平均指标。

总量指标即数量指标,用以说明总体现象的广度,它表明总体现象发展的结果。它可以反映一个国家国情国力的基本情况,是制定政策、编制计划的基本数据。例如,人口数、土地面积、钢铁产量、国民收入等。

相对指标是两个有联系的总量指标相比较的结果。例如,用总体的部分数值和总体的全部数值相比较来说明总体的结构,用人口数与国土面积之比来说明人口密度等。

平均指标是按某个数量标志说明总体单位一般水平的统计指标。例如,平均成本、平均工资等。

(3)统计指标按其作用或功能不同,划分为描述指标、评价指标和预警指标。

描述指标是用于反映社会经济资源条件和基本情况的指标,如社会劳动力资源总数、国有资产总量、国民生产总值、外汇储备、企业占用的固定资产总量、流动资金等。通过这类指标来说明国民经济和社会发展的基本状况。

评价指标是用于对社会经济活动的结果进行评价和考核的指标。例如,对工业企业经济效益的评价指标有产品销售率、劳动生产率、资金利润率、流动资金周转速度等。

预警指标是用于对宏观经济运行的监测,并根据指标数据对可能出现的总量失衡、结构性矛盾、突变事件等异常情况进行预报的指标,如国民生产总值和国民收入增长率、固定资产投资增长率、通货膨胀率、失业率等。这类指标通常涉及面广、敏感性强,对国民经济发展和社会稳定具有关键影响。

按功能划分的统计指标并非是绝对的,有的指标既可用于描述,又可用于评价和顶替。

此外,统计指标按其采用的计量单位不同,可分为实物指标、价值指标和劳动量指标;按其反映的时间角度不同,可分为静态指标和动态指标;等等。

(二)统计指标体系

1.统计指标体系的含义和作用

社会经济现象错综复杂,各种现象之间相互联系、相互制约,而每一个统计指标只能反映总体现象的一个侧面,若要了解和研究总体现象的多方面及其发展变化的全过程,当然会涉及许许多多的统计指标。因此,由若干个相互联系的统计指标组成的有机整体就称为统计指标体系。它们从不同方面反映总体现象的状况和发展变化,以满足认识世界和改造世界的需要。

社会经济现象本身的联系是多种多样的,所以统计指标之间的联系也是多种多样的。宏观的、微观的社会经济现象都可以建立各种各样的指标体系。例如,国民经济统计指标体系包括社会发展客观条件以及社会生产、生活的主要现象和过程的一系列指标,为了从不同角度反映和研究社会经济各部门的发展规模和水平,就有了产值指标体系,包括社会总产值、工农业总产值、国民收入、国民生产总值等。又如,工业企业是在一定生产经营主体的组织下,由资本金、劳力、物资、技术、设备、生产、供应、销售等相互联系的整体活动,为了反映企业生产经营的全貌,就可设立产量、产值、品种、质量、职工人数、劳动生产率、工资总额、原材料、设备、财务成本等指标群,构成工业企业统计指标体系,而固定资金、流动资金、生产费用、产品成本、销售利润则构成企业财务指标体系。

2.统计指标体系的表示形式

统计指标体系反映的是被研究现象之间的一种依存关系。被研究现象的联系是多种多样的,指标体系的表现形式也应多元化。但从指标数值、数量依存关系的角度出发,指标体系一般可用以下两种数学形式表示。

形式一:指标体系数值=各个相关指标数值之和。

例如:

增加值=固定资产折旧+劳动者报酬+生产税净额+营业盈余

某产品制造成本=原材料消耗+人工费用消耗+制造费用支出

形式二:指标体系数值=各个相关指标数值之积。

例如:

商品销售额=商品价格×商品销售量

国民收入=劳动消耗量指数×按社会总产值计算的劳动生产率指数×
国民收入占社会总值比重指数

3.统计指标体系的种类

统计指标体系大体上可分为基本统计指标体系和专题统计指标体系两大类。

基本统计指标体系是反映国民经济和社会发展及其各个组成部分的基本情况的指标体系。它可以分为三个层次:①最高层次是反映整个国民经济和社会发展的统计指标体系,它是最主要的统计指标体系,以它为中心形成一个纵横交错、既有分工又有联系的统计指标体系的巨大系统;②中间层次则是各个地区和各个部门的统计指标体系,这可以理解为最高层次统计指标体系的横向分支和纵向分文;③最后是基层统计指标体系,它是指各种企业和事业单位的统计指标体系。

专题统计指标体系是为某一个经济或社会问题而制定的统计指标体系。例如,投资经济效益统计指标体系、人民物质文化生活水平统计指标体系等。统计指标体系不可能不随社会经济的发展变化而变化,但是,统计指标体系一经制定,就要力求保持相对稳定,以便积累历史资料,进行系统的比较分析。

知识小结

本章主要阐述三个问题:一是统计学的产生与发展;二是商务管理统计的研究对象;三是统计中常用的基本概念。

统计学以客观事物中的数量特征、数量关系和数量变化作为研究对象,具有数量性、总体性、变异性。统计在国民经济管理中具有信息、咨询、监督三大职能。

统计调查研究的对象是统计总体。反映总体某种数量特征的社会经济范畴称为统计指标,统计指标一般由指标名称和指标数值两个基本要素组成。研究总体的数量方面,必须从构成总体的个别单位(即总体单位)的研究开始。反映总体单位特征的名称是标志,标志按其表现形式不同可分为品质标志和数量标志,按其在各单位上的表现是否相同可分为不变标志和可变标志。

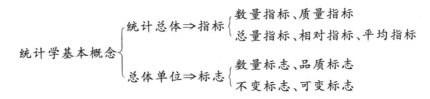

统计学基本概念
- 统计总体 ⇒ 指标
  - 数量指标、质量指标
  - 总量指标、相对指标、平均指标
- 总体单位 ⇒ 标志
  - 数量标志、品质标志
  - 不变标志、可变标志

练习题一

一、简答题

1. 阐述统计发展史上的主要学派及其各自的主要观点和成就。
2. 常用的商务管理统计研究方法有哪些?
3. 什么是总体、总体单位? 它们的关系如何?
4. 什么是标志、指标? 它们的关系如何?
5. 什么是数量指标、质量指标? 它们各有什么特点和作用?

二、单选题

1. 统计总体的特点是(　　)。
A. 总体性、数量性和同质性　　　　　　B. 总体性、同质性和差异性
C. 社会性、同质性和差异性　　　　　　D. 同质性、差异性和大量性

2. 统计总体的同质性是指(　　)。
A. 总体单位各标志值不应有差异
B. 总体的各项指标都是同类性质的指标
C. 总体的全部单位在所有标志上具有同类性质
D. 总体的全部单位在某一个或几个标志上具有同类性质

3. 一个统计总体(　　)。
A. 只能有一个标志　　　　　　　　　　B. 只能有一个指标
C. 可以有多个标志　　　　　　　　　　D. 可以有多个指标

4. 要了解某企业职工的文化水平情况,则总体单位是(　　)。
A. 该企业的全部职工　　　　　　　　　B. 该企业每个职工的文化程度
C. 该企业的每个职工　　　　　　　　　D. 该企业全部职工的平均文化程度

5. 要了解某班 50 个学生的学习情况,则总体单位是(　　)。
A. 50 个学生　　　　　　　　　　　　　B. 50 个学生的学习成绩
C. 每一个学生　　　　　　　　　　　　D. 每个学生的学习成绩

6. 某学生某门课成绩为 75 分,则其中的变量为(　　)。
A. 某学生　　　　B. 某门课成绩　　　　C. 75 分　　　　　　D. 某学生的成绩

7. 某小组学生的数学考试成绩分别为 60 分、68 分、75 分和 85 分,这四个数字是(　　)。
A. 标志　　　　　B. 指标　　　　　　　C. 标志值　　　　　D. 变量

8. 某工人月工资 3000 元,则"工资"是(　　)。
A. 数量指标　　　B. 质量指标　　　　　C. 数量标志　　　　D. 品质标志

9. 下面属于品质标志的是(　　)。
A. 职工人数　　　B. 工人体重　　　　　C. 工业总产值　　　D. 出生年月

10. 2018 年末,某市职工总体中有工业职工 500 万人,则不变标志是(　　)。
A. 职工　　　　　B. 该市的职工　　　　C. 工业部门职工　　D. 职工年龄

三、多选题

1. 下列标志中,属于数量标志的是(　　)。
A. 企业的职工人数　　　　B. 企业的男职工人数　　　　C. 企业所有制形式
D. 企业现有设备台数　　　E. 企业管理人员数

2. 下列标志中,属于品质标志的是(　　)。
A. 职业　　　　　　　　　B. 工作年限　　　　　　　　C. 文化程度
D. 年龄　　　　　　　　　E. 职称

3.下列指标中,属于质量指标的是( )。

A.职工人数 　　　　　B.平均工资 　　　　　C.利润率

D.总产值 　　　　　E.劳动生产率

4.在第六次全国人口普查中,下列表述正确的是( )。

A.国籍是变异 　　　　B.全国人口数是统计指标　C.每个人是总体单位

D.人的年龄是变量 　　E.全国男性人数是品质标志

5.下列属于离散变量的是( )。

A.人口数 　　　　　　B.播种面积 　　　　　　C.钢铁产量

D.工资总额 　　　　　E.某市工业企业个数

四、判断题

1.用文字表示的统计指标是质量指标,用数字表示的统计指标是数量指标。( )

2.数量指标就是变量。( )

3.数量标志和指标在一定条件下可以转化。( )

4.总体和总体单位不是固定不变的,随着研究目的的改变是可以相互转化的。( )

5.某学生的性别是男,"男"是品质标志。( )

五、实训题

1.假设某乡镇2019年商业企业的有关统计资料如下所示。

企业所有制 类型	企业数 (个)	2019年销售额 (亿元)	2019年销售额占 2014年的比重(%)	2019年人均 销售额(万元)	2019年人均销售额占 2014年的比重(%)
全民所有制	120	3000	156.0	20	150
集体所有制	10	12	143.0	18	120
个体所有制	2500	1600	178.0	26	162
其他	1200	500	142.0	17	140
合计	3830	6112	152.7	21	148

要求:

(1)试指出上表中的总体、总体单位、指标、数量指标、质量指标。

(2)为获得上表资料,应调查总体单位的哪些标志? 哪些标志是品质标志? 哪些标志是数量标志? 哪些数量标志是变量? 哪些变量是连续变量? 哪些变量是离散变量?

练习题一

参考答案

第二章

统计调查

第一节 统计调查概述

一、统计调查的概念

统计调查是指根据统计研究的目的、要求和任务,采用科学的调查方法,有计划、有组织地向被调查单位搜集原始资料的工作过程。所谓原始资料,就是向被调查单位搜集得来尚待汇总整理的统计资料。这些搜集得来尚待汇总整理的原始资料是统计总体中各总体单位有关标志的具体表现,是需要通过汇总整理,由反映个体信息的标志表现向反映总体信息的统计指标过渡的基础资料。

二、统计调查的意义

在整个统计工作过程的四个阶段中,统计调查是第一阶段,是整个统计工作的基础环节。统计工作的各个环节是紧密相连、相互依存的。调查工作的质量直接影响到后续工作的质量。如果统计调查工作做得不好,搜集到的数据不能满足要求,则根据这些数据所做的统计整理和统计分析的结果,必然不能全面、如实地反映事物的真相。

三、统计调查的基本要求

为提高统计数据的质量,统计调查必须满足准确性、及时性和完整性的要求。

（一）准确性

统计调查的准确性是指统计资料要符合实际情况,准确可靠,任何单位和个人不得虚报、瞒报和拒报统计数据,更不得仿造、篡改统计数据,以此防止统计数字的差错,提高其可靠性。

（二）及时性

统计调查的及时性是指应及时完成各项调查资料的搜集、汇总、上报任务,从时间上满足各部门对统计资料的需求。因此过时的资料,反映不了实际情况,起不了应有的作用,而且某项统计调查任务可能需要多个单位共同完成,其中任何一个单位发生延误,都会影响到统计整理和分析工作,使资料失去时效性。

（三）完整性

统计调查的完整性是指调查单位不重复、不遗漏,所列调查项目的资料搜集齐全,同时,资料要有系统性,便于系统观察。因为只有完整的统计资料,才能全面、准确地反映所研究现象的数量特征。

四、统计调查的种类

（一）全面调查和非全面调查

统计调查按调查对象所包括的范围不同,可分为全面调查和非全面调查。全面调查是指对调查总体中的所有个体单位都一一进行调查登记的一种调查方式。例如,人口普查就是全面调查,它需要对全国人口一一进行调查登记。

非全面调查是指对调查总体中的一部分个体单位进行调查登记的一种调查方式。例如,为了了解某种产品质量合格率的情况则抽取一部分产品进行检验。这种调查方式所涉及的调查单位较少,可以用较少的人力、财力和时间,获得较多的、详细的调查资料。

（二）统计报表和专门调查

统计调查按组织形式,可分为统计报表和专门调查,其中专门调查又包括普查、重点调查、典型调查和抽样调查。

1. 统计报表

统计报表是我国定期搜集基本统计资料的一种重要的组织形式,它是由政府主管部门根据统计法规,以统计表格形式和行政手段自上而下布置,而后由企事业单位自下而上层层汇总上报的统计报告制度。

统计报表的主要种类有:

(1)按报表内容和实施范围不同,统计报表分为国家统计报表、部门统计报表和地方统计报表。国家统计报表是国民经济基本统计报表,它是用来反映国民经济和社会发展基本情况的统计报表,由国家统计部门统一制发,用以搜集全国性的经济和社会基本情况,包括农业、工业、基建、物资、商业、外贸、劳动工资、财政等方面最基本的统计资料。部门统计报表是各业务部门为业务管理的需要而制发的,只在本系统内执行的专业技术报表。地方统计报表是针对地区特点而补充制定的地区性统计报表,是为本地区的计划和管理服务的。

(2)按报送周期长短不同,统计报表分为日报、旬报、月报、季报、半年报和年报等。除年报外,其他报表都称为定期报表;日报、旬报由于时效性强,也称为进度报表。各种报表报告周期的长短和指标项目的详简有一定的关系。周期短的,要求资料上报迅速,填报的项目比较少;周期长的,内容要求全面一些;年报具有年末总结的性质,内容要求更全面和详尽。

(3)按填报单位不同,统计报表分为基层统计报表和综合统计报表。基层统计报表是由基层企事业单位根据原始记录汇总整理、编报的统计报表;综合统计报表是由各级国家统计部门和业务主管部门根据基层报表汇总整理、编报的统计报表,反映一个地区、一个部门或全国的基本情况。

(4)按调查范围不同,统计报表分为全面统计报表和非全面统计报表。全面统计报表,要求调查对象中的每个单位都进行填报;非全面统计报表,只要求调查对象中的一部分单位进行填报。

2. 普查

普查是为了某种特定的目的而专门组织的一次性的全面调查,用以搜集重要国情国力和资源状况的全面资料,为政府制定规划、方针政策提供依据,如人口普查、工业普查等。

普查的主要作用在于它能搜集到那些不能用经常性调查搜集得到的全面、准确的统计资料,特别是诸如人口、物资等时点状况的资料,调查工作量大,时间性强,需要动员大量的人力和财力,因此,不宜经常进行。

普查的具体方式有两种:第一种是建立专门的普查机构,配备大量的普查人员,对调查单位进行直接的登记,如人口普查等;第二种是利用调查单位的原始记录与核算资料,或结合清仓盘点,颁发调查表,由调查单位自行填报,如物资库存普查等。第二种方式比第一种简便,适用于内容比较单一、涉及范围较小的情况。

普查工作面广量大,复杂细致,更需要进行集中领导和统一行动。因此,组织普查必须遵守以下几项原则。

(1)必须规定调查资料所属的标准时点,使资料反映调查对象这一时点的状况,以避免调查时因情况变动而产生重复登记或遗漏现象。例如,按照国务院的规定,我国第六次人口普查的标准时点为 2010 年 11 月 1 日零时,就是要反映这一时点上我国人口的实际状况。如果没有一个标准的时点,就会因人口的出生和死亡、迁入和迁出得不到准确的数字。

(2)规定统一的普查期限。在普查范围内各调查单位或调查点尽可能同时进行登记,并在最短的期限内完成,以便在方法和步调上保持一致,保证资料的准确性和时效性。第六次全国人口普查规定:"普查员入户登记的时间是 11 月 1 日至 10 日。"

(3)规定普查的项目和指标。普查时必须按照统一规定的项目和指标进行登记,不准任意改变或增减,以免影响汇总和综合,降低资料质量。我国第六次人口普查的内容主要是调查人口和住户的基本情况,包括性别、年龄、民族、受教育程度、行业、职业、迁移流动、社会保障、婚姻生育、死亡、住房情况等。另外,同类普查的内容在各次普查中要尽可能保持一致,以便将历次普查资料进行对比。

普查和全面统计报表的区别和联系:

(1)两者都属于全面调查。

(2)普查属于不连续调查,调查内容主要是反映国情国力方面的基本统计资料;而全面统计报表属于连续调查,调查内容主要是需要经常掌握的各种统计资料。

(3)普查花费的人力、物力和时间较多,不宜经常组织,要想取得经常性的统计资料还需要借助全面统计报表。

3. 重点调查

重点调查是在调查对象范围内选择部分重点调查单位进行调查,以了解总体的基本情况的一种非全面调查。所谓重点单位,是指这些单位虽然在总体中数目不多,但它们的标志值在总体标志总量中却占有很大比重。通过对这部分重点单位的调查,可以从数量上说明整个总体在该标志总量方面的基本情况。例如,选择鞍钢、宝钢、武钢、包钢等几家钢铁企业进行调查,就能及时地了解到全国钢铁生产的基本情况,因为这些企业的年钢铁产量占全部钢铁企业年总产量的绝大比重,可以满足调查任务的需要。当调查目的只要求掌握调查对象的基本情况,而在总体中又确有部分单位能较集中地反映所要研究的问题时,进行重点调查是比较适宜的。

其特点是:

(1)重点调查其实质是范围比较小的全面调查,它的目的是反映现象总体的基本情况。

(2)重点调查的调查单位选择着眼于所研究现象主要标志的比重,因而它的选择不带有主观因素。

(3)重点单位对于总体来说最具有代表性,但不能拿来推断总体总量。

根据调查的目的和内容不同,重点调查可以是经常性调查,也可以是一次性调查。通常情况下,可以同统计报表制度相结合,采用统计报表取得所需要的资料。

4. 典型调查

典型调查是根据调查研究的目的和要求,在对总体进行全面分析的基础上,有意识地选择其中有代表性的典型单位进行深入细致的调查,借以认识事物的本质特征、因果关系和发展变化的趋势。其主要特点是:第一,调查单位少,能深入实际,搜集详细的第一手资料;第二,由于典型单位是有意识地选出的,对其进行调查,就能取得代表性较高的资料;第三,典型调查机动灵活,可省人力和物力,提高调查的时效性。

典型调查具有以下两个突出的作用:

(1)研究尚未充分发展、处于萌芽状况的新生事物或某种倾向性的社会问题。通过对典型单位深入细致的调查,可以及时发现新情况、新问题,探测事物发展变化的趋势,形成科学的预见。

(2)分析事物的不同类型,研究它们之间的差别和相互关系。例如,通过调查可以区别先进与落后,分别总结它们的经验、教训,进一步进行对策研究,促进事物的转化与发展。

典型调查的中心问题在于如何正确地选择典型单位。要保证被选中的单位具有充分的代表性,就必须具有客观的态度,采用科学的方法,进行全面的分析。根据不同的研究目的和要求,选择典型单位主要有以下三种方法。

(1)"解剖麻雀"法。这种方法适用于总体内各单位差别不太大的情况,通过对个别代表性单位的调查,即可估计总体的一般情况。

(2)"划类选典"法。当总体内部差异明显时,可以将其划分为若干个类型组,使各个类型组内部差异较小,再从各类型组中分别选择一两个具有代表性的单位进行调查,可分析总体内部各类型的特征,以及它们的差异和联系,也可综合各种类型对总体情况做出大致的估计。

(3)"抓两头"法。从社会经济组织管理和指导工作的需要出发,可以分别从先进单位和落后单位中选择典型,以便总结经验、教训,带动中间状态的单位,推动整体的发展。

5.抽样调查

抽样调查是按照随机原则从总体中抽取部分单位进行调查,根据调查结果推断总体的一种调查方法。

抽样调查与重点调查、典型调查比较,有以下两个基本特点:第一,它按照随机原则从总体中抽取样本单位,即调查者不带任何主观倾向,完全凭偶然性抽取样本单位,使总体每个单位被抽中的机会均等;第二,对一小部分单位做深入细致的调查研究,取得数据,并据此从数量上推算总体。相对其他方法,抽样调查具有经济性、时效性、准确性、灵活性等特点。

抽样调查主要适用于以下几种情况。

(1)某些不可能进行全面调查的情况。有些总体规模很大,或者是一个连续不断发生的过程,如对连续生产线上的产品质量的检验、海洋生物的研究等,都不可能取得全面的资料,只能进行抽样调查。再如,我们要检验某汽车轮胎的使用寿命,就只能从所有轮胎中随机抽取部分进行试验,看它们的使用寿命有多长,然后来推断全部轮胎的使用寿命。

(2)虽然可能取得全面资料,但不必进行全面调查的情况。有些社会经济现象若进行全面调查,需要花费大量人力、财力;而采用抽样调查,可取得事半功倍的效果。例如,城市、农村的收支情况调查、物价调查等。

(3)对全面调查的资料进行验证和修正。在全面调查之后,抽取部分单位进行精细调查,取得准确数据,便可以据此验证全面调查资料的质量,并计算可靠的修正系数对全面资料进行修正。

(4)对于要求资料及时性很强的事物。由于全面调查费时、费力,可采取抽样调查的方法,如农产品收割前的产量预计,或其他应急的社会问题的调查等,只有采用抽样调查才能满足需要。

抽样调查方法将在本书第七章详细介绍。

抽样调查和重点调查的区别和联系:

(1)两者都是专门组织的非全面调查,具有调查单位少、省时、省力等特点,在选取调查单位时不受主观因素的影响。

(2)调查单位的意义和取得方式不同。重点调查是选取数量少但标志量占总体标志总量比重大的单位进行调查;抽样调查中的样本单位是按照随机原则从研究总体中抽取的,具有较高代表性。

（3）两者的研究目的不同。重点调查是为了了解现象总体的基本情况，但不能推断总体总量；抽样调查的目的在于以样本量来推断总体总量。

(三)连续调查和非连续调查

统计调查按调查登记时间是否连续，可分为连续调查和非连续调查。连续调查（又称经常性调查）是指在一定时期内随着调查事物的发展变化连续不断地进行登记的一种调查方式，目的在于取得事物发展变化全过程及其结果的统计资料。例如，工业企业的产值、产量等数字就要进行连续登记才能获得准确资料。凡是属于反映一定时期内事物发展过程累积总量的指标，其资料都需要通过连续调查取得。

非连续调查（又称一次性调查）是指间隔一段时间，对调查事物在某一时点上的状况进行调查登记的一种调查方式，目的在于获得该事物在某一时点上的水平的资料。例如，企业数量、产品库存量等。非连续调查所取得的资料体现现象在某一瞬间或时刻所具有的水平，该调查可定期进行，也可不定期进行。

第二节　统计调查方案

为了使统计调查顺利进行，在组织调查之前，必须首先设计一个周密的调查方案。统计调查方案包括以下几个基本内容。

一、调查目的

制定调查方案，首先要明确调查目的。所谓调查目的，就是指为什么要进行调查，调查要解决什么问题。任何社会经济现象和过程都可以根据人们的需要，从不同方面、不同角度来搜集材料。有了明确的目的，才能做到有的放矢，正确地确定调查的内容和方法，才能根据调查目的搜集与之有关的资料，而舍弃与之无关的资料。这样可以节约人力、物力，缩短调查时间，提高调查资料的时效性。例如，企业进行员工满意度调查是为了对公司管理进行全面审核，保证企业工作效率和最佳经济效益，减少和纠正低生产率、高损耗率、高人员流动率等紧迫问题。因此，其调查内容主要包括员工薪酬、工作的多样化和职业培训、晋升机会、管理者与员工的关系、企业的民主管理机制、工作条件和工作环境等。

二、调查对象、调查单位和报告单位

调查对象是指我们需要搜集其资料进行研究的许多工作单位的总体，即调查总体。调查对象由调查目的决定。例如，调查目的为了搜集某地区国有及国有控股企业生产情况的资料，则调查对象就是该地区所有国有及国有控股企业；又如，调查目的是为了搜集某地区国有及国有控股企业中高精尖设备使用情况的资料，则调查对象就是该地区所有国有及国有控股企业的高精尖设备。

确定调查对象时,要明确总体的界限,划清调查的范围,以防在调查工作中产生重复或遗漏。例如,调查工业企业的生产情况,必须把工业与农业或其他生产部门区分开;调查工业企业中高精尖设备的使用情况,除了明确工业的范围外,还要区分高精尖设备的界限。

确定调查对象时,还必须区分两种单位,即调查单位和报告单位。调查单位也就是总体单位,是调查对象的组成要素,是调查对象所包含的具体单位,是调查项目的承担者。报告单位也称填报单位,是负责向上级报告和提交调查资料的单位。调查单位是调查资料的直接承担者,报告单位是调查资料的提交者,两者有时一致,有时不一致。例如,当搜集国有及国有控股企业生产情况的资料时,每一家国有及国有控股企业是调查单位,也是填报单位;当搜集国有及国有控股企业中高精尖设备使用情况的资料时,国有及国有控股企业中每一台高精尖设备是调查单位,而填报单位则是每一家国有及国有控股企业。

三、调查项目和调查表

在调查目的、调查对象、调查单位确定之后,必须确定具体的调查项目。

调查项目是所要调查的具体内容,它完全由调查对象的性质、调查目的和任务所决定,要解决的问题是向被调查者调查什么,也就是需要被调查者回答什么。调查项目要少而精,与调查目的无关或可有可无的项目应予舍弃。同时,还要考虑调查项目是否能够得到确切的回答,凡得不到回答或得不到确定答案的项目就应舍弃。调查项目之间应尽可能保持联系,以便相互核对起到校验作用。如果是属于定期的或经常性的调查,还应照顾到历次调查内容的连续性和可比性,以便进行动态对比。

调查表是指将调查项目按照一定的格式和顺序编排的表格,以便填写和登记调查单位的具体特征和情况,一般有单一表和一览表两种形式。单一表是供调查单位单独登记的表格,有多少个调查单位就要用多少份表格,它可详细列示调查的项目,甚至一份表格可以由几张表格组成。一览表是可同时登记若干个调查单位的表格,适用于登记项目相对较少,且可对若干个调查单位集中登记的情况。单一表的优点是可以容纳较多的标志;其缺点是每份表上都要注明调查地点、时间及其他共同事项,造成人力和时间的浪费。一览表的优点是每个调查单位的共同事项,只需要登记一次,可以节省人力和时间;其缺点是不能多登记调查单位的标志。当调查项目较多时,宜采用单一表;当调查项目较少时,宜采用一览表。大多数的基层报表都采用单一表,我国人口普查时采用的是一览表。若调查单位与报告单位不一致,宜采用单一表,否则宜采用一览表。

四、调查时间和调查期限

调查时间是指调查资料所属的时间。从资料的性质来看,有的资料反映现象在某一时点上的状态,统计调查必须规定统一的时点。例如,我国第六次人口普查的标准时间为2010年11月1日零时。如果所要调查的是现象在一段时期内发展过程的结果,统计调查则要明确资料所属时期的起讫时间,所登记的资料指该时期第一天到最后一天的累计数字。例如,如果要调查工业企业的经济效益,那么就要明确规定是哪一年或哪一月的产值、利润等。

调查期限是指调查工作进行的起讫时间(从开始到结束的时间),包括搜集资料和报送资料的整个工作所属的时间。调查期限的长短根据任务量的大小以及人力、物力、财力等情况进行确定,但是为了保证资料的时效性,必须尽可能缩短调查期限。例如,我国第六次人口普查的标准时间为 2010 年 11 月 1 日零时,要求普查完成登记在 2010 年 11 月 10 日以前,则调查时间为 11 月 1 日零时,调查期限为 10 天。

五、调查地点和调查方法

调查地点即调查单位应该在什么地点接受调查。如果调查单位处于流动状态,或某地区间存在交叉状况,就必须有明确的规定。例如,进行人口普查时,必须规定是按户籍所在地进行登记,还是按常住地进行登记。在工业普查中,有的总公司在某地、分公司在外地,那么对在外地的分支机构就必须事先规定按隶属关系调查登记还是按所在地登记。

调查方法,包括调查的组织形式和搜集资料的具体方法,主要根据调查目的要求和调查对象的特点而定。

六、调查工作的组织实施计划

调查工作的组织实施计划是从组织上保证调查工作顺利开展的重要依据,包括调查机构、调查步骤、参加调查的单位和人员、调查员的培训、调查方式方法、调查地点、调查文件的准备和费用预算等等。由于调查人员的素质往往直接影响到调查的质量,因此在组织大型调查之前要组织专门的训练;对规模大而又缺乏经验的统计调查,在正式调查之前,需要进行试点调查,此外,还要明确规定试点调查的各项细节。

整个统计调查方案的内容,即是对统计调查的设计。这个方案不仅限于调查阶段的问题,也包括了统计整理阶段汇总内容方面的问题。因此,应该把它看成是特定统计过程的总方案。由于我们的认识总有局限性,所以制定的调查方案是否符合实际,还有待于调查实践的检验。随着统计工作的现代化,调查方案也要求日趋周密,并且运用系统工程的原理和运筹学的方法实行各个环节的质量控制,层层把关,以保证调查任务的顺利完成。

第三节　统计资料的搜集方法

不论采取何种方式进行统计调查,在取得数据时,都有一些具体的数据搜集方法。数据搜集方法归纳起来分为询问调查和观察两大类。询问调查类方法是指调查者与被调查者直接或间接接触以获得数据的方法,具体包括访问调查、邮寄调查、电话调查、电脑辅助调查、座谈会、个别深入访谈等;观察类方法又分为观察法和实验法。

一、访问调查

访问调查又称派员调查,它是调查者与被调查者通过面对面地交谈,从而得到所需资料的一种调查方法。访问调查的方式有标准式访问和非标准式访问两种。标准式访问又称结构式访问,是指调查者按照事先设计好的、有固定格式的标准化问卷或表格,有顺序地依次提问,并由被调查者做出回答。其优点是能够对调查过程加以控制,从而获得比较可靠的调查结果。非标准式访问又称非结构式访问,它事先不制作统一的问卷或表格,没有统一的提问顺序,调查者只是给出一题目或提纲,由调查者和被调查者自由交谈,以获得所需的资料。市场调查和社会调查中常采用访问调查方式。

访问调查分为入户访问和拦截法。入户访问是指在被调查者家中单独进行访问,它可以使被调查者在一个自己感到熟悉、舒适、安全的环境里轻松地接受访问。拦截法是一种十分流行的访问调查方法,调查者在马路、超市等公共场所对被调查者进行拦截访问。

在访问调查中,调查者到陌生的地方搜集资料,且这些资料往往又是被调查者不愿意提供的,为了顺利完成调查访问工作,调查者事前的准备工作非常重要。调查者事前的准备工作包括:注意自身仪容仪表、调查工作手册、调查表及必要工具等;预约并事先了解访问对象;熟记调查表内的重要问题及其填写方法;运用各种技巧以激发被调查者主动合作并力求获得最真实的答案;调查者也必须注意自身的安全等。

访问调查整个过程由访问人员参与、控制,可以直接对被调查者进行启发;缺点是成本较高,拒访率较高,访问结果受访问人员主观影响较大。

二、邮寄调查

邮寄调查是指通过邮寄或宣传媒体等方式将调查表或调查问卷送至被调查者手中,由被调查者填写,然后将调查表或调查问卷寄回或投放到预定搜集点的一种调查方法。邮寄调查是一种标准化调查,其调查人员和被调查者之间没有直接的语言交流,信息的传递完全依赖于调查表或调查问卷。调查表或调查问卷的发放方式有邮寄、宣传媒介传送、专门场所分发三种。统计部门进行的统计报表及市场调查机构进行的问卷调查经常使用邮寄调查方式。

在数据开始之前,首先需要广泛地确认调查对象,第一步就是获取一个正确的邮寄名单。邮寄名单可以通过电话地址录、顾客名录、协会成员名单等途径获得,或从出版社订阅名单或从商业邮寄名单公司处购买,不论来源于何处,邮寄名单应该是最新的,并与目标总体密切相关。

邮寄调查一般成本较低,没有访问人员偏差,问卷长度可以较长;缺点是应答率较低,缺乏对调查对象的控制,错误的应答会导致错误的信息。

三、电话调查

电话调查是指调查者通过电话向被调查者进行询问,以达到搜集调查资料的一种专项调查。电话调查的优点:搜集资料速度快、费用低,可节省大量的调查时间和调查经费;搜集的资料覆盖面广,可以对任何有电话的地区、单位和个人直接进行电话询问调查;样本质量高,如果实施了恰当的抽样和回访程序,电话调查更有可能得到完善的样本。电话调查的缺点也很明显,如每次电话调查时间不能过长;不能提过于复杂的问题;对挂断电话拒绝回答者很难做工作。

四、电脑辅助调查

电脑辅助调查也称电脑辅助电话调查。在调查时,调查的问卷、答案都由计算机显示,整个调查过程包括电话拨号、调查记录、数据处理等都借助于计算机来完成。目前,电脑辅助调查在一些发达国家和地区得到了广泛应用,并已开发出各种计算机辅助电话访问调查技术(computer assisted telephone interview,CATI)。目前,CATI的系统开发正朝着简单化的方向发展,调查人员只要戴上耳机式电话,坐在电脑终端前,调查的问题显示在荧屏上,调查人员可依电脑荧屏上显示的问题读给被调查者,并将被调查者的答案输入电脑,从而大大缩短调查的时间,提高调查的效率。

五、座谈会

座谈会也称集体访谈法,它是将一组被调查者集中在调查现场,通过其对调查的主题发表意见,从而获取调查资料的一种调查方法。参加座谈会的人数不宜太多,通常有6~10人,并且是有关调查问题的专家或有经验之人。通过座谈会,调查者可以从一组被调查者处获得所需的资料;而且,在彼此交流的环境中,各被调查者之间相互影响、相互启发、互相补充,并在座谈过程中不断修正自己的观点,从而有利于取得较为广泛、深入的想法和意见。

座谈会通常由训练有素的主持人以非结构化的方式进行访谈,主持人对座谈会的成功起着重要的作用。通常认为,主持人需要具备下列主要能力:

(1)和蔼坚定。为了产生必要的互动效应,主持人必须将适度的超然与热情结合起来。

(2)宽容。主持人必须对小组采取宽容的方式,但应对瓦解小组热情或目标的迹象保持警觉。

(3)参与。主持人必须鼓励并激起强烈的个人参与。

(4)不完全理解。主持人必须表现出不完全理解,以此来鼓励被调查者将泛泛的评论具体化。

(5)鼓励。主持人应鼓励不响应的成员参加。

(6)灵活性。主持人必须能在小组讨论出现偏离时修改原定提纲,并立即拟定新的提纲。

(7)敏感性。主持人必须足够敏感,将小组讨论引导在既具理智又有激情的水平上。

六、个别深入访谈

个别深入访谈是一种一次只有一名被调查者参加的特殊的定性调查方法。调查人员运用大量的追问技巧,尽可能让被调查者自由发挥,不断深入被调查者的思想之中,努力发掘其行为的真实动机。所以个别深入访问常用于被调查者的动机研究,以发挥被调查者非表面化的深层意见。该方法最宜于研究较隐秘的问题(如个人隐私)或较敏感的问题。

七、观察法

观察法是指研究者根据研究项目,利用眼睛、耳朵等感觉器官和其他科学手段,有目的地对研究对象进行考察,以取得研究资料的一种方法。根据观察的结果是否能够被直接感知到,观察法又可分为直接观察法和间接观察法。

直接观察法是指观察者可以直接看到被观察者的活动。根据观察依据的观察提纲是否严格,直接观察可以分为结构式观察和非结构式观察。所谓结构式观察,是指按照事先制定好的观察计划并严格按照规定的内容和实施程序所进行的观察,在市场调查中,常常用于对小组讨论中个人的行为、态度和倾向性的观察,是访问法的一种辅助手段。其优点是观察资料比较系统,可以进行统计分析,而且可以用于比较;缺点是过于呆板,而且要制定一个实用且科学的观察计划非常不容易。所谓非结构式观察,是指对观察的内容与程序事先不做严格规定,依照观察现场的实际情况随机决定观察内容,在市场调查中常常用于在实施正常调查之前的初步探索。其优点是比较灵活,能够发挥观察者的主动性和创造性;缺点是观察内容不系统,不能进行统计分析,同时又受到观察者能力的限制。

间接观察法是指观察者通过对自然物品、社会环境、行为痕迹等事物进行观察,以间接反映调查对象的状况与特征。

观察法调查的优点和不足比较明显,应该根据这些特点确定它在什么情况下适用。它的优点是对一些不能用访谈或问卷进行信息搜集的事物和现象比较适用。比如,当我们要了解一些总体性的现象,如交通秩序、人员流量等情况时,往往需要通过观察法获得。观察法的缺点是,由于观察的现象是行为,不能知道行为者的心理活动,许多内在因素不能获得。而且,好多事物和现象需要反复多次观察才能确定其规律和真正意义,一次观察往往搜集不到可靠的、规律性的东西。

采用观察法进行调查时要注意,不能让被观察者觉察到正在被观察。如果做不到这一点,被观察者有可能由此改变自己的行为。

八、实验法

实验法是根据一定的研究目的选择一组研究对象,人为地改变与控制某些因素,然后观察其后果的一种方法。实验法包括四个要素:①实验者,即主持实验的研究者以及参与实验过程的实验人员;②实验变数,即实验过程中变动的因素;③实验对象,即实验调查的群体或个人;④实验检测,即在实验过程中对实验对象的观察与测定,包括事前观察与事后观察。

一项调查要被看作一种实验,它必须包括两个要素:研究者掌握一些自变量(如价值观念、态度、性格、感知、激励等);观察或测量结果,即因变量,同时使所有其他因素保持原状。

实验分为两种类型:一种类型是实验室实验,即研究者创造一种环境进行实验,研究者可以严密控制情况进行观察,目的是看清有关变量,测量因变量的反应,同时掌握自变量。如果测试一种假说的条件还不具备,或不能在自然情况中取得,那么此时实验室实验就很有用。另一种类型是实地实验,即研究者在自然环境中而不在实验室里掌握并控制变量。实地实验的不足之处在于,一是研究者不能控制每一个影响因素,二是当研究者在场时,被研究对象可能会有不同的表现。

实验法的基本程序包括以下七个阶段:①建立假设;②建立实验组与控制组;③选择自变量与因变量;④前测,即实验前对实验组与控制组的度量;⑤实施实验刺激(即让自变量出现并发挥作用);⑥后测,即实验后对实验组与控制组的度量;⑦确定自变量与因变量的关系。

第四节 问卷调查法

调查问卷是用来搜集调查数据、获取信息的一种工具,是调查者根据调查目的和要求设计的由一系列问题、备选答案、说明及代码表等组成的书面文件,其目的是从被调查者那里获得有关某个主题的信息。采用问卷进行调查始于 20 世纪 30 年代的美国,他们将调查问卷应用于选举、商业推销、经济预测等方面,使其逐步成为调查研究中搜集资料的一种主要方式。调查问卷在统计调查中,扮演着越来越重要的角色。因为绝大多数数据是依赖于问卷进行搜集的,在数据搜集过程中,问卷起着核心作用,是一个重要环节。调查问卷设计的好坏,直接影响到数据的质量和分析的结论。

一、问卷调查的形式

问卷调查主要有两种形式:自填问卷和访问问卷。自填问卷即由被调查者自己填答的问卷,访问问卷是由调查员根据被调查者的口头回答来填写的问卷。前者用于问卷调查,后者用于访问调查。

自填问卷依据发送的方式又可分为邮寄式自填问卷和发送式自填问卷两种。邮寄式自填问卷通过邮局把问卷寄到被调查者手中,被调查者填完后,仍通过邮局寄回(寄回所需的信封、地址及邮票等由研究者事先准备好,连同问卷一起寄给被调查者)。发送式自填问卷则由调查员(或其他人)将问卷送到被调查者手中(既可以集中分发,也可以逐一发送),回答者填完后,又由调查员逐一收回。邮寄式自填问卷和发送式自填问卷可以结合使用。

访问问卷中包括电话访问问卷。电话访问问卷是调查员通过电话访问被调查者,由调查员填答的一种调查形式。

(一)调查的成功接触率

调查的成功接触率是指调查员接触被调查者时,被调查者接受访问的比例。随着社会经济的发展,调查项目的增多,都市化进程的不断加快,调查的成功接触率呈现出不断下降的趋势。基本特点包括:①农村的成功接触率高于城市的成功接触率;②大城市的成功接触率低于中小城市的成功接触率;③文化程度越高、收入越高,调查的成功接触率越低;④地区治安的安全感越高,调查的成功接触率越高;⑤地区的总调查量越高、调查次数越多,调查的成功接触率越低;⑥入户调查的成功接触率低于电话调查的成功接触率等。

调查的成功接触率由于受到上述情况的影响,对调查质量的影响是不言而喻的,尤其是中心城市,如北京、上海、广州等地,文化程度高、收入高的群体调查的成功接触率很低,这是困扰问卷调查的一个重要问题。

(二)调查的回收率

调查的回收率是指被调查者接受了调查,并完成了整个调查流程的比例。

上述几种调查形式的特点是:访问问卷的回收率最高,填答的结果也最可靠,但是成本高、费时长,这种问卷的回收率一般要求在90%以上;邮寄式自填问卷的回收率低,调查过程不能进行控制,因此可信性与有效性都较低,而且由于回收率低,会导致样本出现偏差,影响样本对总体的推断,一般来讲,邮寄式自填问卷的回收率在20%左右就可以了;发送式自填问卷的优缺点介于上述两者之间,回收率要求在80%~90%;电话访问问卷的回收率在80%左右。

(三)调查的有效回收率

调查的有效回收率是指被调查者完成了整个调查流程,经过调查员和督导员的检查之后,认定为合格的问卷占被调查者接受调查人数的比例。

与回收率类似,几种调查形式的特点是:访问问卷的有效回收率最高,填答的结果也最可靠,这种问卷的有效回收率一般要求在85%以上;邮寄式自填问卷的有效回收率在10%左右;发送式自填问卷的有效回收率要求在67%以上;电话访问问卷的有效回收率在70%左右。

二、问卷调查的一般过程

（1）设计主体问卷、甄别问卷和复核问卷。根据调查目的和要求，确定主体问卷，并且设计好甄别问卷和复核问卷。同时，准备好问卷调查所需要的答案卡片及其他各种条件，如抽样、调查员的身份证明、调查员胸卡等。

（2）调查实施。实施调查的过程一般都需要对调查员进行分组，每一组都要有一个督导员。督导员负责监督调查实施过程，主要的监督内容包括：调查员是否按照调查的抽样要求进行；调查员是否按照甄别问卷的要求进行；在调查过程中，调查员是否有作弊行为；调查的速度如何；等等。

（3）复核。在调查结束后，为了对调查的质量进行监督，要对10％左右的被调查者进行回访，通常叫作问卷的复核。其主要目的是检验调查员是否按照抽样的要求和甄别问卷的要求来进行调查，同时，还要确定被调查者是否按照真实的情况进行回答。

（4）数据编码与录入。复核过程结束后，要对调查的主体问卷进行数据编码与计算机录入。数据编码就是将问卷的语言转化为计算机能够辨认的语言的过程。编码结束后，可以将编码后的资料登记到卡片上，也可以直接录入计算机。

（5）统计分析。数据录入结束后，通过编辑各种计算机统计软件命令，进行统计分析。常用的统计软件为Excel、SPSS或SAS。

（6）报告撰写。在统计分析之后，撰写分析报告。

三、问卷调查的特点

（一）问卷调查的优点

（1）问卷法节省时间、经费和人力。这是许多社会调查研究人员采用问卷法搜集资料的主要原因之一。

（2）问卷法具有很好的匿名性。当研究者采用自填问卷来搜集资料时，由于问卷不要求署名，填写地点可在被调查者自己家中，填写时又可保证无其他人在场，故可以大大减轻回答者的心理压力，有利于他们如实地填答。

（3）问卷法所得的资料便于定量处理和分析。社会调查研究的定量化，是当前社会调查研究的趋势之一。问卷调查所得资料很容易转换成数字，也很容易输入电子计算机。所以问卷法特别适用于通过电子计算机进行处理和定量分析。

（4）问卷法可以避免主观偏见，减少人为误差。在问卷调查中，由于每个被调查者都是以同样的方式在大致相同的时间内得到问卷，并且这些问卷在问题的表达、问题的先后次序、答案的类型、回答的方式等方面都是完全相同的，因此，无论是在哪方面他们所受到的刺激都是一样的。这样就能很好地避免由于人为原因所造成的各种偏误，减少主观因素的影响，得到较为客观的资料。

（二）问卷调查的缺点

（1）问收率有时难以保证。由于问卷能否完成、能否收回，在很大程度上取决于被调查者，因此当被调查者对该项调查的兴趣不大、态度不积极、责任心不强、合作精神不够时，或者由于受时间、精力、能力等方面的限制无法完成问卷时，问卷的回收率，特别是有效回收率就会受到影响。

（2）要求被调查者具有一定的文化水平。由于填写问卷的人首先必须能看懂问卷，能理解问题的含义，明白填答问卷的方法，因此，问卷调查客观上要求被调查者必须具有一定的文化水平。但是，现实社会中并不是所有的人都能达到这种文化水平的。

（3）问卷调查资料的质量常常得不到保证。这主要是因为，一方面，当被调查者填写问卷时，往往没有调查人员在场，因而他们填答问卷的环境无法控制，所得资料有时并不能真的反映出被调查样本的情况；另一方面，当被调查者对问卷中的某些问题不清楚时，他们也无法向调查者进行询问，因此，往往容易产生误答、错答和缺答的情况，这也使得问卷调查所得资料的质量常常得不到保证。

四、调查问卷的基本结构

一般说来，一份完整的调查问卷，通常由题目、封面信、指导语、问题、答案、编码等几个部分组成。

（一）题目

题目是问卷的主题。调查问卷的题目与文章一样，应该准确、醒目、突出，要能准确而概括地表达问卷的性质和内容，观点新颖、句式构成上富于吸引力和感染力，言简意赅、明确具体，还要注意题目不要给被调查者以不良的心理刺激。

（二）封面信

封面信一般在问卷的开头，是一封给被调查者的短信。这是调查者与被调查者的沟通媒介，目的是让被调查者了解调查的意义，引起被调查者足够的重视和兴趣，争取他们的支持与合作。

在封面信中，首先要说明调查者的身份，除写清单位、组织外，最好还能附上单位的地址、电话号码、邮政编码、联系人姓名等等，这样能够体现调查的正式性，消除被调查者的疑虑；其次，要说明调查的大致内容和进行这项调查的目的。对调查内容既不能含含糊糊甚至不谈，也不能过于详细地去谈，通常的做法是用一句话指出其内容的范围。最后要说明调查对象的选取方法和调查结果保密等措施。对于来访和调查，人们或多或少总存在一定的戒心。为了消除被调查者的这种戒心，应该在封面信中简明扼要地说明。

在封面信的结尾处，一定要真诚地感谢被调查者的合作与帮助等。此外，还需要将奖励的方式、方法及奖金、奖品等有关问题叙述清楚。封面信应该态度诚恳、口吻亲切，以打消被调查者的疑虑,取得真实资料。下面是某科技大学学生在一次调查中的封面信。

> 亲爱的同学:
>
> 　　您好!
>
> 　　我们是××大学 2019 级学生,正在进行一项有关学生对老师的看法的调查,目的是更好地协调师生关系,以便从老师那里得到更多的指导和帮助。您的回答无所谓对错,只要真实反映您的情况和看法,就达到本次调查的目的,希望您能积极参与。我们对您的回答完全保密。填写这份问卷大约耽搁您 15 分钟时间,请您谅解。谢谢您的支持与合作!
>
> ××××课题组
××××年×月

如果是访问问卷,在问卷的封面信的下方还应有其他内容,如:

> 调查时间 _____ 年 _____ 月 _____ 日
>
> 问卷编号 _____
>
> 调查员姓名 _____
>
> 被调查者合作情况 _____
>
> 核查员姓名 _____

(三)指导语

指导语是用来指导被调查者填写问卷的说明。指导语一般放在封面信之后,并标有"填表说明"等标题,其内容应对填表的方法、要求、注意事项等做一个简明介绍。下面是某人力资源开发网 2019 年所做的"工作价值观调查问卷"中的填表说明:

> 　　下面总共有 24 项描述,如果您所从事的工作,或者您所在的单位符合这些描述,您是否能接受?请您根据自己的实际感受和态度进行客观的判断,并选择合适的答案。

此外,有些指导语放在较复杂的问题后,用括号括起来,用来指导被调查者填写该问题。例如"(选四项,并按对您的重要程度排序)""(土地包括林地、水面)""(以下所称'贵公司'均指在该城市的公司,而不是地区总部或其他股东公司)"等等。凡是问卷中有可能使被调查者不清楚的地方,都应给予明确的指导。

(四)问题与答案

调查事项的问题和答案是调查问卷最主要、最基本的组成部分,调查资料的搜集主要通过这一部分来完成。

从形式上看,问题可分为开放式问题和封闭式问题。开放式问题就是不为回答者提供具体答案,而由回答者自由填答的问题。

> 　　您在生活中遇到的主要困难有哪些?
>
> 　　您对修改后的《婚姻法》有什么看法?

封闭式问题就是在提出问题的同时,还给出若干个答案,要求被调查者选择一个作为回答。

您是否关心国外信息？　　1.是　　2.否

从内容上看,问题可分为背景问题、行为问题、态度问题、解释性问题等,问题的内容取决于调查目的和调查项目。行为问题如:您每天花多少时间看电视? 态度问题如:您是否认为外地人为北京的发展做出了巨大的贡献? 背景问题如:年龄、性别、文化程度、职业、婚姻状况、收入、家庭人口等。

此外,从功能上看,问题可以分为以下几个类型。

1. 接触性问题

接触性问题是指与所要研究的课题和调查目的具有某种程度的接近性的问题。通常它们是比较有趣的问题,目的主要是同调查对象建立接触,利于相互了解。其答案在处理调查结果与分析时可能不会全部用到,甚至完全不用。接触性问题一般采用开放型问题的形式,问题本身要简单明了,回答也要简单。例如,要调查学生对作业与实验的态度或者学习的背景时,可以设计这样的接触性问题:"本学期已经做了几个实验?""每周做数学作业大约用几个小时?""你父母中最高的学历是什么?"等。

2. 实质性问题

实质性问题是指为实现调查研究的目的和完成课题研究而提出的表现调查本质内容的问题。被调查者对实质性问题的作答,将是整理分析调查材料的主要内容。

3. 过滤性问题与相倚问题

在设计问题时,有的问题只适用于一部分被调查者。而一个被调查者是否需要回答这一问题,常常依据他对于该问题前的另一个问题的回答。比如,"您是否看过电影《红高粱》?"和"看过电影《红高粱》以后,您的感觉如何?"就是这样的两个问题。后一个问题只对一部分被调查者适用,被调查者是否需要回答此问题,完全由前一个问题的回答来决定。对前一个问题回答"是"的,应该可以回答第二个问题,而对前一个问题回答"否"的,则不必回答后一个问题。通常我们把前一问题叫作过滤性问题或筛选性问题,而把后一问题叫作相倚问题。过滤性问题是指用来鉴别被调查者对调查问卷中的问题是否具备回答资格而设置的问题。它通常安排在实质性问题之前。在过滤性问题后面,就会出现被调查者根据自己的情况回答不同内容的问题的现象,即发生分叉。

例如,要调查学生对电影《红海行动》的态度,首先要搞清楚答卷者是否看过电影《红海行动》,这样,"你是否看过电影《红海行动》?"这个问题就成了该问卷中的过滤性问题。

(1)你是否看过电影《红海行动》?　　A.是　　B.否

请选择 A 的同学回答下列 A 组问题;请回答 B 的同学回答下列 B 组问题。

A 组问题:

(2)看过电影《红海行动》以后,你的感觉如何?

A.很好　　B.较好　　C.一般　　D.不太好　　E.不好

(3)略

B 组问题:(略)

有时相倚问题中又有相倚问题,其设计方法同上述情形是完全类似的。

对于连续几个问题都只适用于一部分回答者的情况,设计时往往采用跳答指示的方法来解决。

　　　第3题:您的户口是?　　A.城市户口　　　B.农村户口(跳答第11题)

相倚问题的优点很多,包括:可以将问题问得更加深入,有利于查找填答错误和检验问卷的信度与效度等。但它也有缺点,主要是编码时容易遗漏,同时由于要区别"无回答"与"不适用",使得编码较为复杂。

4. 验正性问题

验正性问题是指为了检验被调查者对问卷中实质性问题所做的回答是否正确或是否真实而设立的问题。它是一组被分散安排的问题,其内容主要与实质性问题相配合。在这些问题中,一部分问题与另一部分问题的实质是同一的,但由于问法不同答案却是相反的。如果被调查者对这些问题大部分都做了同样的回答,便说明他的回答不真实。在这种检验中所得的分数称为说谎分数,当说谎分数大于某一数值时,该被调查者的答卷应视为废卷。

例如,为了验证被调查者回答问卷是否真实或认真,可以在同一份问卷中分散安排下列两个问题。

　　(1)你喜欢学习物理吗?　　A.喜欢　　　B.不喜欢
　　(2)当你做物理作业时,你常常会有怎样的感觉?
　　A.愉快　　B.感兴趣　　C.枯燥　　　D.反感　　　E.无特殊感觉

这里第一个问题是实质性问题,为了检验被调查者对这一问题回答的真实性,还需要利用第二个验证性问题。问卷中设置验证性问题可以提高研究的信度。

5. 调节性问题

调节性问题是指用于消除枯燥、疲劳、紧张,以及由于问题突然转移而使被调查者产生的不适应感而设置的问题。调节性问题能起到调节作用,同时也能起到连接作用。如当一组问题向另一组问题过渡时,可安排一个调节性问题。

(五)编码

在较大规模的统计调查中,研究者常常采用以封闭式问题为主的问卷。为了将被调查者的回答转换成数字,以便输入计算机进行处理和定量分析,往往需要对调查事项的问题和答案进行编码,即给每个问题及其答案指定一个数字作为其代码,将被调查者的回答转换成数字。编码尽量做到准确、唯一、简短。编码有两种形式:一种是调查前(即设计问卷时)编码,称为事前编码;另一种是调查后编码,称为事后编码。开放式问题一般在问卷回收后再进行编码,因为开放式问题的答案数只有在回收后才知道;封闭式问题一般采用事前编码,即在问卷设计的同时进行编码。编码一般放在问卷每一页的最右边,有时还可用一条纵线将它与问题及答案部分分开。

除了编码以外,有些采访问卷还需要在封面印上访问员姓名、访问日期、审核员姓名、被调查者住地等有关资料。

五、调查问卷设计的主要步骤

(一)探索性工作

通俗地说,探索性工作,就是先摸底,熟悉和了解一些基本的情况,以便对各种问题的提法和可能的回答有一个初步的、感性的认识。

探索性工作的常见方式,是问卷的设计者亲自进行一定时间的非结构式访问,即围绕着所要研究的问题,以十分随便、自然、融洽的方式,同各种各样的对象交谈。通过这种交谈,常常可以避免在设计问卷时,出现许多含糊的问题,也可以避免设计出不符合客观实际的回答来。

(二)设计问卷的初稿

经过探索性工作,在对所要询问的各种问题及其可能的答案有了初步印象之后,可以动手设计问卷初稿了。有两种具体的设计方法,一种称为卡片法,另一种称为框图法。

卡片法的具体做法:第一步,根据探索性工作所得到的印象和认识,把每一个问题和答案写在一张卡片上;第二步,根据卡片上问题的主题内容,将卡片分成若干堆,即把询问相同事物的问题卡片放在一起;第三步,在每一堆卡片中,按合适的询问顺序将卡片前后排序;第四步,根据问卷整体的逻辑结构排出各堆卡片的前后顺序,使卡片联成一个整体;第五步,根据回答者阅读和填答问题是否方便、是否会形成心理压力等,反复检查问题前后顺序及连贯性,对不当之处逐一进行调整和补充;第六步,把调整好的问题卡片依次写在一纸上,形成问卷初稿。

框图法的具体做法:第一步,根据研究假设和所需资料的内容,在纸上画出整个问卷的各个部分及前后顺序的框图;第二步,具体地写出每一个部分中的问题及答案,并安排好这些问题相互间的顺序;第三步,根据回答者阅读和填答问卷是否方便等,对所有问题进行检查、调整和补充;第四步,将调整的结果重新抄在另一张纸上,形成问卷初稿。

这两种方法的差别在于前者是从具体问题开始,然后到部分,最后到整体;而后者相反,先从总体结构开始,然后到部分,最后到具体问题。在具体实施中,可以将两种方式结合进行。

(三)调查前对问卷进行测试

试调查这一步在问卷设计过程中至关重要,一份问卷在没有经过充分的试调查的情况下,一般不应该被用于现场调查。这是因为问卷设计中所出现的任何一点不足或缺陷,都将在调查所得到的问卷资料中留下印记,有时甚至造成难以弥补的损失。试调查的范围应该广泛,问卷的所有方面都应经过测试,包括问题的内容、措辞、顺序、形式和布局、问题难度以及指示说明等。

问卷初稿试调查具体方法有两种,一种称为客观检验法,另一种称为主观评价法。

客观检验法的具体做法是,将问卷初稿打印若干份(一般为30～100份),然后在正式调查的总体中抽取(随机抽取或不随机抽取均可)一个小样本,用这些问卷初稿对他们进行调查。最后认真检查和分析试调查的结果,从中发现问题和缺陷并进行修改。应该强调的是,试调查的调查对象应该与实际调查中的调查对象在背景特征、对话题的熟悉程度,以及感兴趣的态度和行为等方面类似,即试调查的调查对象和实际调查中的调查对象应该从同一人群中抽取。

主观评价法的具体做法是,将设计好的问卷初稿抄写或复印若干份(一般为3~10份),分别送给该研究领域的专家、研究人员以及典型的被调查者,请他们分析问卷初稿,对问卷进行评论,并指出不妥之处。

(四)确定问卷

通过检验初始问卷,删除那些没有必要的问题或者无法分析的问题,修改那些提法有问题的问题,增加初始问卷没有反映清楚的问题,最终确定问卷。

六、问题与答案的设计

(一)开放式问题

开放式问题又称为非限定回答式问题,就是给出一个问题让被调查者自由回答,即只提出问题而不向被调查者提供任何具体的答案,由被调查者根据自己的想法自由填写,设计时在问题之后要有充分的空白以便答题。

您喜欢看什么电视节目?

_____

您对2020年3月起个人住房贷款利率转换有何看法?

_____

1. 开放式问题的优点

开放式问题比较灵活,适合于搜集深层次的信息。如想了解客户的真实呼声,对某一问题的看法、感受、要求、评价等均宜采用开放式问题。开放式问题经常需要"追问"。例如,您认为利用电话销售比人员销售有什么优势?(追问:还有什么?)通过追问使调查员可获得更详细的材料或使讨论继续下去,或通过追问澄清被调查者的回答。

此外,被调查者使用自己的语言来回答问题,可以充分地按个人的想法与方式发表意见而不受任何限制,不是用实验室语言或专业术语来讨论有关问题,紧扣有助于使方案创作更接近于消费者的语言。

开放式问题还可为研究者提供大量、丰富的信息。它往往能搜集到调查者未考虑到或忽略的信息,因此适合于潜在答案较多的问题,或为封闭式问题提供选项。

2. 开放式问题的缺点

由于答案各异,复杂多样,有时甚至出现答非所问的情况,给调查后的资料整理、分析、汇总带来一定的困难。开放式问题往往描述性回答较多,难以定量处理。如果对开放式问题进行编码,则需要把许多回答归纳成一些适当的类别并进行编码。如果类别太多,则各种类别的频次可能很少,从而使解释变得很困难;如果类别太少,回答都集中在几个类别上,则会失去重要的信息。

此外,开放式问题会带来调查误差。调查时,调查者往往无法逐字记录被调查者的回答,因此会在无意中错过重要的信息,从而使资料搜集造成误差;而且,由于被调查者表达能力各不相同,问题的回答难免会向性格外向、善于表达自己的应答者发生偏斜。

所以,开放式问题在一般的问卷调查中不能用得太多,一般不能超过三个。同时也应该看出,开放式问题的运用是与问卷调查这种方法的理论背景不一致的。因为问卷调查的本质是要以简单的调查、易于统计分析的设计方法来进行的。而开放式问题更适用于访问法等其他调查方式。开放式问题是问卷调查过于简单的补充。

(二)封闭式问题

封闭式问题又称为限定回答式问题,是在提出问题的同时,给出问题的若干可能答案供被调查者选择。

1. 封闭式问题的格式

封闭式问题的格式主要有:填空式、二项选择、多项选择、排序选择等。

(1)填空式。即在问题后面划一短横线,让回答者填写。填空式一般只用于对回答者来说既容易回答又容易填写的问题,通常只需填写数字。

请问您家有几口人? _____

(2)二项选择。问题可供选择的答案只有两个,被调查者只能选择其中一个答案。

您有笔记本电脑吗? A. 有 B. 无

您是共青团员吗? A. 是 B. 否

二项选择是在民意测验的问卷中使用的最多的一类问题格式。其特点是回答简单明了,可以严格地把回答者分成两类不同的群体;但其弱点是得到的信息量太少,两种极端的回答类型不能了解和分析回答者中客观存在的不同层次。

(3)多项选择。问题可供选择的答案在两个以上,由被调查者从中选择。根据选择答案数量的多少,有三种选择类型。

①单选式。要求被调查者选择其中一项答案。

请问您的年龄是多少?

A. 20 岁以下   B. 20～29 岁   C. 30～39 岁

D. 40～49 岁   E. 50 岁及以上

②多选式。要求被调查者在所给出的答案中,选出自己认为合适的两个或两个以上的答案。

贵公司在长江三角洲设立的企业或工厂的生产形式为_____(可多选)

A. 来料来样加工   B. 零部件生产

C. 贴牌生产/代加工生产　　D. 独立设计制造

E. 自有品牌产品生产　　　　F. 其他(请注明)_____

③限选式。在问卷上注明被调查者可任选几项答案。

您认为我国目前最急需解决的问题是_____(限填 3 个)

A. 工业　　　　　　　　B. 农业　　　　　　　　C. 土地

D. 科技　　　　　　　　E. 教育　　　　　　　　F. 生态环境

G. 人口　　　　　　　　H. 其他(请说明)_____

虽然多项式、限选式比单选式更能反映被调查者的实际情况,但是我们无法从答案中看出被选择的顺序,无法区分选项间的程度差别。

(4)排序选择。排序选择是在列出的多个答案中,由被调查者对所选的答案按要求进行排序。这种方法不仅可以反映所要调查的内容,而且可以反映出被调查者对某一问题的态度或倾向。

你上大学确定专业时考虑的因素有哪些?(按考虑因素的先后顺序用 1、2、3、4、5 排序,填入下列空格中)

A. 个人兴趣(　　)　　　B. 就业率(　　)　　　C. 发展方向(　　)

D. 预期收入(　　)　　　E. 别人的建议(　　)

(5)重要程度顺位填空。排序题是依据某种程度进行的排序,只强调按照所谓的第一重要、第二重要、第三重要的因素进行的顺序排列,而重要程度顺位填空法则不仅强调最重要的因素,也强调比较重要、略微重要和不重要的,因而其调查结果较多项选择、排序选择更加精确。

以下是评价一种化妆品好坏的一些标准:

A. 质量好　　　　　　　B. 品牌好　　　　　　　C. 价格合理

D. 与众不同的香味　　　E. 包装特别　　　　　　F. 广告吸引人

G. 广告投放多　　　　　H. 容易买到

你认为最重要的标准是_____

你认为比较重要的标准是_____

你认为不太重要的标准是_____

你认为一点也不重要的标准是_____

(6)数值分配式。所谓数值分配式,实际上就是让被调查者为某些问题打分,可采用 5 分制,也可采用百分制。例如,一个以当代大学生为调查对象的研究有以下问题。

请对大学生的如下意识进行评分:(5 分制)

竞争意识:_____　　　自立意识:_____　　　时间意识:_____

创新意识:_____　　　批判意识:_____

再如,市场调查的例子。

39

请您对如下品牌的洗衣粉进行评分:(好用—5;较好用—4;一般好用—3;不太好用—2;不好用—1)

活力28:_____　　　奥妙:_____　　　碧浪:_____

汰渍:_____　　　白猫:_____　　　雕牌:_____

这种方法可以使原来只能用模糊性语言表达的内容数量化,以利于统计时进行分析。

(7)数值尺度法。数值尺度法实际上是单选式多项选择题的另一种表现形式。它又有几种不同的表现形式。

①线段式。主观态度方面的问题可以用线段式问题进行调查。直线的两端是两种相反的态度,让被调查者在直线的任意一点上做出回答。

您对玉兰油护肤品的评价是:(请在线段的适合您的态度的"点"的位置上画圈)

除此之外,它还可以将线段式的每一个点由文字变成数字,并且将线段的两个端点用两个反义词代替。

1～7计分法:

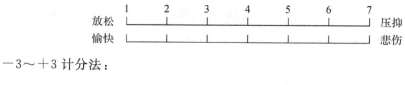

−3～+3计分法:

②矩阵式。当两个或两个以上问题的可选答案相同时,可将问题集中起来,用一个矩阵来表示。

如下观点,您的态度是:

观点	同意	比较同意	一般	较不同意	不同意
飘柔洗发水能去除头屑	1	2	3	4	5
飘柔洗发水能抑制头皮瘙痒	1	2	3	4	5
飘柔洗发水价格合理	1	2	3	4	5
飘柔洗发水……	1	2	3	4	5

矩阵式的优点是节省问卷的篇幅,同时把同类问题放在一起,回答方式又相同,节省了被调查者阅读和填写的时间。

③表格式。即用表格的形式表现人们的态度差异。

如下观点,您的态度是:

飘柔洗发水能去除头屑	同意	比较同意	一般	较不同意	不同意
飘柔洗发水能抑制头皮瘙痒	同意	比较同意	一般	较不同意	不同意
飘柔洗发水价格合理	同意	比较同意	一般	较不同意	不同意
飘柔洗发水……	同意	比较同意	一般	较不同意	不同意

表格式的问题除了具有矩阵式的特点外,还显得更为整齐、醒目。但是应当注意的是,这两种形式虽然具有简单、集中的优点,但同时也会使人产生呆板、单调的感觉,在一份问卷中这两种形式的问题不宜用得太多。

2. 封闭式问题的优点

(1)封闭式问题可减少调查人员误差,因为调查人员只需要在选项上做标记即可。

(2)给出的选项可提醒被调查者的记忆,从而提供一个更实际的应答;同时,因为被调查者无须对有关主题进行解释,从而避免了向那些善于表达自己思想的人偏斜的倾向,同时也节省了回答时间。

(3)由于答案标准,因此数据录入过程被大大简化,同时大大减少了这方面可能发生的误差。

3. 封闭式问题的缺点

(1)调查人员必须花大量时间来想出一系列可能的答案,对比较复杂的问题或不太清楚的问题很难把答案设计周全,如有缺陷,被调查者就难以正确回答,从而影响调查的质量。因此,在设计封闭式问题的答案时,要尽可能地列出给定问题的所有答案,避免遗漏,如难以做到这一点,应加上"其他"选项,使被调查者有选择的余地。

(2)由于事先规定了预选答案,被调查者的创造性受到限制,不利于发现新问题。

(3)如果列出的选项太长,被调查者可能会被搞糊涂或失去兴趣。

许多采用封闭式问题的问卷,常常在预调查时先用部分开放式问题,以确定封闭式问题的答案种类。为了保证封闭式问题包括全部答案,可以在主要答案后加上"其他"之类的答案,以作补充,避免强迫被调查者选择不真实的答案。这种形式也称为半封闭式问题,即在一个问题中既有备选答案(封闭式),也留有被调查者自由回答的余地,由被调查者写出自己认为的答案(开放式)。常见形式是先进行封闭式问题的选择,然后是开放式问题的选择。

您最喜欢的运动项目是什么?
A. 球类运动　　B. 跳绳　　　C. 游泳　　　D. 滑冰
E. 体操　　　　F. 太极拳　　G. 走步　　　H. 其他_____(请在横线上注明)

(三)问题的设计

在问卷的问题设计中,主要需要注意的问题有四个:一是问题要根据调查的目的来进

41

行设计；二是要注意问题的顺序；三是要注意问题的提法；四是问题的量要适中。

1. 根据调查目的设计问题

根据调查目的设计问题，就是要依照调查的基本假设与命题来设计问题。问卷是研究者在调查中用来搜集资料的工具，所以，设计问卷时应该要考虑研究的需要，要围绕调查的主题拟订问卷题目，使所提的问题目的明确、重点突出。要根据调查主题的要求，研究调查内容，首先初步列出调查主题所需要的全部信息，从中分析哪些是主要信息，哪些是次要信息，哪些是可要可不要的信息，然后删除不必要的信息。

此外，研究者对问卷的设计应当有一个总体框架，对一个理论假设需要哪些指标来测量也应十分明确。问卷的每一个问题的作用应该十分清楚，它应该满足检验假设的要求。

2. 注意问题的顺序

调查问卷中问题的排列要有一定的逻辑顺序，符合被调查者的思维程序，层次分明。如果不注意安排好问题的顺序，不仅会影响到问卷资料的准确性，还可能影响到调查资料的顺利进行，影响到问卷的回收率。研究人员在长期的社会调查实践中，摸索出了安排问卷中各种问题的先后顺序的一般原则。

（1）基本信息应安排在最前，分类信息居中，鉴别性信息放在最后。调查信息主要包括了三种信息类型：第一类是基本信息，是达到研究目标所必带的信息，如对产品、价格、分销、促销信息的调查；第二类是分类资料，即将被调查者按年龄、性别、职业等予以分组归类的资料；第三类是鉴别性信息，如被调查者的姓名、住址等。一般来说，应将最主要问题（基本信息）置于最前面，然后列举两类问题，只要前面的问题得到回答，那么后面的问题如果被调查者不愿回答或因事中止也就无关大局了。如果是调查行为、态度的，则先问行为方面的问题，再问态度、意见、看法方面的问题，最后问个人的背景资料。

（2）先易后难。容易、直观、清楚的问题置前，困难、复杂、敏感、窘迫的问题置后。随着调查的进行，调查人员与被调查者交流的深入，被调查者可能降低或消除原有的戒备心理，愿意回答一些复杂、敏感的问题，从而使调查获得尽可能多的信息。

（3）把被调查者熟悉的问题放在前面，把被调查者比较生疏的问题放在后面。

（4）把能引起被调查者兴趣的问题放在前面，把容易引起他们紧张或产生顾虑的问题放在后面。

（5）开放式问题放在问卷的最后。许多问卷常常以封闭式问题为主，同时附有一两个开放式问题，以搜集定性的、丰富多彩的资料。要注意的是，这种开放式问题只宜放在问卷的最后，而不能放在其他部分。

（6）总括性问题应先于特定性问题。总括性问题是指对某个事物总体特征的提问。①"在选择冰箱时，哪些因素会影响您的选择？"就是一个总括性的问题。特定性问题是指对事物某个要素或某个方面的提问。如②"您在选择冰箱时，耗电量处于一个什么样的重要程度？"总括性问题应置于特定性问题之前，否则特定性问题在前会影响总括性问题的回答。如把②放在①的前面，则①的答案中"耗电量"选择会偏大。

3. 注意问题的提法

（1）问题设计要符合被调查者的特点。所列问题不能超出被调查者识别文字、理解文字的能力、知识范围和水平等。普通公众的调查问卷，所问的问题要能为被调查者理解；专业人员的调查问卷,所问的问题可以使用专业语言。问卷中语气要亲切,对敏感性问题要采取一定的技巧进行调查,使被调查者愿意回答。此外,问卷的表述要符合被调查者的年龄、身份等特征。例如,对儿童进行调查时应当用儿童的语言表述,而对成人进行调查时则应当使用成人语言。

(2)问题的语言要尽量简单。要尽可能使用简单明了、通俗易懂的语言,尽量避免使用专业术语及不规范的简称,或者冷僻、深奥和过于抽象的词句,使被调查者能够明白无误地加以回答。例如,"您觉得您所在单位几年来情况怎样?"这一问题没有明确说明询问的是单位的什么情况,是多方面的情况,还是某一方面或某些方面的情况。

(3)问题的陈述要尽可能简短。问题的陈述越长,就越容易产生含糊不清的地方,回答者的理解就可能越不一致。而问题越短小,产生这种含糊不清的可能性就越小。

(4)问题要避免带有双重含义。双重含义指的是在一个问题中,同时询问了两件事情,或者说,一句话中同时问了两个问题。例如,问题"您父母的职业是什么?"实际上就包括了两个问题:"您父亲的职业是什么?"和"您母亲的职业是什么?"再如,"您觉得您的知识水平和实践经验能否适应工作需要?"这里实际询问了两件事,即"您的知识水平能否适应工作需要?"和"您的实践经验能否适应工作需要?"。因此,那些认为自己在其中某一方面能适应工作需要,而同时在另一方面又不能适应工作需要的人,就无法回答这一问题了。这种设计得到的答案,也就无法进行分析。

(5)问题不能带有倾向性。即问题的提法和语言不能使被调查者感到应该填什么,这就是说不能对回答者产生诱导性。应保持中立的提问方式,使用中性的语言,要避免使被调查者感到提该问题是想得到某种特定的回答,或是在鼓励他、期待他做出某种回答。例如,"你反对抽烟吗?"这种提问方式带有明显的肯定倾向,它容易诱导被调查者选择答案。

(6)不要用否定形式提问。在日常生活中,除了某些特殊情况外,人们往往习惯于肯定陈述的提问,而不习惯于否定陈述的提问。

(7)不要问被调查者不知道的问题。这就是说,我们所问的问题都应该是被调查者能够回答的。例如,"您对舒肤佳香皂的原料是否喜欢?"绝大多数人都无法回答这个问题,因为人们根本不知道它的原料是什么。再如:

您现在的实际文化程度相当于_____

A.小学毕业　　　　　　　　　B.初中毕业
C.高中毕业　　　　　　　　　D.大专毕业及以上

人们可根据自己实际完成的教育等级来填答自己的文化程度,却难以评价自己"实际"的文化程度。即使人们这样做了,其评价的标准相互之间也会不一致。因此这种问题的提法不恰当,还是直接问"您的文化程度"为好。

(8)不要直接询问敏感性的问题。当问及某些个人隐私或对顶头上司的看法这样一些问题时,人们往往具有一种本能的自我防卫心理。因此,如果直接提问,往往引起很高的拒答率。对这些问题最好采取间接询问的形式,并且语言要特别委婉。比如,调查婚外恋的问题时,如果直接问"您是否有婚外恋?"基本不可能得到真实的答案,这个时候可以通过问他对他的朋友婚外恋的态度来了解其对婚外恋的看法。

4.调查问题的量要适当

问题数目的多少,决定着整个问卷的长短。一份问卷应包含多少个问题,没有统一的标准。要根据研究的目的、研究的内容、样本的性质、分析的方法,以及拥有的人力、财力、时间等多种因素而定。一般来说,问卷越短越好,越长越不利于调查。根据大多数社会研究人员的实践经验,一份问卷中所包含的总数目,应限制在一组的被调查者 20 分钟以内能顺利完成为宜,时间不超过 30 分钟。

(四)答案的设计

第一,答案的设计要具有穷尽性和互斥性。

所谓穷尽性,是指答案包括了所有可能的情况。比如,下列问题的答案就是穷尽的。

> 您的文化程度是_____
> A. 小学及以下　　　　B. 初中　　　　　　C. 高中或中专　　　　D. 大专及以上

对于任何一个被调查者来说,问题的答案中总有一个是符合他的情况的,或者说每个被调查者都一定是有答案可选的。

所谓互斥性,是指答案相互之间不能相互重叠或相互包含。也即对于每个被调查者来说,最多只能有一个答案适合他的情况,如果一个被调查者可同时选择某一问题的两个或更多的答案,那么这一问题的答案就一定不是互斥的。例如,下列问题的答案就不是互斥的。

> 您的职业是_____
> A. 工人　　　　　　　B. 农民　　　　　　C. 干部　　　　　　　D. 商业人员
> E. 医生　　　　　　　F. 售货员　　　　　G. 教师　　　　　　　H. 司机
> I. 其他

在所列的答案中,"工人"与"司机","商业人员"与"售货员"都不互斥,工人中可包括司机在内,而售货员也是商业人员的一部分。

第二,答案设计要根据研究的需要来确定问题或答案的形式。例如,如果我们要测量"人们每月的工资收入"这一变量,可以根据研究的具体要求来决定采用哪种形式的答案。

如果研究需要准确地了解每一回答者的具体月收入,那么就可采用下列填空形式。

> 您每月的工资收入是多少?_____

如果研究想了解的是总体中人们的月工资收入处于不同等级的分布情况,那么就可以采用下列形式进行测量。

> 您每月工资收入落在下列哪个范围中?_____(请选一个)
> A. 5000 元以下　　　B. 5001~8000 元　　C. 8001~15000 元　　D. 15000 元以上

如果研究只需要了解某一总体中人们的月工资收入水平处于全国平均水平(假设为5000 元)以下的比例,那么就可以采用下列形式进行测量。

> 您的月工资收入属于下列哪一类?_____(请选一个)

A. 高于 5000 元　　　　B. 低于或等于 5000 元

第三,答案设计时要注意的是单选题的答案选项不宜过多。这是因为被调查者在阅读问题与答案时,记忆答案的数量是有限的,一般不超过 9 个。如果答案选项过多,被调查者的回答就有遗漏或不耐烦的现象。

第四,答案不能带有更多的信息。

您最喜欢的某产品的品牌是＿＿＿＿＿

A. 甲(2019 年第一畅销的产品)　　　　B. 乙(2019 年第二畅销的产品)

C. 丙(2019 年第三畅销的产品)　　　　D. 丁(2019 年第四畅销的产品)

这种设计等于对被调查者进行诱导,在没有特殊用途时,这种设计是不允许的,因为它不能反映被调查者的真实想法。

第五,答案中尽量不使用贬义词。在调查中,如果答案中使用贬义词,会严重影响调查的结果。通常的做法是在褒义词的前面加上否定,比如不用"喜欢"和"厌恶",而用"喜欢"和"不喜欢"来进行设计。

第六,答案设计要符合被调查者的特点。所列答案不能超出被调查者识别文字、理解文字的能力、知识范围和水平等。

请问您家属于下列哪一类家庭?　＿＿＿＿＿

A. 单亲家庭　　　　B. 核心家庭　　　　C. 主干家庭

D. 联合家庭　　　　E. 其他家庭

该问题所列的家庭类型都是社会学中的专业术语,对于一般人来说,什么样的家庭才是核心家庭,什么样的家庭又是主干家庭或联合家庭,他们是不清楚的。

第七,要注意问题与答案之间应协调。

您最喜欢的专业是＿＿＿＿＿

A. 文科　　　　B. 理科

专业是十分具体的,如经济学、政治学、心理学等,"文科""理科"不是具体的专业。

七、调查问卷设计的原则

(一)明确问卷设计的出发点

设计问卷时既要考虑研究的需要,也要考虑到被调查者的实际情况。设计问卷的一条首要原则就是要清楚地认识到,为被调查者考虑是设计问卷的出发点。不能只把注意力放在编制什么问题上,还要注意问卷过程中人的因素。

(二)明确阻碍问卷调查的因素

由于问卷调查需要被调查者的密切合作,因此,在设计问卷时,必须对那些在问卷调查过程中可能出现的阻碍因素有清楚的认识。阻碍被调查者合作的因素,归纳起来,主要有两大方面。

1. 主观上的障碍

主观上的障碍即由被调查者心理上和思想上对问卷产生的各种不良反应所形成的障碍。

(1)当问卷内容太多,问卷表太厚,或者问卷中需要花时间思考、回忆、计算的问题太多时,被调查者就容易产生畏难情绪。

(2)当问卷中的问题涉及个人隐私等敏感的内容时,被调查者就容易产生种种顾虑;

(3)当问卷的封面信对调查的目的、内容、意义解释不够时,被调查者就可能对问卷调查不重视,缺乏积极合作的责任感,填写问卷时随随便便、马马虎虎。

(4)当问卷内容脱离被调查者的生活实际,或者所用的语言与被调查者的社会文化背景不协调,或者问卷形式设计得呆板、杂乱时,被调查者就可能对问卷调查毫无兴趣、置之不理,甚至将问卷表弃如废纸。

2. 客观上的障碍

客观上的障碍即由被调查者自身的能力、条件等方面的限制所形成的障碍。

(1)阅读能力的限制。一个被调查者起码要能看得懂问卷,才能做出他的回答。

(2)理解能力的限制。无论是对于问题的内容还是对于填写问卷的方法,常常会有一些被调查者是理解不了的。

(3)记忆能力、计算能力的限制。在问卷中,研究者常常询问有关被调查者过去的经历或生活的问题,也常常询问诸如每年的收入、每月的生活费用、每天用于某件事的时间等问题,这些问题常常要求被调查者进行一定的(有时甚至是很困难的)回忆、思考和计算。但是,并不是每个人对自己所经历的各种事情都能进行研究者所要求的计算的。

(三)明确问卷设计时应考虑的各种因素

(1)调查的目的。对于任何一项问卷设计工作来说,调查的目的都是其灵魂。

(2)调查的内容。调查内容也是影响问卷设计工作的一个重要因素。被调查者对于比较熟悉的调查内容,容易感兴趣。对不会产生心理压力的调查内容来说,问卷设计工作就相对容易一些,这时内容可相对详细、深入,提问可比较直接,问题的数目也可适当多一点;但当调查的内容被调查者不熟悉时,或者比较枯燥,不易引起他们的兴趣时,特别是一些涉及敏感的内容,问卷设计工作就会困难一些。这时问卷中的问题相对来说就只能问得概略一些、浅显一些、间接一些,问题的数量也应少一些,而问卷的封面信和指导语就得比较详细,措辞也得更加小心。

(3)样本的性质或样本的构成情况。样本的构成对问卷设计工作同样有着较大的影响。构成调查样本的被调查者是些什么样的人,他们的职业、文化程度、性别、年龄的分布状况如何,相互之间的差异大小等,都是设计者应该有所了解的。

(4)资料处理、分析方法和问卷的使用方法等因素。不同的资料处理和分析方法,对问卷设计有着不同的要求。采用手工进行资料整理的统计,一般情况下问卷的内容就不能很复杂;采用电子计算机进行处理的统计,则问卷的内容就可以多一些。另外,若对资料主要进行定性分析,那么就应以开放式问题为主;反之,若进行定量分析,则应以封闭式问题为主。对于自填问卷来说,设计应该尽量简单明了,便于阅读,便于理解,便于填写;对于访问问卷来说,则可相对复杂一些。用于邮寄方式进行调查的问卷,其封面信要特别注意设计。除上述各种因素外,当然还不能忽视调查经费多少、调查人员多少、调查时间长短等对问卷设计工作的限制。

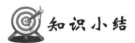 **知识小结**

本章主要讲述统计调查的意义、统计调查方案的设计、统计调查的方式方法等问题。

统计调查是指根据统计研究的目的、要求和任务,采用科学的调查方法,有计划、有组织地搜集统计资料的工作过程。统计调查搜集的资料主要是原始资料。统计调查是整个统计工作的基础,一定要使其满足准确性、及时性、完整性的要求。

统计调查的种类较多,按调查登记的时间是否连续可分为经常性调查和一次性调查,按调查的组织形式不同可分为统计报表和专门调查,按调查对象所包括的范围不同可分为全面调查和非全面调查。在实际工作中,应根据调查对象的特点以及调查的目的、任务和要求,结合具体情况选择运用,或根据需要将多种调查方式结合运用。

统计调查方案是统计调查的工作计划,它包括确定调查目的,确定调查对象、调查单位和报告单位,确定调查项目和调查表,确定调查时间和调查期限,确定调查地点和调查方法,制定调查工作的组织实施计划等内容。

统计调查的组织方式有很多,在我国主要有统计报表、普查、重点调查、典型调查和抽样调查等。

统计资料的搜集方法主要有观察法、实验法、询问调查、邮寄调查、电话调查、电脑辅助调查、座谈会、个别深入访谈等。

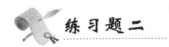 **练习题二**

一、简答题

1. 什么是统计调查?统计调查的种类有哪些?
2. 一份完整的统计调查方案,应包括哪些内容?
3. 统计报表与普查有何异同?重点调查与典型调查有何异同?
4. 调查问卷的结构怎样?问卷的设计形式有哪些?

二、单选题

1. 在对总体现象进行分析的基础上,有意识地选择若干具有代表性的单位进行调查研究,这种调查方法是(   )。

    A. 抽样调查   B. 典型调查   C. 重点调查   D. 普查

2. 某某大学现有 9 个学院共有学生 10000 人、教师 500 人,设置专业 50 个。若每个学院为调查单位,则总体单位总数是(   )。

    A. 学院数   B. 学生数   C. 教师数   D. 专业数

3. 重点调查中的重点单位是指(   )。

    A. 这些单位是工作中的重点

    B. 这些单位在全局工作中处于重要位置

    C. 这些单位的数量占总体单位数的很大比重

    D. 这些单位的标志值在标志总量中占有很大比重

4. 统计调查对象指的是(   )。

    A. 需要调查的那些具体单位   B. 需要调查的那些社会现象的总体

    C. 需要调查的各项指标及数据   D. 负责向上级报告调查内容的单位

5. 对几个大型钢铁企业进行调查,已掌握全国钢铁产量的基本情况,这种方式方法是(   )。

    A. 重点调查   B. 抽样调查   C. 典型调查   D. 普查

6. 对占煤炭开采量 75% 的大矿井进行劳动生产率调查;统计机关在住有全国城市人口一半以上的各大城市的超市零售价格水平进行系统调查。这些都是(   )。

    A. 全面调查   B. 抽样调查   C. 重点调查   D. 典型调查

7. 在全国人口普查中,调查单位是(   )。

    A. 全国人口   B. 每一个人   C. 每一户   D. 工人工资

8. 制定统计调查方案的首要问题是(   )。

    A. 选择统计调查的方式   B. 明确调查的任务和目的

    C. 制定统计调查的组织实施计划   D. 确定统计调查的对象和单位

9. 有意识地选择三个农村点调查农业收入情况,这种调查方式是(   )。

    A. 普查   B. 典型调查   C. 抽样调查   D. 重点调查

10. 调查时间的含义是(   )。

    A. 调查资料所属时间   B. 调查进行的起止时间

    C. 调查时实际登记的时间   D. 进行调查的时间

11. 在我国,获得预计农作物产量全面资料最有效、最可行的调查方式是(   )。

    A. 统计报表   B. 重点调查   C. 典型调查   D. 抽样调查

12. 调查工业企业经济效益时,工业企业是(   )。

    A. 调查对象   B. 调查单位

    C. 报告单位   D. 调查单位和报告单位

13.在非全面调查中,最完善、最有科学根据的调查方法是( )。

A.重点调查 B.典型调查 C.抽样调查 D.普查

14.在下列调查中,调查单位与填报单位一致的是( )。

A.企业设备调查 B.人口普查

C.农村耕地调查 D.工业企业现状调查

三、多选题

1.普查是( )。

A.专门组织的调查 B.经常调查 C.一次性调查

D.全面调查 E.可广泛采用的调查方法

2.某地区进行企业情况调查,则每一个企业是( )。

A.调查对象 B.统计总体 C.调查单位

D.调查项目 E.填报单位

3.在工业设备普查中( )。

A.调查对象是工业设备 B.报告单位是工业企业 C.总体是工业部门

D.总体单位是工业企业 E.调查单位是每台工业设备

4.典型调查的特点是( )。

A.由调查者有意识地挑选有代表性的单位 B.可进行较深入细致的调查研究

C.一般可用典型推算总体 D.费用比较节省

E.必须事先对调查对象有所了解

5.就其调查方式和应用而言,重点调查属于( )。

A.全面调查 B.专门调查 C.非全面调查

D.统计报表 E.可与普查结合使用

6.在全国人口普查中( )。

A.全部人口是总体 B.每个人是总体单位 C.调查单位是"户"

D.填报单位是"人" E.男性是品质标志

7.在全国工业企业普查中( )。

A.全国工业企业数是调查对象 B.每个工业企业是调查单位

C.每个工业企业是填报单位 D.全国工业企业是调查对象

E.全国工业企业数是统计指标

8.非全面调查的形式有( )。

A.重点调查 B.抽样调查 C.典型调查

D.非全面统计报表 E.统计报表

9.对某城市职工家庭生活情况进行调查,适宜采用( )。

A.全面调查 B.经常性调查 C.抽样调查

D.采访法 E.重点调查

四、判断题

1.对某市下岗职工生活状况进行调查,要求在一个月内报送调查结果。所规定的一个月时间是调查时间。(　　　)

2.与普查相比,抽样调查调查的范围小,组织方便,省时省力,所以调查项目可以多一些。(　　　)

3.全面调查就是对调查对象的各个方面都进行调查。(　　　)

4.典型调查既可以搜集数据资料,又可以搜集不能用数字反映的情况。(　　　)

5.在对现象进行分析的基础上,有意识地选择若干具有代表性的单位进行调查,属于重点调查。(　　　)

6.对调查资料进行准确性检查,既要检查调查资料的登记性误差,也要检查资料的代表性误差。(　　　)

7.统计调查误差是指由于错误判断事实或者错误登记事实而发生的误差。(　　　)

8.普查一般用来调查属于一定时点上社会经济现象的数量,它并不排斥对属于时期现象的项目调查。(　　　)

9.全面调查只适用于有限总体。(　　　)

五、实训题

1.结合专业实际,设计一份你所在地区企业对你所学专业需求的调查问卷。

2.设计一份某某大学学生消费情况的调查问卷。

3.某服装厂想通过市场调查了解以下方面的问题:企业品牌的知名度、产品市场占有率、用户满意度。

(1)你认为采取哪种方法进行调查比较合适?

(2)请设计一份调查方案;

(3)请设计一份调查问卷。

练习题二
参考答案

第三章

统计整理

第一节　统计整理的定义与步骤

通过统计调查取得的原始资料只能反映总体各单位的具体情况,是分散的、零碎的、表面的,而且精粗并存、真伪混杂,不能说明事物的全貌。要说明总体情况,揭示出总体的特征,还需要对这些资料进行去粗取精、去伪存真、由此及彼、由表及里的加工整理,以便对总体做出概括性的说明,形成有用的统计信息。为了利用数据,经常需要使用一些统计图表对数据进行归类、整理。

一、统计整理的概念和意义

统计整理,是指根据统计研究的目的和要求,对统计调查所取得的原始资料进行科学的分类、汇总,或对已初步加工的资料进行再加工,使之成为系统化、条理化的综合资料,以反映现象总体特征的工作过程。

统计整理在整个统计研究工作中具有承前启后的作用,它既是统计调查的继续和深入,又是统计分析的前提和基础。通过统计调查所取得的总体各单位的资料是零星的、分散的,只能说明各总体单位的具体情况。对这样的调查资料,只有通过科学的审核、分类、汇总等加工整理工作,才能使之系统化,成为说明总体特征的综合资料。统计整理实现了由反映总体单位特征的标志向反映总体综合数量特征的统计指标的转化,是从对社会经济现象个体量的观察到对社会经济现象总体量的认识的连接点,是人们对社会经济现象从感性认识到理性认识的过渡阶段。

另外,统计整理还是积累历史资料的必要手段。统计研究中经常要进行动态分析,这就需要长期积累的历史资料。对已有的统计资料进行筛选,以及根据历史的口径对现有的统计资料进行重新调整、分类和汇总等,都必须通过统计整理工作来完成。

二、统计整理的步骤

统计整理的全过程包括对统计资料的审核、分组、汇总和编制统计表等几个主要环节。

（1）审核。对搜集到的统计资料进行全面审核，如发现问题，及时加以纠正，以确保统计资料准确无误，这是统计整理的前提，是统计整理中一个十分重要的环节。审核的主要内容有以下三个方面。

第一，审核资料的准确性，就是检查所调查的原始资料是否准确可靠，这是审核的重点。常用的审核方法有两种：一是逻辑审核，主要是看资料的内容是否符合逻辑，从理论上或常识上检查资料是否合理，各项目或数据之间有无相互矛盾的地方等。例如，一张调查表中，企业的净产值大于同期总产值就是明显的逻辑错误。二是计算审核，就是检查调查表或报表中的资料在计算方法和计算结果上有无差错，计算口径和计量单位是否符合规定。例如，各项数字之和是否等于相应的合计数，各组结构比例之和是否等于 1 或 100%，出现在不同表格上的同一指标数值是否相同等。

第二，审核资料的完整性，就是检查所有调查单位的资料是否齐全，是否按规定的份数、项目上报，所有规定的项目是否都有答案等。

第三，审核资料的及时性，就是检查填报单位是否按时报送了有关资料，以及未按时报送的原因，不报、漏报或迟报的要催报、补报并给予行政处理。

（2）分组。根据研究任务的要求和统计分析的需要，对统计资料进行划类分组，整理出有科学价值的综合指标，借以揭示现象的本质和规律。

（3）汇总。在统计分组的基础上，把总体单位各种标志的标志值进行汇总计算，得到反映各组或总体的各种指标。统计资料汇总是统计整理的核心。

（4）编制统计表。通过编制统计表、统计图，将汇总出来的资料简明扼要、系统有序地显示出来。编制统计图表是统计整理的结果。

第二节　统计分组

一、统计分组的概念

统计分组是根据统计研究的需要，按照一定的标志将总体区分为若干个性质不同而又有联系的组成部分的一种统计方法。这些组成部分称为这一统计总体的"组"。例如，对全国总人口这一总体，根据研究的需要可以按城乡、性别等不同的标志进行分组，如表 3-1 所示。

表 3-1　2017 年全国人口主要构成情况

指标		年末数（万人）	比重（%）
按城乡分	城镇	81347	58.52
	乡村	57661	41.48
按性别分	男性	71137	51.17
	女性	67871	48.83
按年龄分	0～14 岁	23348	16.80
	15～64 岁	99829	71.80
	65 岁及以上	15831	11.40
全国总人口		139008	100.00

注：总人口和按性别分人口中包括现役军人，按城乡分人口中现役军人计入城镇人口。

资料来源：《中国统计年鉴 2018》，国家统计局。

通过分组，将性质相同的各单位结合在一起，将性质相异的各单位分开，区分了事物之间质的差异，并能据此从数量上揭示事物的内部联系，从而反映出我国人口的差异与特征，满足其研究问题的需要。

统计分组兼有分与合的双重功能。对总体而言是"分"，即把统计总体划分为一定意义上的性质相异的若干个组；对个体而言是"合"，即把一定意义上的性质相同的个体组合为一组。其分组原则是保证组间各单位具有差异性，组内各单位具有同质性。对统计总体进行分组，是由统计总体中各个总体单位所具有的差异性特征所决定的，总体的差异性是统计分组的客观依据。

统计分组必须遵循穷尽原则和互斥原则，即现象总体中的任何一个个体都必须而且只能归属于某一个组，不能有遗漏或重复出现的情况。

二、统计分组的作用

统计分组在统计研究中占有重要地位，其基本作用有以下三方面。

（一）划分现象的类型

社会经济现象存在着复杂多样的类型，各种不同的类型有着不同的特点以及不同的发展规律。在整理大量统计资料时，有必要运用统计分组法将所研究的现象总体划分为不同的类型组来进行研究。

统计分组的根本作用在于区分现象的质。经济现象千差万别，性质各异，任何一批数据都存在着差异，在进行统计分组之前，这种差异处于无序状态，显现不出来，通过统计分组，反映出了统计总体的基本性质和特征。分组实际上就是按差异的大小进行分类，差异小的归入一组，差异大的归入不同的组。因此，统计分组的结果使组内的差异缩小，而组与组之间的差异扩大。所以说，统计分组的过程就是区别事物性质的过程。要了解各种社会经济现象的性质、特点及其相互关系,必须按某种标志把它们划分为性质不同的部分。例如,我国经济成分分为公有经济和非公有经济两大类型,公有经济包括国有及国有控股经济和集体经济;工业划分为重工业和轻工业两大类型,轻工业又可分为以农产品为原料的轻工业和以非农产品为原料的轻工业;社会产品划分为生产资料和消费资料两大类;农业划分为农、林、牧、渔四大类型;产业分为第一产业、第二产业、第三产业;等等。表 3-2 列出了我国 2014—2017 年农、林、牧、渔业总产值情况。

表 3-2 我国 2014—2017 年农、林、牧、渔业总产值(绝对数) 单位:亿元

类型	2014 年	2015 年	2016 年	2017 年
农业	51851.1	54205.3	55659.9	58059.8
林业	4190.0	4358.4	4635.9	4980.6
牧业	27963.4	28649.3	30461.2	29361.2
渔业	9877.5	10339.1	10892.9	11577.1
合计	97822.5	101893.5	106478.7	109331.7

注:"绝对数"按当年价格计算。

资料来源:《中国统计年鉴 2018》,中国统计局。

(二)反映现象内部结构

社会经济现象所包括的大量单位,不但在性质上不尽相同,而且在总体中所占比重也不一样。各组的比重数大小不同,说明它们在总体中所处的地位不同,对总体分布特征的影响也不同,其中,比重数相对较大的部分,决定着总体的性质或结构类型。例如,假设在一个国家或地区的工农业总产值中,农业总产值所占比重为 80%~90%,则说明这个国家或地区的经济性质是农业经济。可见,研究总体的结构是十分重要的。

将总体的结构分组资料按时间的移动联系起来进行分析,可以反映由于各组比重变化速度不同而引起各组地位改变的状况,从而认识现象发展变化的规律性。表 3-3 列出了某市按 GDP 计算的三次产业结构情况,可看出,在三次产业中,第一产业、第二产业在 GDP 中所占比重逐渐降低,而第三产业的比重在逐渐增加。

表 3-3 某市按 GDP 计算的三次产业结构 单位:%

三次产业	2002 年	2007 年	2012 年	2017 年
第一产业	1.6	0.8	0.6	0.4
第二产业	47.4	46.6	38.9	30.5
第三产业	51.0	52.6	60.5	69.2

(三)分析现象之间的依存关系

社会经济现象之间存在着广泛的相互联系和制约关系,但现象之间发生联系的方向和

程度各不相同,其中关系比较紧密的一种联系就是现象之间的依存关系。研究现象之间依存关系的统计方法很多,如相关与回归分析法、指数因素分析法、分组分析法等,其中分组分析法是最基本的方法,是进行其他分析法的基础。

用统计分组法确定现象之间的依存关系,通常把那些表现为事物变化发展原因的因素称为影响因素,而把表现为事物发展变化结果的因素称为结果因素。表 3-4 是某市 2010—2017 年的人均工资性收入与人均存款余额的资料,从表中可看出,随着人均工资性收入的增加,人均存款余额有明显的增长趋势,这称为正依存关系。

表 3-4　某市 2010—2017 年的人均工资性收入与人均存款余额　　　　单位:元

年份	人均工资性收入	人均存款余额
2010	21745	70918
2011	24454	82168
2012	26752	90370
2013	28518	95635
2014	30629	99177
2015	30499	96612
2016	32718	103786
2017	34365	106533

在社会经济现象中,收入和消费之间有一定联系,一般来说,收入越高,消费也越多。身高与体重之间也有一定联系,一般身高越高,体重也越重。这些现象之间的依存关系均表现为正依存关系。此外,产品生产量和单位生产成本之间也存在一定的依存关系,一般地说,产品产量越高,单位产品生产成本越低,这称为负依存关系。商品流转额、商品流转速度与流通费用之间,职工家庭生活水平与家庭人口数之间等均表现为负依存关系。

统计分组的上述三个方面的作用是分别从类别分组、结构分组和分析分组角度来说明的,它们之间不是彼此孤立的,而且相辅相成、相互补充、配合运用的。

三、分组标志的选择

分组标志,即将同质总体区分为不同组的标准或依据。分组标志的选择是统计分组的核心问题。分组标志一旦选定,就突出了总体在该标志下的性质差别,而掩盖了总体在其他标志下的不同。例如,在以地区作为分组标志对全国职工的工资收入数据进行分组后,人们看到的是按全国各个地区分组的职工工资水平,突出了工资水平在地区之间的差异,而职工工资在从业部门、工作岗位、教育水平、工作年限、不同性别等方面的差异未能得到显示。对同一总体按不同标志进行分组,会得到不同的分组结果,甚至相反的结论。分组标志选择不当,不但无法显示现象的根本特征,甚至会混淆事物的性质,歪曲社会经济的真实情况。当然,可以通过平行分组和交叉分组的方式,同时突出数据的两个甚至更多方面的特征。不论怎样,分组标志的选择决定了数据整理工作的基调。按照统计研究的要求,科学地选择分组标志是有效进行统计认识活动的基本前提。为了达到统计分组的目的,在进行统计分组时要遵循以下原则。

(一)根据统计研究的目的选择分组标志

正确选择分组标志是统计分组的关键。分组标志选择得恰当与否,直接影响到分组的科学性。如要研究总体某一方面的特征,就应该选择反映该特征的标志作为分组标志。统计总体中的个体有许多标志,选择什么标志作为分组标志,要根据统计研究的目的来确定。例如,要了解某单位职工的学历状况,就应选择"文化程度"为分组标志;要了解学生的学习情况,要以"成绩"为分组标志,而不能用"性别""年龄""收入"等为分组标志,因为这些内容与要了解的内容无关;如果以工业企业为研究总体,研究企业的生产经营情况,则可以考虑以"劳动生产率""产品成本"等为分组标志。

因此,根据研究目的,正确选择分组标志是保证统计分组具有科学性的关键,是保证统计研究获得正确结论的前提。

(二)要选择最能反映现象本质的标志作为分组标志

明确了统计研究的目的,还不等于能够选择好分组标志。因为说明同一问题可能有若干个相关标志,在进行分组时,应选择最能反映事物本质特征的标志。

例如,研究某社区居民家庭生活水平,可按每户月收入和每户人均月收入等不同标志进行分组。但是按每户月收入进行分组,只说明了每个家庭的收入总额,没有考虑家庭人口数量对生活水平的影响。这将会使总收入相近,但由于家庭人口数量不同造成的生活水平差异很大的家庭放在一组。而按每户人均月收入进行分组,则剔除了家庭人口数量的影响,反映了每个家庭的真正收入水平和生活状况。只有将不同收入水平的家庭分在不同组中,才能真正区分各家庭生活水平上的本质差异。

(三)要考虑现象所处的历史条件、经济状况以及标志内涵的变化

社会经济现象随着时间、地点、条件的变化而变化,其标志的内涵也会发生变化。同一分组,过去适用,现在就不一定适用;在这一场合适用,在另一场合就不一定适用。

例如,在生产力水平较低的情况下,研究企业规模,一般以职工人数作为分组标志。随着机械化、自动化水平的提高,职工人数已不能准确地说明企业规模的大小。因此在生产力水平较高的情况下,一般使用企业生产能力和固定资产作为分组标志。然而,在研究劳动密集型企业时,生产的产品不固定,生产能力很难计算,因此,仍以职工人数作为企业规模的分组标志。

结合研究对象所处的历史条件、经济条件来选择分组标志,这样可以保证分组标志在不同时间、不同场合的适用性。

四、统计分组的方法

分组标志确定之后,还必须在分组标志变异范围内,划定各相邻组间的性质界限和数量界限。根据分组标志的不同特征,统计总体可以按品质标志分组,也可以按数量标志分组。

(一)按品质标志分组

按品质标志分组是指选择反映事物属性差异的品质标志作为分组标志进行分组。按品质标志分组能直接反映事物间质的差别,给人以明确、具体的概念。

因为事物的属性差异是客观存在的,有些品质标志分组,由于界限清晰,分组标志有几种具体表现,就分成几组。例如,人口按性别、民族、职业、文化程度等分组,企业总体按所有制分为国有、集体、联营、股份合作、其他等组。有些品质标志分组会显得很复杂,其相邻组之间的界限不容易划清。有些在理论上容易区分,但在实际社会经济生活中却难以辨别。例如,人口按城乡分组,居民一般分为城镇和乡村两组,但因目前还存在有些既具有城镇形态又具有乡村形态的地区,分组时就需慎重考虑。如行业分类、部门分类、职业分类等也都存在同样的问题。

在实际工作中,为了便于统计名称、范围和计量单位的统一,国家制定有统一的分类目录,例如,"工业产品目录""工业行业分类目录""海关统计商品目录"等,各地区、各部门进行统计资料整理时,必须遵照执行。

(二)按数量标志分组

统计的研究对象是社会经济现象的数量方面,所以,按数量标志分组是我们研究的重点。按数量标志分组是指选择反映事物数量差异的数量标志作为分组标志进行分组。例如,企业按职工数、产值、产量等标志进行分组;居民家庭按家庭成员数进行分组,可分为1人、2人、3人;等等。按数量标志分组的目的,并不是单纯确定各组在数量上的差别,而是要通过数量上的变化来区分各组的不同类型和性质。因此,按数量标志分组,应根据事物内在特点和统计研究的要求,先确定总体在某数量标志的特征下有几种性质不同的组成部分,再研究确定各组成部分之间的数量界限。例如,人口按年龄分组,男性分为0~6岁、7~17岁、18~59岁、60岁及以上;女性分为0~6岁、7~17岁、18~54岁、55岁及以上。这是由于男、女职工的法定退休年龄不同而造成的差别。因此,正确选择决定事物性质差别的数量界限是按数量标志分组的一个关键问题。

按数量标志分组主要有以下几种方法。

1.单项式分组和组距式分组

对于离散变量,如果变量值的变动幅度小,就可以一个变量值对应一组,称为单项式分组。如居民家庭按儿童数或人口数进行分组,均可采用单项式分组。

【例 3-1】 某生产车间 20 名工人日加工零件数资料如下（单位：个）：

117　108　110　114　130　125　110　128　130　114

128　128　125　114　125　120　120　125　120　117

把这些数据按日加工零件数分组，如表 3-5 所示。

表 3-5　某生产车间 20 名工人日加工零件数分组情况

日加工零件数（个）	工人数（人）
108	1
110	2
114	3
117	2
120	3
125	4
128	3
130	2

对于离散变量，如果变量值的变动幅度很大，变量值的个数很多，则把整个变量值依次划分为几个区间，各个变量值则按其大小确定所归并的区间，这样的分组称为组距式分组。在组距式分组中，每组包含许多变量值，组距两端的数值称为组限。其中，每组的起点数值称为下限，每组的终点数值称为上限。组限有两种形式：一种为重合式（或称连续式），指在相邻两组中，前一组的上限和后一组的下限数值重合，一般用于连续型变量；另一种为不重合式或称间断式，指前一组的上限与后一组的下限，两值紧密相连而不相重复，一般用于离散型变量。凡是组限相连的分组形式，称为连续组距式分组；凡是组限不相连的分组形式，称为间断组距式分组。

在一个组距式分组中，既有上限又有下限的组称为闭口组，否则称为开口组。其中，仅有上限没有下限的组称为下开口组，仅有下限没有上限的组称为上开口组。开口组一般用于组距分组的上下两端，即当落在上下两端的分组中的数据明显过少，不具有单独分析价值时，通常采用开口组。

离散变量根据情况既可用单项式分组，也可用组距式分组。连续变量由于不能一一列举其变量值，只能采用组距式分组，且相邻的组限必须重叠。如以总产值、商品销售额、劳动生产率、工资等为标志进行分组，就只能采用相邻组限重叠的组距式分组。

【例 3-2】 现有某班 50 名学生某门课的考试成绩如下：

75　78　56　84　93　76　63　86　53　86　84　75　78　81　96　54　52

67　62　74　86　84　82　76　71　70　60　90　55　50　86　84　77　73

66　58　84　87　91　52　77　78　89　90　71　75　58　65　62　64

把这些数据按成绩分组，如表 3-6 所示。

表 3-6 某班 50 名学生某门课的考试成绩分组情况

成绩（分）	学生数（人）
50～60	9
60～70	8
70～80	15
80～90	13
90～100	5

在相邻组组限重叠的组距式分组中,若某单位的标志值正好等于相邻两组的上、下限的数值时,一般把此值归并到作为下限的那一组,即"上组限不在内"原则。例如,例 3-2 中把学生成绩按 50～60 分、60～70 分、70～80 分、80～90 分、90～100 分进行分组,则成绩为 60 分的学生应归入 60～70 分组,而不应归入 50～60 分组。

在组距式分组中,同一分组的上限与下限之间的绝对距离称为组距,一般有:

组距＝上限－下限

但要注意的是,该公式只适用于计算连续组距式分组的组距大小。例如,在例 3-2 中,其组距为 10 分。如果将这一公式套用于间断组距式分组,将会产生谬误。例如,商店规模按职工人数分组,分为 1～5 人、6～10 人、11～15 人等。套用上述公式会得出组距为 4 人的结论,显然是错误的。间断式分组的组距计算,必须采用如下公式:

组距＝本组上限－本组下限＋1

在上例中,其组距实际上是 5 人。

通过组距式分组以后,把各组内部各单位的次要差异抽象去掉,而把各组之间的主要差异突出出来,这样各组分配的规律性可以更容易显示出来。根据这个道理,如果组距太小、分组过细,容易将属于同类的单位划分到不同的组,因而显示不出现象类型的特点;如果组距太大、组数太少,则会把不同性质的单位归并到同一组中,失去区分事物的界限,达不到正确反映客观事实的目的。因此,组距的大小、组数的确定应根据研究对象的经济内容和标志值的分散程度等因素,不可强求一致。

2. 等距分组和不等距分组

组距式分组有等距分组和异距分组之分。等距分组是各组组距全都相等的组距式分组,等距分组中各组单位数的多少不会受到组距大小的影响,便于各组单位数和标志值直接比较,也便于计算各项综合指标。不等距分组即各组组距不相等的组距式分组,在标志值变动很不均匀的情况下宜采用不等距分组。例如,人口总体的年龄分布,考虑到 80 岁以上的人口在总人口中所占比重较小,故分组时 80 岁以下可按 10 岁组距分组,80 岁以上的组距就应扩大。不等距分组有时更能说明现象的本质特征。

3. 组中值

组中值是指在组距式分组中,处于各组上、下限之间的中点数值,以代表各组标志值的一般水平。组中值并不是各组标志值的平均数,各组标志数的平均数在统计分组后很难计算出来,就常以组中值近似代替。组中值仅存在于组距式分组数列中,单项式分组数列中不存在组中值。

组中值的计算是有假定条件的,即假定各组标志值的变化是均匀的或对称的。在该组数据明显偏离均匀分布或对称分布时,使用组中值作为该组数据有代表性的数值存在较大偏差。

(1)闭口组组中值计算

在闭口组中,组中值为本组上限与本组下限之和除以 2,即

组中值=(上限+下限)÷2

(2)开口组组中值计算

计算开口组组中值,要先确定其缺少的下限或上限。一般以邻组组距近似地作为本组的组距,来确定其下限或上限,进而计算出开口组组中值,即

缺下限开口组组中值=本组上限-1/2 邻组组距

缺上限开口组组中值=本组下限+1/2 邻组组距

(三)分组界限的确定

分组的目的是把总体区分为性质不同的若干组成部分,将不同类的单位分别归入不同类的组,每一个单位只能归入一组,并且各组在性质上应有明显的区别。因而相邻两组之间的组限应当恰好就是两组质的分界线。例如,考试成绩 60 分作为及格、不及格两组的界限,计划数 100％作为完成、未完成两组的界限。

确定组限必须满足互斥性和完备性原则:互斥性又称不相容性,要求各组之间界限要明确,不允许重叠或交叉,即总体中的每一个单位都应只属于其中的一个组;完备性又称周延性,要求一个分组方案中所拟定的所有的组放在一起能够包容总体的全部单位,也就是说不能有任何一个单位无组可去。

按品质标志分组时,界限的确定往往是自然形成的或比较明显的,如性别、民族、行政区等,如果分组界限较难确定,则按国家统计局统一制定的各种分类标准进行分组。例如,人口按职业分组,企业按部门分组,产品按用途分组等。

按数量标志分组时,能作为质的分界线的标志值只有少数几个数值,多数标志值只表示量上的差异,并不表示质的不同。

五、统计分组的形式

统计在进行分组时,由于采用的分组标志的多少不同、排列形式不同,可以分为简单分组、平行分组体系和复合分组体系。在现实经济生活中,这三种形式都有广泛的应用价值。

(一)简单分组

简单分组又称单一分组,就是对被研究对象总体只按一个标志进行的分组。例如,人口按性别或按年龄分组、工业企业按所有制或按规模大小分组等。简单分组的特点是:只能反映现象在某一标志特征方面的差异情况,而不能反映现象在其他标志特征方面的差异,说明的问题比较简单明了。

（二）分组体系

在统计整理中,为了全面认识被研究现象总体,常常需要运用多个分组标志对总体进行分组,形成一系列相互联系、相互补充的分组体系。例如,对国民经济总体进行统计研究,必须通过按经济类型、部门、产业、地区、管理系统等分组,形成国民经济分组体系。在我们所要研究的现象总体中,总是可以选择一系列标志进行分组,所以分组体系是客观存在的,组与组之间层层深入、相互联系、相互补充。

1. 平行分组体系

对同一总体同时选择两个或两个以上的标志分别进行简单分组,然后并列在一起就形成了平行分组体系。例如,为了认识我国工业企业的一些基本情况,可以按工业门类、企业规模、登记注册类型等分组,得到如表 3-7 所示的分组体系。

表 3-7　2019 年全国各类工业企业按工业门类、企业规模、登记注册类型分组

指标	企业单位数(个)
按工业门类分:	
采矿业	
制造业	
电力、热力、燃气及水生产和供应业	
按企业规模分:	
大型企业	
中型企业	
小型企业	
按登记注册类型分:	
内资企业	
港、澳、台商投资企业	
外商投资企业	

平行分组体系的特点是:每一分组只能固定一个因素对差异的影响,不能固定其他因素对差异的影响。应用平行分组体系,其多种分组相互独立而不重叠,既可以从不同角度、不同方面对某一社会经济现象做出比较全面的说明,反映事物的多种结构,又不至于使分组过于烦琐,故这种分组被广泛采用。上面的分组从多方面反映了我国工业企业类型的状况,给人以全面的认识。

2. 复合分组体系

将总体按两个或两个以上的标志结合起来进行层叠分组,就形成了复合分组体系。具体地说,它是先按一个标志分组,再按另一个标志对已经分好的各个组进行再分组。例如,对某地区工业企业按经营组织形式和规模同时进行分组,得到如表 3-8 所示的复合分组体系。

表 3-8　某地区工业企业按经营组织形式及规模分组

按经营组织形式分组	按规模分组	企业总产值
国有及国有控股企业	大型企业	
	中型企业	
	小型企业	
股份制企业	大型企业	
	中型企业	
	小型企业	
外商及港澳台商投资企业	大型企业	
	中型企业	
	小型企业	
其他经营组织形式	大型企业	
	中型企业	
	小型企业	

以上这样划分的结果就形成了几层错综重叠的组别。复合分组体系的特点是：第一，对总体选择两个或两个以上标志进行层叠分组，可以从几个不同角度了解总体内部的差别和关系，因而比简单分组更全面、更深入地研究问题；第二，复合分组体系的组数随着分组标志的增加而成倍地增加。因而在采用复合分组时，选择的分组标志的数量要适量，并且要考虑到只有在总体包括的单位数较多的情况下，才宜于采用复合分组体系。

第三节　统计资料的汇总和计算

在对数据进行统计分组后，下一步工作就是汇总各组的合计数和总体的合计数，即统计汇总。汇总就是将数据逐个分配到已分出来的各个组中去。统计汇总具体体现为计数、加总等活动。

一、统计资料汇总的组织形式

统计整理的大量工作是汇总各组的合计数和总体的合计数，即统计汇总。统计整理的组织形式，实际上就是统计汇总的组织形式。因为统计汇总是一项十分繁重的工作，所以必须有一套科学、完整的组织形式才能保证统计汇总的顺利进行。统计资料汇总的基本组织形式有逐级汇总和集中汇总，把这两种形式结合起来就是综合汇总。逐级汇总是最常用的一种组织形式。

(一)逐级汇总

逐级汇总就是按一定的统计管理体制,自下而上地逐级对调查资料进行汇总的方式。我国的统计报表制度就采用这种形式。它的特点是能满足各地区、各部门对资料的需要,便于就地审核和订正原始资料;但汇总层次较多,耗费时间较长,容易出差错。

(二)集中汇总

集中汇总就是将全部原始资料集中在组织调查的最高机关或指定的机构进行汇总。对时效性强的快速普查和对汇总要求很高的一些重要调查,常常采用这种形式。它的特点是不需要经过中间环节,可以使用现代化的汇总手段来提高汇总效率和质量;但不能及时满足地方或基层领导的需要,审核和订正资料有困难。

(三)综合汇总

综合汇总就是对各级都需要的基本资料实行逐级汇总,对调查所得的其他资料则实行集中汇总的方式。我国进行的第三次人口普查就采用这种形式。将地方急需的总户数和总人口,以及按性别、民族和文化程度分组的人口资料进行逐级汇总,而将人口普查所得的其他资料交由省(区、市)和中央两级统计机构利用电子计算机进行集中汇总。这种组织形式既满足了各级对统计资料的需要,又节约了时间。

二、统计资料汇总技术

要使统计汇总准确快速,节约人力、物力,还要讲究汇总技术。常用的汇总技术有手工汇总和电子计算机汇总。

(一)手工汇总

1. 划记法
划记法即在预先设计的汇总表上画点或画线作为记号的汇总方法,它适用于对总体单位数的汇总。汇总时,看总体单位属于哪一组,就在汇总表上相应组内划上一个点或一条线,最后,计算各组内的点或线的数目,求得各组单位数。常用的点线符号有"正""≠""※"等。划记法手续简便,但只能汇总总体单位数,不能汇总标志值,画线太多,容易错漏,所以划记法一般在总体单位不多且只要求汇总单位数,不要求汇总标志值时才用。

2. 过录法
过录法就是先将调查资料过录到预先设计的汇总表上,然后计算加总,得出各组和总体的单位数和标志值的合计数,最后填入统计表。过录法既可汇总单位数,又可汇总标志值,而且便于校对,便于计算,但过录工作较花时间,过录项目一多,也容易发生错误。因此,在总体单位不多、分组简单的情况下,采用过录法比较适宜。

3. 折叠法

折叠法就是把调查表所要汇总的同一项目的数值折叠,在一条线上进行汇总,并将结果直接填入统计表。这种方法适用于对标志值的汇总,简单易行,也不需设计汇总表,故为广大统计人员所采用;缺点是一旦在汇总中发现错误,就要从头返工,无法从汇总过程中查明差错的原因。

4. 卡片法

卡片法就是利用特别的摘录卡片作为分组计数的工具,在调查资料多、分组细的情况下,采用卡片法进行汇总,比划记法准确,比过录法和折叠法简便,可以保证汇总质量和提高时效性。卡片法一般在整理大规模专门调查材料时应用。如果调查资料不多,采用卡片法就显得不经济。

(二)电子计算机汇总

利用现代电子计算机技术来进行统计汇总和计算工作,是统计汇总技术的新发展,也是统计现代化的一个重要标志。

运用电子计算机汇总,大致可分为以下五个步骤。

1. 编程序

根据汇总方案编制计算机运行程序,包括统计分组、汇总、制表等程序设计。规范化的汇总程序可存储起来,多次使用。这种编好备用的计算机程序一般称为软件包,计算机再按照所编程序进行运算。

2. 编码

编码就是把表示信息的某种符号体系转换成便于计算机或人识别和处理的另一种符号体系的过程。汇总的信息有数字信息和文字信息两种。编码是将文字信息转化为数字信息的过程,编码的质量不仅影响数据录入的速度和质量,而且还将影响数据处理的结果。

3. 数据录入

数据录入就是把经过编码后的数据和实际数字由录入人员通过录入设备记载到存储介质(如磁带、磁盘)上。由计算机通过它本身的装置把这些数据转变成机器可以识别的电磁信号。

4. 数据编辑

数据编辑就是按照事先规定的一套编辑规则由计算机对输入的数据进行检查。将误差超过允许范围的一组数据退回去,重新审查更正,把在允许范围以内的个别误差按编辑程序规则更正。决定编辑效果的关键是制定的编辑规则是否合乎情理。

5. 制表打印

所有数据经过编辑之后,由电子计算机按照事先规定的汇总表式和汇总层次进行统计制表,并通过输出设备把结果打印出来。

利用电子计算机汇总不仅极大地节省了人们的手工劳动,而且给整个统计工作过程带来了重大变革。

三、计算

计算是指根据汇总的结果计算各种统计指标。只有经过统计分组、汇总和计算,所搜集的反映个体特征的标志才能转变为指标,并显示出总体的内部结构和各种综合数量特征。统计指标种类繁多,这里仅介绍两个常用的指标。

(一)频数

频数也称次数,常用 f 表示,是指分配在各组中的总体单位数。频数是汇总的直接结果。以 20 名工人日加工零件数资料为例,表 3-9 第二列所列出的各组所对应的工人数即为频数。

表 3-9 某生产车间 20 名工人日加工零件数汇总表

日加工零件数(个)	工人数(人)	比重(%)
108	1	5
110	2	10
114	3	15
117	2	10
120	3	15
125	4	20
128	3	15
130	2	10
合计	20	100

频数表示对各组标志值的作用强度,频数越大,该组标志值对于总体标志水平所起的作用就越大;反之,频数越小,则该组标志值所起的作用也越小。因此,在整理和分析统计数据的时候,不仅要注意各组标志值的变动范围,还要关注分配到各组的单位数(即频数)的大小。

(二)频率

频率也称比率或比重,是各组频数与总频数之比,为频数的相对形式,用 $\dfrac{f}{\sum f}$ 表示。

表 3-9 第三列即为各组工人数占总工人数的比重。

各组频率之和等于 100%。频率越大,该组标志总量的影响越大,地位越重要。根据所研究问题内容的不同,频率可根据其经济含义被赋予不同的名称,如及格率、合格率等。

第四节　分配数列

一、分配数列的概念

分配数列又称分布数列、次数分布，是指在统计分组的基础上，把总体的所有单位按组归并排列，形成总体中各个单位在各组间的分布。各组的单位数称为次数，又称频数；各组次数与总次数之比称为频率，又称比率或比重。分配数列在统计研究中具有重要意义，它是统计整理结果的重要表现形式，是统计分析的一种重要方法，它显示了总体单位的分布特征和结构，为进一步研究总体的构成、计算统计指标提供了方便。

分配数列包括两个要素：总体按标志所分的组的名称、各组的次数或频率。表 3-10 即为一个分配数列，它表明某班学生的性别构成情况。

表 3-10　某班学生性别构成情况

性别	学生数（人）	比重（%）
男	35	70
女	15	30
合计	50	100

二、分配数列的类型

按分组标志性质不同，分配数列可分成品质分配数列和变量分配数列两种。

（一）品质分配数列

品质分配数列简称品质数列，即按品质标志分组而形成的分配数列。表 3-10 即是一个品质数列，从该表中可以看出，这个班的性别构成情况是，男生占的比重大于女生。对于品质数列来说，如果分组标志选择得好，分组标准定得恰当，则事物质的差异表现得就比较明确。品质数列一般较稳定，通常均能准确地反映总体的分布特征。

（二）变量分配数列

变量分配数列简称变量数列，即按数量标志分组而形成的分配数列，如表 3-11 所示。

66

表 3-11　某班学生年龄构成情况

年龄	学生数（人）	比重（%）
18	5	10
19	20	40
20	19	38
21	6	12
合计	50	100

由于按数量标志分组时可分为单项式和组距式两种，因此，变量数列也可分为单项数列和组距数列两种。

1. 单项数列

单项数列是指总体按单项式分组而形成的变量数列，每个变量是一个值，按顺序排列，在组数不多、组值变动幅度不大时采用，如表 3-11 所示。

2. 组距数列

组距数列是总体按组距式分组而形成的变量数列，每个组是由若干个变量形成的区间表示，在变量个数较多、变动幅度较大时采用，如表 3-12 所示。

表 3-12　某班学生体重构成情况

体重（千克）	学生数（人）	比重（%）
44～47	12	24
47～50	15	30
50～53	10	20
53～56	8	16
56～59	5	10
合计	50	100

三、变量数列的编制

编制单项数列是直接将每一个变量值作为一组，汇总计算各组相应的单位数，然后利用表格形式列示即可，所以它的编制比较简单。组距数列的编制要复杂得多，下面主要说明它的编制方法。

【例 3-3】　现有某商场某商品 50 天的日销售量资料如下（单位：个）：

117　108　110　112　137　122　131　118　134　114　124　125　123　127　120
129　117　126　123　128　139　122　133　119　124　107　133　134　113　115
117　126　127　120　139　130　122　123　123　128　122　118　118　127　124
125　108　112　118　121

试将上述资料编制成一个组距数列,来说明该商场该产品日销售量的分布情况。

(一)把原始资料按其数值大小重新排列

只有把得到的原始资料按其数值大小重新排列,才能看出变量分布的特点,为后面的工作做好准备。

将上述资料排序后得到表 3-13。

表 3-13　销售量统计

销售量 (个)	天数 (天)	销售量 (个)	天数 (天)	销售量 (个)	天数 (天)	销售量 (个)	天数 (天)
107	1	117	3	124	3	131	1
108	2	118	3	125	2	133	2
110	1	119	1	126	2	134	2
112	2	120	2	127	3	135	1
113	1	121	1	128	2	137	1
114	1	122	4	129	1	139	2
115	1	123	4	130	1	合计	50

(二)计算全距

全距为全体数据中最大数值与最小数值之差,反映了该组数值变量取值的变动幅度,一般用 R 表示,有

$$R = \max\{x\} - \min\{x\}$$

本例中,变量值的变动范围是在 107～139 个,即最低件数～最高件数。最高件数与最低件数之差称为全距,即

$$全距 = 最大值 - 最小值 = 139 - 107 = 32(个)$$

(三)确定组数、组距和组限

组数的多少一般与数据本身的特点及数据的多少有关。由于分组的目的之一是观察数据分布的特征,因此组数的多少应适中。组数过少,数据的分布会过于集中,不能很好地达到分组的基本要求;组数过多,即分组过细,数据的分布会过于分散,也无法起到化繁为简的作用,难以显示出总体分布的规律。组数的确定应以能够显示数据的分布特征和规律为目的,一般情况下可分为 5～7 组,尽可能取奇数。美国学者斯特奇斯(H. A. Sturges)曾提出一个确定组数(n)与组距(d)的经验公式,即如果总体大致呈正态分布,则

$$n = 1 + 3.322 \lg N$$

$$d = \frac{R}{n}$$

式中,N 为数据的个数,对结果用四舍五入的办法取整数即为组数。当然,这只是一个经验公式,实际应用时可根据数据的多少和特点及分析的要求,参考这一标准灵活确定组数。

本例中,按照经验公式,组数＝1＋3.322×lg50＝6.64≈7,当然,这只是一个经验结果,到底分多少组还取决于现象本身。

当全距及组数确定之后,组距也就随之确定了,组距＝全距/组数。

本例中,组距＝(139−107)/7＝4.6。为便于计算,组距宜取 5 或 10 的整数倍,故将组距取 5。在确定组距时,必须考虑原始资料的分布状况和集中程度,注意组距的同质性,尤其是带有根本性的质量界限,绝不能混淆,否则就失去了分组的意义。

在组限的确定中,应注意的是应使最小组的下限低于或等于最小变量值,最大组的上限高于或等于最大变量值。如果全部数据中的最大值和最小值与其他数据相差悬殊,为避免出现空白组(即没有变量值的组)或个别极端值被漏掉,就需用开口组表示,即第一组和最后一组用"××以下"或"××以上"表示。如果是离散型变量,可根据具体情况采用重叠或不重叠组限的表示方法,而连续型变量则用重叠组限来表示。

（四）根据分组整理成频数分布表

通过汇总,在变量分组确定之后,直接计算各组的单位数,然后将其用数列表示即可。上述资料的编制结果如表 3-14 所示。

表 3-14　某商场某商品日销售量的分配数列

日销售量（个）	天数（天）	比重（%）
105～110	3	6
110～115	5	10
115～120	8	16
120～125	14	28
125～130	10	20
130～135	6	12
135～140	4	8
合计	50	100

在组距分组中,如果各组的组距相等则称为等距分组,如上面所述即为等距分组方法。等距分组由于各组的组距相等,各组频数的分布不受组距大小的影响,因此可直接根据绝对频数来观察频数分布的特征和规律。而不等组距分组因各组组距不同,各组频数的分布受组距大小不同的影响,因此各组绝对频数的多少并不能反映频数分布的实际状况。为消除组距不同对频数分布的影响,需要将不等组距的次数换算成标准组距次数。可以数列中最小组组距为标准组距,将不等组距次数换算为统一的标准组距次数,或者是在原数列基础上计算频数密度,其公式为

$$次数密度＝\frac{各组次数}{各组组距}$$

$$频率密度 = \frac{各组频率}{各组组距}$$

现以某班学生考试成绩（见表 3-15）为例，来说明这两种方法的换算。

表 3-15　某班学生考试成绩分布情况

成绩	组距	人数（人）	标准组距人数（人）	次数密度
50～60	10	3	3	0.3
60～70	10	12	12	1.2
70～90	20	28	14	1.4
90～100	10	7	7	0.7
合计	—	50	—	—

从表 3-15 中可看出，该班学生按考试成绩分成了 4 组，其中，第 1、2、4 组的组距均为 10，而第 3 组的组距为 20。因此，我们在研究各组的频数分布时，为消除组距不同对频数分布的影响，需要计算标准组距次数或计算频数密度。本例中，我们取标准组距为 10，因此，第 1、2、4 组的频数不变，而第 3 组的频数则由原来的 28 变为 14。或者我们也可计算次数密度，如第 5 列所示。各组的标准组距人数实际上也就是次数密度乘以标准组距 10 的结果。

四、累计次数分布

总体中各单位数在各组间的分布，称为次数分布。次数分布是统计研究的一个基本课题，通过次数的分布规律，可以研究大量现象的统计规律性。

将变量数列各组的次数和比率逐组累计相加而成累计次数分布，它表明总体在某一标志值的某一水平上下总共包含的总体次数和比率。累计次数分布有以下两种计算方法。

（一）向上累计

向上累计又称以下累计，或称较小制累计，是将各组次数和比率，由变量值低的组向变量值高的组逐组累计。组距数列中的向上累计，表明各组上限以下总共所包含的总体次数和比率有多少。

（二）向下累计

向下累计，又称以上累计，或称较大制累计，是将各组次数和比率，由变量值高的组向变量低值的组逐组累计。组距数列中的向下累计，表明各组下限以上总共所包含的总体次数和比率有多少。

例如，例 3-3 所举某商场某商品 50 天的日销售量的累计分布如表 3-16 所示。

表 3-16　某商场某商品日销售量的分配数列

日销售量（个）	次数		向上累计		向下累计	
	天数（天）	比重（%）	天数（天）	比重（%）	天数（天）	比重（%）
105～110	3	6	3	6	50	100
110～115	5	10	8	16	47	94
115～120	8	16	16	32	42	84
120～125	14	28	30	60	34	68
125～130	10	20	40	80	20	40
130～135	6	12	46	92	10	20
135～140	4	8	50	100	4	8
合计	50	100	—	—	—	—

　　累计分布的特点是：同一数值的向上累计和向下累计次数之和等于总体总次数，而累计比率之和等于 1（或 100%）。表 3-16 表明，日销售量为 125 个以下累计 30 天，比率为 60%；125 个以上累计为 20 天，比率为 40%。向上累计和向下累计人数之和等于总体 50 天，两个累计比率之和等于 100%。

　　累计频数和累计频率除了用表格的形式概括地反映总体各单位的分布特征外，还可用累计次数分布折线图的形式来反映。向上累计分布曲线呈上升状，向下累计分布曲线呈下降状，如图 3-1 所示。组的次数（或频率）较少，曲线显得平缓；组的次数（或频率）较密集，曲线显得较陡峭。

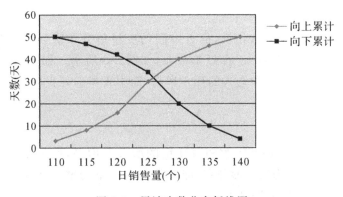

图 3-1　累计次数分布折线图

五、次数分布的主要类型

　　次数分配是统计分析的一种重要方法。由于社会经济现象性质不同，各种统计总体有不同的次数分配，形成各种不同类型的分布特征。概括地说，各种不同性质的社会经济现象的次数分布的类型，根据曲线形状的特点，大致有三种类型：钟形分布、U 形分布和 J 形分布。

(一)钟形分布

钟形分布的特征是"两头小,中间大",即靠近中间的变量值分布的次数多,靠近两端的变量值分布的次数少,其曲线图宛如一口钟,如图 3-2 所示。

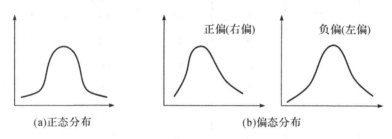

(a)正态分布   (b)偏态分布

图 3-2 钟形分布

如图 3-2(a)所示,其分布特征是以标志变量中心为对称轴,左右两侧对称,两侧变量值分布的次数随着与中间变量值距离的增大而渐次减少。在统计学中,称这种分布为对称分布。而图 3-2(b)为非对称分布,它们各有不同方向的偏态,即左偏态分布和右偏态分布。当变量值存在极端小值时,次数分布曲线就会向左延伸,形成左偏分布;当变量值存在极端大值时,次数分布曲线就会向右延伸,形成右偏分布。在客观实际中,许多社会现象统计总体的分布都趋于正态分布。正态分布是描述统计的一种主要分布形态,它在社会经济统计分析中具有重要的意义。如农作物亩产量、市场价格、学生成绩、职工工资等现象都属于这种钟形分布。

(二)U 形分布

U 形分布的形状与钟形分布相反,靠近中间的变量值分布次数少,靠近两端的变量值分布次数多,形成"两头大,中间小"的 U 形分布,如图 3-3 所示。如人口死亡率分布就属于U 形分布,在人口总体中,幼儿和老人的死亡率高,而中青年的死亡率低。

(三)J 形分布

J 形分布有两种类型:一种是次数随着变量的增大而增多,称为正 J 形分布,如投资额按利润率大小分布;另一种为反 J 形分布,即次数随着变量的增大而减少,如随着产品产量的增加,产品单位成本下降,如图 3-4 所示。

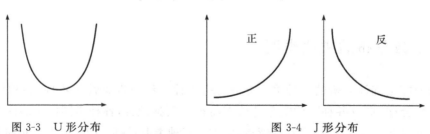

图 3-3 U 形分布   图 3-4 J 形分布

(四)研究变量数列频数分布类型的作用

(1)可以利用各种类型的次数分布特征,以检验统计整理资料的准确性。

(2)可利用次数分布类型特征,分析现象变化的原因。如果现象总体发生了异常变化,会产生通过整理而得的分布类型与社会现象的分布特征不相符的情况。

第五节　统计表

在统计工作和社会经济问题的分析中,统计表被广泛地采用。统计调查所得来的原始资料,经过整理,得到说明社会现象及其发展过程的数据,将这些数据按一定的顺序排列在表格上,就形成了统计表。统计表是集中而有序地显示统计资料的表格,它是表现统计资料和积累统计资料的基本手段。好的统计表不仅可以简明扼要地反映社会经济现象的状况,而且可以深刻地揭示社会经济现象的性质及其发展规律,可以避免冗长的文字和烦琐的叙述。

统计表既是调查整理的工具,又是分析研究的工具。广义的统计表,包括统计工作各个阶段中所用的一切表格,如调查表、整理表、计算表等,它们都是用来提供统计资料的重要工具。狭义的统计表,专指分析表和容纳各种统计资料的表格,也就是通常所说的统计表,它清楚地、有条理地显示统计资料,直观地反映统计分布特征,是统计分析的一种重要工具。

一、统计表的结构和内容

统计表的结构,可以从表式和内容两个方面来认识(见表3-17)。

表3-17　2017年规模以上工业企业利润总额

项目	利润值	
	利润总额(亿元)	比重(%)
大型企业	32713	43.7
中型企业	18648	24.9
小型企业	23555	31.4
合计	74916	100.0

资料来源:《中国统计年鉴2018》,中国统计局。

(1)从表式上看,统计表是由纵横交叉的线条组成的一种表格,表格包括总标题、横行标题、纵栏标题和指标数值四个部分。

总标题是统计表的名称,它扼要地说明表的基本内容,并指明时间和范围,它置于统计表格的正上方。

横行标题是横行的名称,一般放在表格的左方;纵栏标题是纵行的名称,一般放在表格的上方。横行标题和纵栏标题共同说明填入表格中的统计数字所指的内容。

指标数值是列在横行和纵栏的交叉处,即表格中的数字就是指标数值,用来说明总体及其组成部分的数量特征,它是填写在统计表格的核心部分。

(2)从内容上来看,统计表由主词栏和宾词栏两个部分组成。

主词栏是统计表所要说明的总体及其组成部分,一般列在统计表的左半部分;宾词栏是统计表用来说明总体数量特征的各个统计指标及其数值,一般列在统计表的右半部分。

此外,统计表还有补充资料、注解、资料来源、填表单位、填表人等附加内容。

二、统计表的种类

(一)按用途分类

按用途分类,统计表可分为调查表、汇总表和分析表。

调查表是统计调查过程中用于登记所搜集的原始资料的表格。

汇总表是统计整理过程中用于表现汇总或整理结果的表格。

分析表是统计分析过程中用于对整理所得的统计资料进行统计定量分析的表格。这类表格往往与汇总表结合在一起,成为汇总表的延续。

(二)按统计数列的性质分类

按统计数列的性质分类,统计表可分为空间数列表、时间数列表和时空数列结合表。

空间数列表是反映同一时间条件下,不同空间范围内的某项或某几项统计数列的表格。它可以说明静态条件下经济现象在不同空间内的数量分布,所以又称静态表。

时间数列表是反映在同一空间条件下,不同时间的某项或某几项统计数列的表格。它可以说明社会经济现象在不同时间上的发展变化,所以又称动态表。

时空数列结合表就是把空间数列表和时间数列表相结合的统计表。

(三)按对总体分组情况的不同分类

统计表按照主词是否分组,以及分组标志多少,可分为简单表、简单分组表和复合分组表。

1. 简单表

主词未经任何分组的统计表,称为简单表。简单表的主词一般按时间顺序排列,或按总体各单位名称排列。对调查得来的原始资料进行初步整理时常采用简单表的形式。

表 3-18 即为按总体各单位名称排列的简单表。

表 3-18　2017 年某企业总产值

车间	产值（万元）
一车间	250
二车间	300
三车间	280
合计	830

2. 简单分组表

主词只按一个标志进行分组形成的统计表,称为简单分组表。简单分组表应用十分广泛,对比简单表,它有如下作用:区分事物的类型,研究总体结构,分析现象的依存关系,如表 3-19 所示。

表 3-19　2017 年各种运输方式完成货物运输量及其增长速度

运输方式	货物运输量（万吨）	比上年增长（%）
铁路	368865	10.7
公路	3686858	10.3
水运	667846	4.6
民航	705.9	5.7
管道	80576	9.8
合计	4804850	9.5

资料来源:《中国统计年鉴 2018》,国家统计局。

3. 复合分组表

主词按两个或两个以上标志进行分组的统计表,称为复合分组表。表 3-20 就是复合分组表,该表分别按学制和性别这两个标志进行分组。

表 3-20　某高校学生学制及性别分别情况

按学制及性别分组	人数（个）	比重（%）
本科学生	10000	25
男生	6000	60
女生	4000	40
专科学生	1500	75
男生	850	56.7
女生	650	43.3
合计	11500	100

复合分组表能更深刻、详细地反映客观现象,但使用复合分组表应恰如其分,并不是分组越细越好。因为复合分组表中多进行一次分组,组数将成倍增加,分组太细反而不利于研究现象的特征。

三、宾词指标的设计

宾词指标的设计在统计表的设计中占有重要位置。宾词指标的设计与统计表内容的繁简关系很大。统计表宾词指标的设计主要分为宾词简单排列、分组平行排列和分组层叠排列。

(1)宾词简单排列。宾词简单排列是指宾词不加任何分组、按一定顺序排列在统计表上,如表 3-21 所示。

表 3-21　2017 年某地区外商投资企业货物进出口总额　　单位:万美元

地区	进出口	出口	进口
北京 天津 河北 山西 ⋮			
合计			

(2)宾词分组平行排列。宾词分组平行排列是指宾词栏中各分组标志彼此分开,平行排列,如表 3-22 所示。

表 3-22　2017 年各地区社会商品零售总额　　单位:亿元

按地区分组	按商品性质和用途分组		按城乡分组		按经济类型分组			
	社会消费品零售总额	农业生产资料零售总额	城镇	乡村	国有	集体	个体	其他
北京 天津 河北 山西 ⋮								
合计								

(3)宾词分组层叠排列。宾词分组层叠排列是指统计指标同时有层次地按两个或两个以上标志分组,各种分组层叠在一起,宾词的栏数等于各种分组的组数连乘积。例如农村劳动力按三次产业分为三组,按性别分为两组,则符合分组设计的宾词栏共有 6 栏(不包括总计栏),如表 3-23 所示。

表 3-23　2012—2017 年农村劳动力的分布情况　　　　　　　　单位：人

年份	劳动力			三次产业								
	人数			第一产业			第二产业			第三产业		
	男	女	合计	男	女	合计	男	女	合计	男	女	合计
2012												
2013												
2014												
2015												
2016												
2017												
总计												

　　统计表的主词分组与宾词分组是有区别的。主词分组的结果使总体分成许多组成部分，它们是需要用统计指标（宾词）来描述和表现的。宾词分组的结果并不增加统计总体的组成部分，仅仅是比较详细地描述总体已有的各个组成部分。由此可见，主词分组具有独立的意义，而宾词分组从属于主词的要求，是为了描述主词的数量特征而设计的。

四、统计表的设计

　　统计表的设计应做到简练、明确、实用、美观，便于人们阅读、比较和分析。

（一）统计表表式设计应注意的事项

　　(1)统计表应设计成由纵横交叉线条组成的长方形表格，长与宽之间保持适当的比例。

　　(2)线条的绘制。表的上下两端应以粗线绘制，表内纵横线以细线绘制；表格的左右两端一般不画线，采用"开口式"。

　　(3)合计栏的设置。表中主词各行和宾词各栏，一般应按先局部后整体的原则排列，即先列各个项目，后列总体。即统计表各纵列须合计时，一般应将合计列在最后一行；各横行若须合计时，可将合计列在最前一栏或最后一栏。若无必要列出所有项目，则要先列总体，后列其中一部分重要项目。

　　(4)栏数的编号。如果栏数较多，应当按顺序编号，习惯上主词栏部分分别编以"甲、乙、丙、丁……"等序号，宾词栏编以"(1)、(2)、(3)……"等序号。

（二）统计表内容设计应注意的事项

　　(1)标题设计。无论是总标题，还是横行、纵栏标题都应简明扼要，简练而又准确地表述出统计资料的内容及所属的时间和空间范围。

　　(2)指标数值。表中数字应填写整齐，对准位数。遇有相同数字应照写，不能用"同上""同左"等字样。当数字本身为 0 或因数字太小而忽略不计时，可填写为"0"；当缺某项数字资料时，可用符号"…"表示；不应有数字时用符号"—"表示，如品质标志的合计项目。

（3）计量单位。统计表必须注明数字资料的计量单位。当全表只有一种计量单位时，可以把它写在表头的右上方。如果表中各栏的指标数值计量单位不同，横行的计量单位，可以专设"计量单位"一栏；纵栏的计量单位，要与纵栏标目写在一起，用小字标写。

（4）注解与资料来源。为保证统计资料的科学性与严肃性，在统计表下，应注明资料来源，以便考察。必要时，在统计表下加注说明。

第六节　统计图

如果说统计表能够集中有序地表现统计资料，统计图则能够将统计资料展示得更为生动具体，便于人们直观地认识事物的特征。随着计算机技术不断发展，电脑制图功能日益强大，使得统计图的制作更加方便和精确。

品质数据在整理时除了要列出所分的类别外，还要计算出每一类别的频数、频率或比例、比率，同时选择适当的图形进行显示，以便对数据及其特征有一个初步的了解。品质数据的图示方法，常用的有条形图、圆形图、累积分布图等。如果两个总体或两个样本的分类相同且问题可比，还可以绘制环形图。

品质数据的整理与图示方法，也适用于对数值型数据的整理与显示，如条形图、圆形图、环形图及累积分布图等都适用于数值型数据。但数值型数据还有一些特定的整理和图示方法，并不适用于品质数据。如对于已经分组的数值型数据，还可以用直方图和折线图来显示，对于未分组的数值型数据，通常用茎叶图和箱线图来显示。如果数值型数据是在不同时间上取得的，即是时间序列数据，则还可以绘制线图。当研究的变量或指标只有两个时，可以用平面直角坐标进行绘图；当有三个或三个以上变量或指标时，较为常见的图示方法是雷达图。

一、条形图

条形图是用宽度相同的条形的高度或长度来表示数据变动的图形。条形图可以横置，也可以纵置，纵置时又称为柱形图。也就是说，当各类别放在纵轴时，称为条形图；当各类别放在横轴时，称为柱形图。

例如，2019 年 12 月，某城市就居民住宅价格趋势进行的民意调查显示，被调查的 1063 位居民中，认为房屋住宅价格仍将上涨的居民有 421 位，认为价格将下降的有 320 位，认为价格将保持不变的有 156 位，其余被调查者认为价格走势难以判断。

表 3-24　某城市居民对住宅价格走势判断的频数分布

价格趋势判断	人数（人）	比重（%）
价格上涨	421	39.60
价格下降	320	30.10
价格不变	156	14.68
难以判断	166	15.62
合计	1063	100.00

根据表 3-24 绘制的条形图如图 3-5 所示。

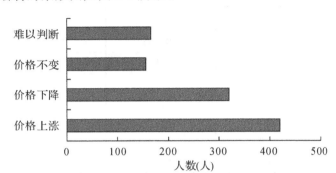

图 3-5 某城市居民对住宅价格走势判断的人数构成（条形图）

二、圆形图

圆形图又称为饼图,是用圆形和圆内扇形的面积来表示数值大小的图形,主要用于表示总体中各组成部分所占的比例,对研究结构性问题十分有用。在绘制圆形图时,总体中各部分所占的百分比用圆内的各个扇形面积表示,这些扇形的中心角度是按各部分百分比占 360°的相应比例确定的。如根据表 3-24,绘制出相应的圆形图如图 3-6 所示。

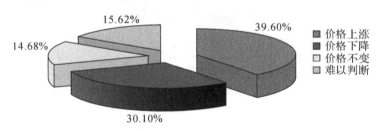

图 3-6 某城市居民对住宅价格走势判断的人数构成（圆形图）

三、环形图

环形图与圆形图又有区别,环形图中间有一个空洞,总体中的每一部分数据用环中的一段表示;圆形图只能显示一个总体各部分所占的比例,而环形图则可以同时绘制多个总体的数据系列,每一个总体的数据系列为一个环。因此,环形图可以显示多个总体各部分所占的相应比例,从而有利于进行比较研究。例如,在一项有关大学食堂饭菜供应的研究中,调查人员在甲、乙两所大学各抽样调查 300 名学生,其中一个问题是:"您对学校食堂的饭菜供应是否满意?"备选答案有:非常不满意、不满意、一般、满意、非常满意。其调查结果如表 3-25 和图 3-7 所示。

表 3-25　甲、乙两所大学学生对食堂饭菜供应的评价

回答类别	甲大学		乙大学	
	人数	比例（%）	人数	比例（%）
非常不满意	33	11	51	17
不满意	120	40	135	45
一般	93	31	90	30
满意	45	15	21	7
非常满意	9	3	3	1
合计	300	100	300	100

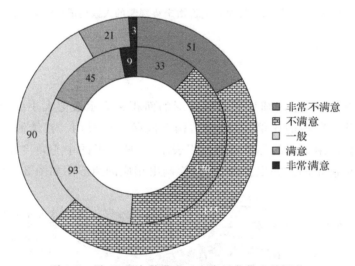

图 3-7　甲、乙两大学学生对食堂饭菜供应的评价

四、直方图

用于显示分组数据频数分布特征的图形有直方图、折线图和曲线图等。

（一）概念

直方图是用矩形的宽度和高度来表示频数分布的图形。在平面直角坐标中，横轴表示数据分组，即各组组限，纵轴表示频数（一般标在左方）或频率（一般标在右方），若没有频率的直方图只保留左侧的频次数。这样各组组距的宽度与相应的频数的高度就绘制成一个个矩形，即直方图。例如，根据表 3-14 绘成的直方图如图 3-8 所示。从直方图中可以直观地看出该商场某商品日销售量及其天数的分布状况。

对于等距分组数据，可以用矩形的高度直接表示频数的分布。如果是不等距分组数据，用矩形的高度来表示各组频数的分布就不再适用。这时，如果用矩形的面积来表示各组的频数分布，或根据频数密度来绘制直方图，就可以准确地表示各组数据分布的特征。实际上，无论是等距分组数据还是不等距分组数据，用矩形的面积或频数密度来表示各组

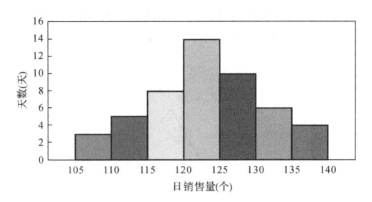

图 3-8 某商场某商品日销售量直方图

的频数分布都更为合适,因为这样可使直方图下的总面积等于 1。比如在等距分组中,矩形的高度与各组的频数成比例,如果取矩形的宽度(各组组距)为一个单位,高度表示比例(即频率),则直方图下的总面积等于 1。在直方图中,实际上是用矩形的面积来表示各组的频数分布。根据表 3-15 绘成的直方图如图 3-9 所示。

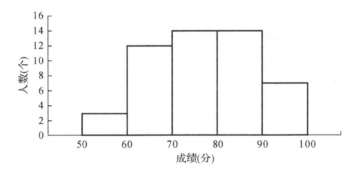

图 3-9 某班学生考试成绩直方图

(二)直方图与条形图的不同

(1)条形图是用条形的长度(横置时)表示各类别频数的多少,其宽度(表示类别)是固定的;直方图是用面积表示各组频数的多少,矩形的高度表示每一组的频数密度,宽度则表示各组的组距,因此其高度与宽度均有意义。

(2)此外,由于分组数据具有连续性,直方图的各矩形通常是连续排列,而条形图则是分开排列。

五、折线图和曲线图

折线图也称频数多边形图。在直方图的基础上,把直方图顶部的中点(即组中值)用直线连接起来,再把原来的直方图抹掉就是折线图。需要注意的是,折线图的两个终点要与横轴相交,具体的做法是将第一个矩形的顶部中点通过竖边中点(即该组频数一半的位置)

连接到横轴,最后一个矩形顶部中点通过其竖边中点连接到横轴。这样才会使折线图下所围成的面积与直方图的面积相等,从而使两者所表示的频数分布一致。在图 3-8 基础上绘制的折线图如图 3-10 所示。

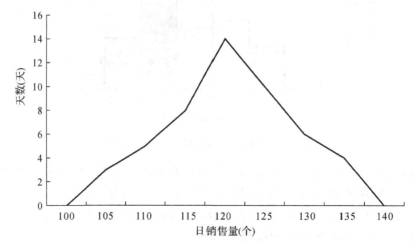

图 3-10　某商场某商品日销售量次数分布(折线图)

当数据的组数很多时,组距会越来越小,这时所绘制的折线图就会越来越光滑,逐渐形成一条平滑的曲线,这就是频数分布曲线。

六、茎叶图

虽然通过直方图可以大体上看出一组数据的分布状况,但直方图没有给出具体的数值。而通过茎叶图,不仅能看出数据的分布状况,还能给出每一个原始数值。茎叶图由"茎"和"叶"两部分构成,其图形由数字组成。茎叶图类似横置的直方图,同时保留了原始数据的信息。通过茎叶图,可以看出数据的分布形状及数据的离散状况。例如,分布是否对称,数据是否集中,是否有极端值等。

绘制茎叶图的关键是设计好树茎,通常是以该组数据的高位数值作为树茎。树茎一经确定,树叶就自然地长在相应的树茎上了。以例 3-3 的数据来作茎叶图,见图 3-11。

树茎	树叶			数据个数
10	7 8 8			3
11	0 2 2 3 4 5 7 7 7 8 8 8 9			13
12	0 0 1 2 2 2 2 3 3 3 3 4 4 4 5 5 6 6 7 7 7 8 8 9			24
13	0 1 3 3 4 4 5 7 9 9			10

图 3-11　某商场某商品日销售量茎叶图

图 3-11 显得过于拥挤,我们可以把它扩展。例如,可以将图 3-11 扩展一倍,即每一个树茎重复两次:一次有记号"*",表示该行树叶上的数为 0~4;另一次有记号"·",表示该行树叶上的数为 5~9,于是可得到图 3-12。

树茎	树叶
10 ＊	
10 ·	7 8 8
11 ＊	0 2 2 3 4
11 ·	5 7 7 7 8 8 8 9
12 ＊	0 0 1 2 2 2 2 3 3 3 3 4 4 4
12 ·	5 5 6 6 7 7 7 8 8 9
13 ＊	0 1 3 3 4 4
13 ·	5 7 9 9

图 3-12　某商场某商品日销售量茎叶图(1)

对于一组数据,茎叶图到底有多少行比较合适呢? 经验表明,如果数据的个数为 $n(20 \leqslant n \leqslant 300)$,则茎叶图的最大行数不超过

$$L = [10 \times \lg n]$$

式中,方括号表示括号中数据的整数部分。当然,根据该公式确定的行数只是一个大致的标准。在实际应用中,茎叶图的行数还要根据数据的分散状况及数据分布的特征来确定,总之,要以能充分显示出数据的分布特征为目的。

本例中 $n=50$,则 $L = [10 \times \lg 50] = [16.99] = 16$。按照这个标准,茎叶图的行数应为 16 行,因此,我们还可以再扩展茎叶图。例如,把每个茎上的数重复 5 次。其中有记号"＊"的茎,树叶上的数为 0 或 1;有记号"t"的茎,树叶上的数为 2 和 3;有记号为"f"的茎,树叶上的数为 4 和 5;有记号为"s"的茎,树叶上的数为 6 和 7;有记号为"·"的茎,树叶上的数为 8 和 9。当然,这些记号可以不要,只要看明白就行。例如,根据上面的数据绘制的茎叶图如图 3-13 所示。

树茎	树叶
10 s	7
10 ·	8 8
11 ＊	0
11 t	2 2 3
11 f	4 5
11 s	7 7 7
11 ·	8 8 8 9
12 ＊	0 0 1
12 t	2 2 2 2 3 3 3 3
12 f	4 4 4 5 5
12 s	6 6 7 7 7
12 ·	8 8 9
13 ＊	0 1
13 t	3 3
13 f	4 4 5
13 s	7
13 ·	9 9

图 3-13　某商场某商品日销售量茎叶图

图 3-12 相当于对原始数据进行组距为 5 的分组,而图 3-13 相当于对原始数据进行组距为 2 的分组。

83

七、箱线图

箱线图也用于显示未分组的原始数据或分组数据的分布。对于一组数据,统计上称为一个数据"批",或单批数据,而对于多组数据则称为多批数据。对于单批数据,可以绘制简单箱线图;对于多批数据,可以绘制批比较箱线图。通过箱线图,不仅可以反映一组数据分布的特征,还可以进行多组数据分布特征的比较。

箱线图是由一组数据的 5 个特征值绘制而成的,它由一个箱子和两条线段组成。其绘制方法是:首先,找出一组数据的 5 个特征值,即最大值、最小值、中位数和两个四分位数(下四分位数 Q_L 和上四分位数 Q_U);然后连接两个四分(位)数画出箱子;其次,将两个极值点与箱子相连接。单批数据箱线图的一般形式如图 3-14 所示。

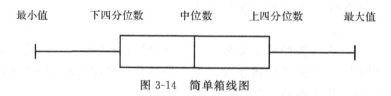

图 3-14　简单箱线图

通过箱线图的形状,可以看出数据分布的特征。图 3-15 就是几种不同分布的箱线图。

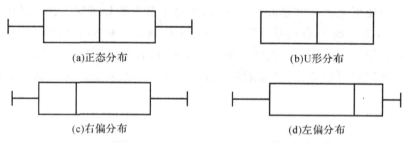

图 3-15　几种不同分布的箱线图

对于多批数据,可将各批数据的箱线图并列起来,从而进行分布特征的比较。

八、描述时间序列的线图

线图是在平面坐标上用折线表现数量变化特征和规律的统计图。线图主要用于显示时间序列数据,以反映事物发展变化的规律和趋势。表 3-26 为某市 2010—2017 年的人均工资性收入数据,根据该表绘制的线图如图 3-16 所示。

表 3-26　某市 2010—2017 年的人均工资性收入

序号	年份	人均工资性收入(元)	序号	年份	人均工资性收入(元)
1	2010	21745	5	2014	30629
2	2011	24454	6	2015	30499
3	2012	26752	7	2016	32718
4	2013	28518	8	2017	34365

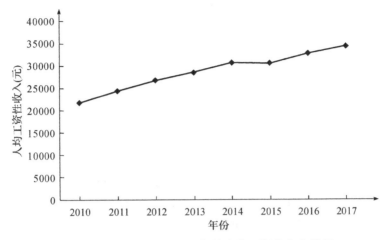

图 3-16　某市 2010—2017 年的人均工资性收入线图

从图 3-16 中可以清楚地看出,某市在 2010—2017 年的人均工资性收入的变化。

绘制线图时应注意以下几点:

(1)时间一般绘在横轴,指标数据绘在纵轴。

(2)图形的长、宽比例要适当,一般为横轴略大于纵轴的长方形,其长、宽比例大致为 10∶7,图形过扁或过于瘦高,不仅不美观,而且会给人造成视觉上的错觉,不便于对数据变化的理解。

(3)一般情况下,纵轴数据下端应从 0 开始,以便于比较。若数据与 0 之间的间距过大,可以采取折断的"∥"符号将纵轴折断。

知识小结

本章主要阐述四个问题:一是统计分组;二是分配数列;三是统计汇总;四是统计表和统计图的绘制方法。

统计分组是按照一定的分组标志将总体划分成若干个组成部分的一种统计方法。统计分组的重要作用在于:区分社会经济现象的性质,研究总体的内部结构,分析现象之间的依存关系。统计分组的关键是正确选择分组标志和划分各组界限。

在统计分组的基础上,将总体中的所有单位按组归类整理,并按一定顺序排列,形成总体单位数在各组间的分布,这个数列称为分配数列。分配数列由组名(各组的品质属性或变量值)和总体单位数两个要素组成,其中分布在各组的个体单位数称为次数,又称频数;各组次数与总次数之比称为比率,又称频率。

统计汇总的任务在于确定各组的单位数和计算各组的标志总量。统计汇总一般有逐级汇总、集中汇总和综合汇总三种组织形式。

统计表是以纵横交叉的线条所绘制的表格来表现统计资料的一种形式。统计表从形式上看,由总标题、横行标题、纵栏标题、指标数值四部分构成;从内容上看,由主词和宾词两部分构成。

 **练习题三**

一、单选题

1. 统计分配数列（　　）。

A. 都是变量数列　　　　　　　　　B. 都是品质数列

C. 是变量数列或品质数列　　　　　D. 是统计分组

2. 变量分配数列有两个组成要素，即（　　）。

A. 一个是总体单位数，另一个是指标数　　　B. 一个是指标数，另一个是分配次数

C. 一个是分组的组名，另一个是总体单位数　　D. 一个是总体总量，一个是标志总量

3. 在分配数列中（　　）。

A. 某组频数越小，其反映标志值作用越大

B. 某组频率越大，其反映标志值作用越小

C. 某组频数越大，其反映标志值作用越大

D. 频数与频率大小，不能反映标志值作用的大小

4. 次数分布数列（　　）。

A. 是按数量标志分组形成的数列

B. 是按品质标志分组形成的数列

C. 是按数量标志或品质标志分组形成的数列

D. 是若干数值的顺序罗列

5. 在下列分组中，属于按品质标志分组的是（　　）。

A. 学生按考试分数分组　　　　　　B. 产品按品种分组

C. 企业按计划完成程度分组　　　　D. 家庭按年收入分组

6. 在次数分布数列中，频率是指（　　）。

A. 各组的频率相互之比　　　　　　B. 各组次数相互之比

C. 各组分布次数与频率之比　　　　D. 各组分布次数与总次数之比

7. 在变量数列中，各组频率的总和应该（　　）。

A. 小于 1　　　　　B. 等于 1　　　　　C. 大于 1　　　　　D. 不等于 1

8. 频数密度是（　　）。

A. 组距/次数　　　　　　　　　　　B. 单位组距内分布的次数

C. 平均每组组内分布的次数　　　　D. 平均每组组内分布的频率

9. 对总体进行分组时，采用等距数列还是异距数列，取决于（　　）。

A. 次数的多少　　　　　　　　　　B. 变量的大小

C. 组数的多少　　　　　　　　　　D. 现象的性质和研究的目的

10. 在全距一定的情况下，等距数列中的组距与组数的关系为（　　）。

A. 成正比　　　　　　B. 成反比　　　　　　C. 不成比例　　　　　D. 无法判断

11. 在组距分组时,对于连续型变量,相邻两组的组限(　　)。

A. 必须是重叠的　　　　　　　　　　B. 必须是间断的

C. 可以是重叠的,也可以是间断的　　D. 必须取整数

12. 利用组中值反映分布在该组中各单位变量值的一般水平是因为(　　)。

A. 组中值就是组平均数　　　　　　　B. 组中值比组平均数更有代表性

C. 无法计算组平均数　　　　　　　　D. 组中值更有说服力

13. 某企业职工按工资水平分为四组:500 元以下、500~600 元、600~700 元、700 元及以上。第一组和第四组的组中值分别是(　　)。

A. 450 元和 750 元　　B. 500 元和 700 元　　C. 400 元和 800 元　　D. 500 元和 750 元

14. 按连续变量分组,第一组,55~65;第二组,65~75;第三组,75~85;第四组,85 以上,则数据(　　)。

A. 65 在第一组　　　B. 75 在第二组　　　C. 75 在第三组　　　D. 85 在第三组

15. 某连续变量数列,其末组为 500 以上,其邻组的组中值为 480,则末组的组中值为(　　)

A. 520　　　　　　　B. 510　　　　　　　C. 540　　　　　　　D. 530

16. 一般情况下,按年龄分组的人口死亡率表现为(　　)。

A. 钟形分布　　　　B. 正 J 形分布　　　C. U 形分布　　　　D. S 形分布

17. 选择简单分组与复合分组的根据是(　　)。

A. 分组对象的复杂程度不同　　　　　B. 分组数目的多少不同

C. 采用分组标志的多少不同　　　　　D. 研究目的和对象不同

18. 统计表的结构从内容上看主要由(　　)两部分组成。

A. 主词与宾词　　　B. 标题与数字　　　C. 总体与分组　　　D. 指标与表格

19. 主词按某一标志进行分组的统计表称为(　　)。

A. 简单表　　　　　B. 分组表　　　　　C. 复合表　　　　　D. 调查表

20. 主词按时间顺序排列的统计表称为(　　)。

A. 简单表　　　　　B. 分组表　　　　　C. 复合表　　　　　D. 调查表

二、多选题

1. 统计整理是(　　)。

A. 统计调查的继续　　　B. 统计设计的继续　　　C. 统计调查的基础

D. 统计分析的前提　　　E. 对社会经济现象从个体量观察到总体量认识的连接

2. 统计分组(　　)。

A. 是一种统计方法　　　B. 对总体而言是"合"　　　C. 对总体而言是"分"

D. 对个体而言是"合"　　　E. 对个体而言是"分"

3. 统计分组的关键在于(　　)。

A. 按品质标志分组　　　B. 按数量标志分组　　　C. 选择分组标志

D. 划分各组界限　　　　E. 按主要标志分组

4. 按分组标志特征不同,分布数列可分为( )。

A. 等距数列　　　　　　B. 异距数列　　　　　　C. 品质数列

D. 变量数列　　　　　　E. 单项数列

5. 影响次数分布的要素是( )

A. 变量值的大小　　　　B. 变量性质的不同　　　C. 选择的分组标志

D. 组距和组数　　　　　E. 组限和组中值

6. 下列分组中按数量标志分组的是( )。

A. 学生按健康状况分组　　B. 工人按出勤率分组　　C. 企业按固定资产原值分组

D. 家庭按收入水平分组　　E. 人口按地区分组

7. 在组距数列中,组中值( )。

A. 是上限和下限之间的中点数值

B. 用来代表各组标志值的平均水平

C. 在开放式分组中无法确定

D. 就是组平均数

E. 在开放式分组中,可以参照相邻组的组距来确定

8. 下面的数列属于( )类型。

身高(厘米)	人数	比重(%)
150~155	2	20
155~160	5	50
160~165	3	30
合计	10	100

A. 变量分布数列　　　　B. 品质分布数列　　　　C. 等距分组的频数分布数列

D. 单项数列　　　　　　E. 频数分布数列

9. 在次数分配数列中( )。

A. 总次数一定,频数和频率成反比

B. 各组的频数之和等于100

C. 各组频率大于0,频率之和等于1

D. 频率越小,则该组的标志值所起的作用越小

E. 频率表明各组标志值对总体的相对作用程度

10. 统计分组后应保持( )。

A. 同组单位所有的标志值都相同

B. 同组单位所有的标志都相同

C. 同组单位在分组标志上表现为同质

D. 各组事实上是一个更小的总体

E. 各组之间具有较明显的性质差异

三、判断题

1. 统计整理的全过程包括对统计资料的审核、分组、汇总和编制统计表等几个主要环节。（　　）

2. 统计分组的根本作用在于区分现象的质。（　　）

3. 分组标志的选择是统计分组的非核心问题。（　　）

4. 确定组限必须满足互斥性和排他性原则。（　　）

5. 统计在进行分组时,由于采用的分组标志的多少不同、排列形式不同,可以分为简单分组、平行分组体系。（　　）

6. 常用的汇总技术有手工汇总和表单汇总。（　　）

7. 总体中各单位数在各组间的分布,称为次数分布。（　　）

8. 统计表按用途可分为调查表、汇总表、分析表和报告表。（　　）

9. 统计表按统计数列性质可分为空间数列表、时间数列表和时空数列结合表。（　　）

10. 按品质标志分组是指选择反映事物属性差异的品质标志作为分组标志进行分组。（　　）

四、实训题

1. 某班级有46名学生,其统计学原理考试成绩如下:

76	72	90	60	60	82	60	80	80	99	80	70	80	73	75	60	76	92
84	80	81	78	80	85	80	99	60	80	84	76	87	91	75	95	85	98
70	87	88	92	60	85	60	42	84	58

要求:根据资料,整理学生成绩分布的等距数列,指出次数分布的类型,并对分布情况做简要分析。

2. 为了确定灯泡的使用寿命(单位:小时),在一批灯泡中随机抽取100只进行测试,所得结果如下:

700	716	728	719	685	709	691	684	705	718	706	715	712	722	691
708	690	692	707	701	708	729	694	681	695	685	706	661	735	665
668	710	693	697	674	658	698	666	696	698	706	692	691	747	699
682	698	700	710	722	694	690	736	689	696	651	673	749	708	727
688	689	683	685	702	741	698	713	676	702	701	671	718	707	683
717	733	712	683	692	693	697	664	681	721	720	677	679	695	691
713	699	725	726	704	729	703	696	717	688

要求:

(1)对上面的数据进行排序。

(2)根据上面的数据进行适当的分组,编制频数分析表,并绘制频数分布的直方图和折线图。

3.某企业36名职工的基本情况如下表所示。

序号	性别	民族	年龄	工资(元)	序号	性别	民族	年龄	工资(元)
1	男	汉	18	500	19	女	汉	46	760
2	女	汉	45	630	20	男	汉	28	580
3	女	汉	50	900	21	男	汉	24	530
4	男	朝鲜	25	530	22	女	汉	46	630
5	女	汉	20	500	23	女	汉	28	580
6	女	汉	18	500	24	女	汉	32	530
7	女	回	26	580	25	男	满	24	530
8	女	汉	40	710	26	女	汉	21	500
9	男	汉	24	530	27	女	汉	18	500
10	女	汉	22	500	28	女	汉	20	500
11	女	朝鲜	36	630	29	女	汉	24	580
12	女	汉	35	530	30	男	满	40	710
13	女	汉	18	500	31	女	汉	36	630
14	男	汉	38	630	32	女	汉	24	530
15	女	汉	42	630	33	女	汉	30	580
16	女	汉	22	530	34	女	汉	35	580
17	女	汉	23	530	35	男	汉	29	580
18	女	满	36	630	36	男	汉	20	500

要求:

(1)按数量标志进行简单分组和复合分组,编制统计表,绘制条形图。

(2)按品质标志进行简单分组和复合分组,编制统计表,绘制圆形图。

练习题三
参考答案

<<< 第四章

综合指标

统计学是从经济现象的数量方面来认识经济活动的,需要借助统计指标对现象进行解释和说明。用统计指标去概括和分析现象总体的数量特征的方法,称为综合指标法,简称为综合指标。

综合指标有广义和狭义之分,广义的综合指标是指所有的统计指标,狭义的综合指标是指基本的统计指标,包括总量指标、相对指标和平均指标。本章主要讲述的是狭义的统计指标。

第一节 总量指标

一、总量指标的概念及作用

总量指标是反映社会经济现象在一定时间、地点和条件下的总规模、总水平的统计指标。总量指标的数值随着统计研究范围的大小而变化,有时表现为绝对数,有时表现为总量指标的绝对差额。例如,2018 年我国国内生产总值为 90 万亿元,总量指标表现为绝对数,比 2017 年增加 7.9 万亿元,总量指标表现为绝对数差额。

总量指标在社会经济统计中的作用,主要表现为:

(1)总量指标是从数量上认识社会经济现象的起点。一个国家的国情国力,一个地区、一个部门或一个单位人力物力的状况,首先表现为总量指标。例如,一个国家的粮食总产量、国内生产总值、钢铁产量、土地面积等总量指标,标志着该国的生产水平和经济实力;一个企业的职工人数、固定资产、增加值、利税总额等总量指标,反映了该企业人、财、物的基本状况和生产经营活动的成果。通过这些指标,就能对该国家、该企业有基本的认识。

(2)总量指标是制定政策、编制计划、进行科学管理的重要依据。无论是宏观调控还是微观管理,都不能凭空运作,必须从客观实际出发,掌握相关总量指标,只有这样才能对客观事物有准确的了解。

（3）总量指标是计算相对指标和平均指标的基础。相对指标和平均指标一般是由两个有联系的总量指标对比计算出来的，是总量指标的派生指标，如计划完成程度是实际完成数与计划任务数之比，平均工资是工资总额与职工人数之比等。总量指标是统计指标中最基本的指标。总量指标的计算是否科学、合理，会直接影响到相对指标、平均指标的准确性。

二、总量指标的种类

（一）按其说明总体的内容不同划分

1.总体单位总量

总体单位总量是用来反映统计总体内包含总体单位个数多少的总量指标。它用来表明统计总体的容量大小。例如，研究我国的人口状况时，统计总体是全国所有公民，总体单位是每一位公民，那么我国的人口数表明总体单位的个数，是总体单位总量。

再如，研究某市的工业发展状况，统计总体是全市的所有工业企业，若该市现有工业企业 23508 家，则 23508 家即为总体单位总量。

2.总体标志总量

总体标志总量是统计总体各单位某一方面数量标志值的总和。仍举上例，该市的每个工业企业是总体单位，每一工业企业的工业职工人数是该工业企业的一个数量标志，则该市全部工业企业职工人数就是总体标志总量。

某一总量指标是总体单位总量还是总体标志总量不是完全确定的，是随着统计总体的改变而改变的。如上例中的全市工业企业职工人数是总体标志总量，若研究目的变为认识该市工业企业职工的生活水平，则统计总体是全市的所有工业企业职工，全市工业企业职工人数就变成总体单位总量了。

（二）按其反映总体的时间状况不同划分

1.时期指标

时期指标是反映社会经济现象在一段时间上发展变化结果的总量指标。例如，我国 2018 年实现国内生产总值 90 万亿元，是指在 2018 年这一年的时间内，我国国民经济各行业每天所创增加值的总和。时期指标具有如下特点。

（1）具有可加性。时间上相邻的时期指标相加能够得到另一更长时期的总量指标。

（2）时期指标数值的大小与所属时期的长短直接相关。一般来讲，时期越长，时期指标数值就越大。

（3）必须连续登记而得。时期指标数值的大小取决于整个时期内所有时间上的发展状况，只有连续登记得到的时期指标才会准确。

2.时点指标

时点指标是反映社会经济现象在某一时刻或某一时点上的状况的总量指标。例如，我国第二次基本单位普查显示 2001 年底我国共有法人单位 510.7 万个,有产业活动单位 708.8 万个,这仅能说明我国 2001 年 12 月 31 日这一天的基本单位的数量情况。再如,人口数、商品库存额、外汇储备额等也都是时点指标。时点指标具有如下特点。

(1)不具有可加性。不同时点上的两个时点指标数值相加不具有实际意义。

(2)数值大小与登记时间的间隔长短无关。时点指标仅仅反映社会经济现象在一瞬间上的数量,每隔多长时间登记一次对它没有影响。

(3)指标数值是间断计数的。时点指标没有必要进行连续登记,有的也是不可能连续进行登记的,如一国的总人口数等。

三、总量指标的计量单位

总量指标的计量形式都是有名数,都有计量单位。根据总量指标所反映现象的性质不同,其计量单位一般有实物单位、价值单位和劳动单位三种。

(一)实物单位

实物单位是根据事物的外部特征或物理属性而采用的单位,它又分为以下几类。

(1)自然单位。如鞋以"双"为单位,桌子以"张"为单位,拖拉机以"台"为单位等。

(2)度量衡单位。度量衡单位是以已经确定出的标准来计量实物的重量、长度、面积、容积等的单位。如吨、千米、米等。

(3)复合单位。复合单位是两个单位的乘积。如货物周转量用"吨·千米"计量;电的度数用"千瓦·时"计量等。

(4)双重单位。双重单位是用两种或两种以上的单位结合起来进行计量。如起重机的计量单位是"台/吨",货轮用"艘/马力/吨位"计量等。

(5)标准实物单位。标准实物单位是按照统一的折算标准来计量事物数量的一种实物单位。它主要用于计量存在差异的工业产品和农产品,为了准确地反映其总量,需要把各产品按照一定的标准折合成标准品再相加。如把含氮量不同的化肥都折合成含氮 100% 的标准化肥,把各种能源都折合成热量值为 7000 千卡/千克的标准煤等。以实物单位计量的总量指标,叫作实物指标。

(二)价值单位

价值单位也称货币单位,即以货币作为价值尺度来计量社会财产和劳动成果。例如,国内生产总值、城乡居民储蓄额、外汇收入、财政收入等都必须用货币单位来计量,常见的货币单位有美元、欧元等。用货币单位计量的总量指标叫作价值指标。价值指标具有十分广泛的综合能力,在国民经济管理中起着重要的作用。

(三)劳动单位

劳动单位主要用于企业内部计量工业产品的数量,它是用生产工业产品所必需的劳动时间来计量生产工人的劳动成果。企业首先根据自身的生产状况制定出生产单位产品所需的工时定额,再乘以产品的实物即得以劳动单位计量的产量指标。用劳动单位计量的总量指标叫作劳动量指标。

四、总量指标的计算

总量指标数值都是通过对总体单位进行全面调查登记,采用直接计数、点数或测量等方法,逐步计算汇总得出的。例如,统计报表中的总量资料、普查中的总量资料,都是采用这种直接计量法取得的。只有在不能直接计算或不必直接计算总体的总量指标等少数情况下,才采用估计推算的方法取得有关的总量资料。

总量指标数值在计算方法上比较简单,但在计算内容上却是相当复杂的,这就涉及如何在质与量的统一中,反映一定历史条件下社会经济现象的规模和水平。因此,总量指标数值的计算并不是一个单纯技术性的加总问题,而必须正确规定总量指标所表示的各种社会经济现象的概念、构成内容和计算范围,确定计算方法,然后才能进行计算汇总,以取得正确反映社会经济现象的总量资料。例如,要正确计算工资总额,必须先明确工资的实质和构成;要计算国民经济各部门职工人数,不仅要明确职工的概念和范围,而且要从理论上先确定国民经济部门的分类,才能得出按部门分类的职工人数。

第二节　相对指标

一、相对指标的概念和作用

(一)相对指标的概念

要分析一种社会经济现象,仅仅利用总量指标是远远不够的。如果要对事物做深入的了解,就需要对总体的组成及其各部分之间的数量关系进行分析、比较,这就必须计算相对指标。

相对指标是用两个有联系的指标进行对比的比值来反映社会经济现象数量特征和数量关系的综合指标。相对指标也称作相对数,其数值有两种表现形式:无名数和复名数。无名数是一种抽象化的数值,多以系数、倍数、成数、百分数或千分数表示。复名数是用来表示强度的相对指标,以表明事物的密度、强度和普遍程度等。例如,人均粮食产量用“千克/人”表示,人口密度用“人/平方千米”表示等。

(二)相对指标的作用

相对指标通过数量之间的对比,可以表明事物的相关程度、发展程度,它可以弥补总量指标的不足,使人们清楚了解现象的相对水平和普遍程度。例如,某企业去年实现利润500万元,今年实现550万元,则今年利润增长了10%,这是总量指标不能说明的。

把现象的绝对差异抽象化,使原来无法直接对比的指标变为可比。不同的企业由于生产规模条件不同,直接用总产值、利润等进行比较意义不大,但如果采用一些相对指标,如资金利润率、资金产值率等进行比较,便可对企业的生产经营成果做出合理评价。

说明总体内在的结构特征,为深入分析事物的性质提供依据。例如,计算一个地区不同经济类型的结构,可以说明该地区经济的性质。又如,计算一个地区的第一、二、三产业的比例,可以说明该地区社会经济现代化程度等。

二、相对指标的种类及其计算方法

随着统计分析目的的不同,两个相互联系的指标数值对比,可以采取不同的比较标准(即对比的基础),而对比所起的作用也有所不同,从而形成不同的相对指标。相对指标一般有六种形式:计划完成程度相对指标、结构相对指标、比例相对指标、比较相对指标、强度相对指标和动态相对指标。

(一)计划完成程度相对指标

计划完成程度相对指标(又称计划完成程度相对数)是社会经济现象在某时期内实际完成数与计划任务数对比的结果,一般用百分数来表示。其基本计算公式为:

$$计划完成程度相对指标 = \frac{实际完成数}{计划任务数} \times 100\%$$

(4-1)

由于计划任务数在实际计算中可以表现为绝对数、相对数、平均数等多种形式,因此计算计划完成程度相对指标的方法也不尽相同。

1. 计划任务数为绝对数和平均数时

使用绝对数和平均数计算计划完成程度相对指标时,可直接用上述计算公式。

【例4-1】 某企业2018年产品计划产量10000件,实际完成11200件,则产量计划完成程度相对指标为:

$$计划完成程度相对指标 = \frac{11200}{10000} \times 100\% = 112\%$$

计算结果表明,该企业超额12%完成产量计划,实际产量比计划产量增加了1200件。

【例4-2】 某企业劳动生产率计划达到8000元/人,某产品计划单位成本为100元,该企业实际劳动生产率达到9200元/人,该产品实际单位成本为90元,其计划完成程度相对指标分别为:

$$劳动生产率计划完成程度相对指标 = \frac{9200}{8000} \times 100\% = 115\%$$

$$单位成本计划完成程度相对指标 = \frac{90}{100} \times 100\% = 90\%$$

计算结果表明,该企业劳动生产率实际比计划提高了15%,而某产品单位成本实际比计划降低了10%。这里劳动生产率为正指标,单位成本为逆指标。

2. 计划任务数为相对数时

计划任务数为相对数时,计划完成程度相对指标的计算公式为:

$$计划完成程度相对指标 = \frac{实际达到的百分数}{计划规定的百分数} \times 100\% \qquad (4-2)$$

【例 4-3】 某产品产量计划要求增长 10%,同时该种产品单位成本计划要求下降 5%,而实际产量增长了 12%,实际单位成本下降了 8%,则计划完成程度相对指标分别为:

$$产量计划完成程度相对指标 = \frac{100\% + 12\%}{100\% + 10\%} \times 100\% = 101.82\%$$

$$单位成本降低计划完成程度相对指标 = \frac{100\% - 8\%}{100\% - 5\%} \times 100\% = 96.84\%$$

计算结果表明,产量计划完成程度大于 100%,说明超额完成计划。而单位成本计划完成程度小于 100%,说明实际成本比计划成本有所降低,也超额完成了成本降低计划。

3. 中长期计划的检查

在检查中长期计划的完成情况时,根据计划指标的性质不同,计算可分为水平法和累计法。

(1)水平法

用水平法检查计划完成程度就是根据计划末期(最后一年)实际达到的水平与计划规定的同期应达到的水平相比较,来确定全期是否完成计划。其计算公式为:

$$计划完成程度相对指标 = \frac{中长期计划末期实际达到的水平}{中长期计划末期计划达到的水平} \times 100\% \qquad (4-3)$$

【例 4-4】 某企业按五年计划规定的最后一年的产量应达到 720 万件,实际执行情况如表 4-1 所示。

表 4-1　某企业五年计划完成情况　　　　　　　　　　　　　　　　单位:万件

年份	第1年	第2年	第3年	第4年				第5年			
				一季	二季	三季	四季	一季	二季	三季	四季
产量	300	410	530	150	160	170	170	190	190	210	210

则该企业产量五年计划完成程度相对指标为:

$$计划完成程度相对指标 = \frac{190 + 190 + 210 + 210}{720} \times 100\% = 111.11\%$$

计算结果表明,该企业超额 11.11% 完成产量五年计划。

采用水平法计算,只要有连续一年时间(可以跨年度)实际完成水平达到最后一年计划水平,就算完成了五年计划,余下的时间就是提前完成计划时间。在例 4-4 中,该企业实际从五年计划的第四年第三季度到第五年第二季度连续一年时间的产量达到了计划期最后一年计划产量 720 万件水平,完成了五年计划,那么第五年下半年这半年时间就是提前完成计划的时间,即提前半年完成计划。

(2)累计法

累计法就是整个计划期间实际完成的累计数与同期计划数相比较,来确定计划完成程度。其计算公式为:

$$计划完成程度相对指标=\frac{中长期计划末期实际累计完成量}{中长期计划末期计划累计量}\times100\% \qquad (4-4)$$

【例 4-5】 某地区"十二五"期间计划五年固定资产投资总额为 1500 亿元,实际各年投资情况如表 4-2 所示。

表 4-2 某地区"十二五"期间固定资产投资完成情况　　　　　　　　单位:亿元

年份	2011	2012	2013	2014	2015
固定资产实际投资额	294	326	392	488	600

则该地区"十二五"期间固定资产投资的计划完成程度相对指标为:

$$计划完成程度相对指标=\frac{294+326+392+488+600}{1500}\times100\%=140\%$$

计算结果表明,该地区超额 40% 完成"十二五"期间固定资产投资计划。

采用累计法计算,只要从中长期计划开始至某一时期止,所累计完成数达到计划数,就是完成了计划。在例 4-5 中,前四年投资额已完成五年计划,比计划时间提前一年。

(二)结构相对指标

研究社会经济现象总体时,不仅要掌握其总量,而且要揭示总体内部的组成数量表现,亦即要对总体内部的结构进行数量分析,这就需要计算结构相对指标(又称结构相对数)。

结构相对指标就是在分组的基础上,以各组(或部分)的单位数与总体单位总数对比,或以各组(或部分)的标志总量与总体的标志总量对比求得的比重,借以反映总体内部结构的一种综合指标。一般用百分数、成数或系数表示,可以用以下公式表述:

$$结构相对指标=\frac{总体某部分(或组)的数值}{总体全部数值}\times100\% \qquad (4-5)$$

概括地说,结构相对指标就是部分与全体对比得出的比重或比率。由于对比的基础是同一总体的总数值,所以各部分(或组)所占比重之和应当等于 100% 或 1。

在社会经济统计中,结构相对指标应用广泛,它的主要作用可以概括为以下几个方面。

(1)结构相对指标可以说明在一定的时间、地点和条件下,总体结构的特征。

例如,从表 4-3 中的资料可以看出,2018 年某市工业总产值基本构成国有企业、集体企业和私营企业"三分天下"的格局。

表 4-3 2018 年某市工业总产值构成

项目	占总数的比重(%)
工业总产值	100
其中:国有企业	28.5
集体企业	39.4
城乡个体工业	25.5
其他经济类型工业	6.6

（2）不同时期结构相对指标的变化，可以反映事物性质的发展趋势，从而可以分析经济结构的演变规律。

例如，从表4-4的资料中可以看出，不同年份我国乡村人口在总人口中所占的比重呈现出平稳下降的趋势，这也是伴随经济发展、城镇化程度提高和社会进步而产生的必然结果。

表4-4　我国人口和乡村人口的发展趋势

对比项	1980 年	1985 年	1990 年	1995 年
我国人口（万人）	98705	105851	114333	121121
乡村人口（万人）	79565	80757	84138	85947
乡村人口的比重（%）	80.61	76.29	73.59	70.96
对比项	2000 年	2005 年	2010 年	2015 年
我国人口（万人）	126743	130756	134091	137462
乡村人口（万人）	80837	74544	67113	60346
乡村人口的比重（%）	63.78	57.01	50.05	43.90

（3）各构成部分所占比重的大小，可以反映所研究现象总体的质量以及人、财、物等的利用情况。

例如，文盲率、入学率、青年受高等教育人口比率等，可从文化教育方面表明人口的质量；产品的合格率、优质品率、高新技术品率、商品损耗率等，可表明企业的工作质量；出勤率或缺勤率、设备利用率等，则可反映企业的人、财、物的利用状况。

（4）利用结构相对指标，有助于分清主次，确定工作重点。

例如在物资管理工作中，可采用 ABC 分析法，该基本原理就是对影响经济活动的因素进行分析，按各种因素的影响程度大小分为 A、B、C 三类，实行分类管理。采用这种方法的依据，就是基于对统计资料的分析，计算结构相对指标，如表4-5 所示。

表4-5　某物资企业物资分类情况　　　　　　　　　　　　　单位：%

类别	占资金的比重	占品种的比重
A	80	20
B	15	30
C	5	50

可见，应重点抓好 A 类物资的管理，其次要注意 B 类物资的处理，就可以控制资金的95%，收到较好的经济效果。

（三）比例相对指标

比例相对指标（又称比例相对数）是反映总体中各个组成部分之间的比例关系和均衡状况的综合指标。它是同一总体中某一部分数值与另一部分数值静态对比的结果，其计算公式为：

$$比例相对指标=\frac{总体中某一部分数值}{总体中另一部分数值}\times100\%\qquad\qquad(4\text{-}6)$$

比例相对指标的数值,一般用百分数或几比几的形式表示。例如,我国 2018 年末总人口为 139538 万人,其中男性为 71351 万人,女性为 68187 万人,则男性人口数对女性人口数用百分数可表示为 104.64%。又如,某学校教学人员为 900 人,非教学人员为 100 人,则教学人员与非教学人员的比例用几比几形式可表示为 9∶1。在统计分析中,有时还要求用连比形式表示总体中若干个组的比例关系。例如,国内生产总值中,第一、二、三产业的比例等。

根据统计资料,计算各种比例相对指标,反映有关事物之间的实际比例关系,有助于我们认识客观事物是否符合按比例协调发展的要求,参照有关标准,可以判断比例关系是否合理。在宏观经济管理中,这对于研究分析整个国民经济和社会发展是否协调均衡具有重要的意义。

(四)比较相对指标

比较相对指标(又称比较相对数)就是将不同地区、单位或企业之间的同类指标数值做静态对比而得出的综合指标,表明同类事物在不同空间条件下的差异程度或相对状态。比较相对指标可以用百分数、倍数和系数表示。其计算公式为:

$$比较相对指标=\frac{某条件下的某类指标数值}{另一条件下的同类指标数值}\times100\%\qquad\qquad(4\text{-}7)$$

【例 4-6】　两个类型相同的工业企业,甲企业全员劳动生产率为 18542 元/(人·年),乙企业全员劳动生产率为 21560 元/(人·年),则两个企业全员劳动生产率的比较相对指标为:

$$比较相对指标=\frac{18542}{21560}\times100\%=86\%$$

用来对比的两个性质相同的指标数值,其表现形式不一定仅限于绝对数,也可以是其他的相对数或平均数。在经济管理工作中,广泛应用比较相对数,例如用各种质量指标在企业之间、车间或班组之间进行对比,把各项技术经济指标与国家规定的标准条件进行对比,与同类企业的先进水平或世界先进水平进行对比,借以找差距、挖潜力、定措施,为提高企业的经营管理水平提供依据。

计算比较相对指标时应注意对比指标的可比性。此外,比较基数的选择要根据资料的特点及研究目的而定。如例 4-6 是以乙企业全员劳动生产率作为比较标准,计算结果说明甲企业全员劳动生产率是乙企业的 86%;如以甲企业全员劳动生产率作为比较标准,则表明乙企业全员劳动生产率是甲企业的 116.28%。这两种计算方法的角度不同,但都能说明问题,具体以哪个指标作为比较的基础,应根据研究目的以及哪种方法能更确切地说明问题的实质而定。

(五)强度相对指标

强度相对指标(又称强度相对数)是指在同一地区或单位内,两个性质不同而有一定联系的总量指标数值对比得出的相对数,是用来分析不同事物之间的数量对比关系,表明现象的强度、密度和普遍程度的综合指标。其计算公式可以概括为：

$$强度相对指标=\frac{某一现象的总量指标数值}{另一有联系而性质不同的总量指标数值} \quad (4-8)$$

【例 4-7】 我国土地面积为 960 万平方千米，第六次全国人口普查人口总数为 133972 万人，则人口密度为：

$$人口密度=\frac{133972}{960}=139.55（人/平方千米）$$

又如，以铁路（公路）长度与土地面积进行对比，可以得出铁路（公路）密度。这些强度相对指标都是用来反映现象的密集程度或普遍程度的。

由于强度相对指标是两个性质不同但有联系的总量指标数值之比，所以在多数情况下，是由分子与分母原有单位组成的复合单位表示的，如人口密度用人/平方千米、人均钢产量用吨/人等。有少数反映社会服务行业的负担情况或保证程度的强度相对指标，其分子和分母可以互换，即采用正算法计算正指标，用倒算法计算逆指标。例如：

$$商业网点密度（正指标）=\frac{零售商业机构数（个）}{地区人口数（千人）}$$

$$商业网点密度（逆指标）=\frac{地区人口数（千人）}{零售商业机构数（个）}$$

（六）动态相对指标

动态相对指标（又称动态相对数）就是将同一现象在不同时期的两个数值进行动态对比而得出的相对数，借以表明现象在时间上发展变动的程度，一般用百分数或倍数表示，也称为发展速度。其计算公式为：

$$动态相对指标=\frac{报告期指标数值}{基期指标数值}\times100\% \quad (4-9)$$

通常，作为比较标准的时期称为基期，与基期对比的时期称为报告期。例如，2017 年我国国内生产总值为 820754.3 亿元，2018 年为 900309.5 亿元，如果将 2017 年国内生产总值选作基期，则 2018 年国内生产总值与 2017 年国内生产总值对比，得出的动态相对指标为 109.7%，它说明在 2017 年基础上 2018 年国内生产总值的名义发展速度。

动态相对指标在统计分析中应用很广，本书将在时间数列这一章节中详加论述。

三、正确运用相对指标的原则

上述六种相对指标从不同的角度出发，运用不同的对比方法，对两个同类指标数值进行静态的或动态的比较，对总体各部分之间的关系进行数量分析，对两个不同总体之间的联系程度和比例进行比较，是统计中常用的基本数量分析方法之一。要使相对指标在统计分析中起到应有的作用，在计算和应用相对指标时应该遵循以下原则。

（一）可比性原则

相对指标是两个有关的指标数值之比，对比结果的正确性，直接取决于两个指标数值的可比性。如果违反可比性这一基本原则计算相对指标,就会失去其实际意义,导致不正确的结论。对比指标的可比性,是指对比的指标在含义、内容、范围、时间、空间和计算方法等口径方面协调一致、相互适应。如果各个时期的统计数字因行政区划、组织机构、隶属关系的变更,或因统计制度方法的改变不能直接对比的,就应以报告期的口径为准,调整基期的数字。许多用金额表示的价值指标,由于价格的变动,各期的数字进行对比,不能反映实际的发展变化程度,一般要按不变价格换算,以消除价格变动的影响。

(二)定性分析与定量分析相结合的原则

计算对比指标数值的方法是简便易行的,但要正确地计算和运用相对数,还要注重定性分析与定量分析相结合的原则。因为事物之间的对比分析,必须是同类型的指标,只有通过统计分组,才能确定被研究现象的同质总体,便于同类现象之间的对比分析。这说明要在确定事物性质的基础上,再进行数量上的比较或分析,而统计分组在一定意义上也是一种统计的定性分类或分析。即使是同一种相对指标在不同地区或不同时间进行比较时,也必须先对现象的性质进行分析,判断是否具有可比性。同时,通过定性分析,可以确定两个指标数值的对比是否合理。例如,将不识字人口数与全部人口数对比来计算文盲率,显然是不合理的,因为其中包括未达学龄的人数和不到接受初中文化教育年龄的人数在内,这样的计算结果不能如实反映文盲人数在相应的人口数中所占的比重。通常计算文盲率的公式为:

$$文盲率 = \frac{15\ 岁以上不识字人口数}{15\ 岁以上全部人口数} \times 100\%$$

(三)相对指标和总量指标结合运用的原则

绝大多数的相对指标都是两个有关的总量指标数值之比,抽象化的比值可以用来表明事物之间对比关系的程度,但不能反映事物在绝对量方面的差别。因此在一般情况下,相对指标离开了据以形成对比关系的总量指标,就不能深入地说明问题。关于这一点,马克思曾明确指出,如果一个工人每星期的工资是 2 先令,后来他的工资提高到 4 先令,那么工资水平就提高了 100%……所以不应当为工资水平提高的动听的百分比所迷惑。我们必须经常这样问:原来的工资数是多少?

(四)各种相对指标综合应用的原则

各种相对指标的具体作用不同,都是为了从不同的侧面来说明所研究的问题。为了全面而深入地说明现象及其发展过程的规律性,应该根据统计研究的目的,综合应用各种相对指标。例如,为了研究工业生产情况,既要利用生产计划的完成情况指标,又要计算生产发展的动态相对指标和强度相对指标。又如,分析生产计划的执行情况,有必要全面分析总产值计划、品种计划、劳动生产率计划和成本计划等的完成情况。此外,把几种相对指标结合起来运用,可以比较、分析现象变动中的相互关系,更好地阐明现象之间的发展变化情况。由此可见,综合运用结构相对指标、比较相对指标、动态相对指标等多种相对指标,有助于我们剖析事物变动中的相互关系及其结果。

第三节 平均指标

一、平均指标概述

(一)平均指标的概念

平均指标,是同类社会经济现象总体内各单位某一数量标志在一定时间、地点和条件下数量差异抽象化的代表性水平指标,其数值表现为平均数。平均指标一般是一种具有单位名称的数,它的计算单位和标志值的计算单位是一致的。平均指标是社会经济统计中常用的综合指标之一。

平均指标的显著特点是:它把同质总体内各单位在某一数量标志上的差异抽象化了,是对各单位具体数值的平均,是对各单位标志值差异的抽象;它不是某一单位的具体数值,而是代表总体某种数量标志的一般水平,是总体各单位的代表值。

(二)平均指标的作用

平均指标由于能综合反映所研究现象在具体条件下的一般水平,在经济管理和分析中被广泛应用,其作用概括起来主要有以下五个方面。

(1)利用平均指标,可以了解总体次数分布的集中趋势。因为就社会经济现象变量数列的分配情况看,通常是接近平均数的标志值居多,而远离平均数的标志值少;与平均数离差越小的标志次数越多,而离差越大的标志值次数越少,形成正离差与负离差大体相等、整个变量数列以平均数为中心而波动的状况。所以,平均数反映了总体分布的集中趋势,它是总体分布的重要特征值。例如,从平均工资就可以看出某单位职工的收入水平。

(2)利用平均指标,可以对若干同类现象在不同单位、地区间进行比较研究。例如,在评价工业企业和农业生产工作成绩时,如果用总量指标进行对比,因其规模大小不同,无法评价,如果用平均指标,则可消除这种影响,进行比较分析。

(3)利用平均指标,可以研究某一总体某种数值的平均水平在时间上的变化,说明总体的发展过程和趋势。例如,我国劳动人民生活水平不断提高的趋势,可以从各年度人均收入的不断增长中反映出来。

(4)利用平均指标,可以分析现象之间的依存关系。在对现象总体进行分组分类的基础上,应用平均指标可以观察现象之间存在的相互联系、相互制约的关系。例如,各耕地按自然条件、耕作深度或施肥状况等标志进行分组,然后对比单位面积产量,则可反映自然条件优劣、耕作深度和施肥多少对单位面积产量的影响。

(5)平均指标可作为某些科学预测、决策和推算的依据。例如,企业的劳动定额、生产定额、物资消耗定额等都要依据相应的平均指标来确定;在抽样推断中,则依抽样平均数来推断总体平均数进而推断总体相应的总量指标。

(三)强度相对指标与平均指标的区别

强度相对指标与平均指标的区别主要表现在以下两点。

1.指标的含义不同

强度相对指标说明的是某一现象在另一现象中发展的强度、密度或普遍程度;而平均指标说明的是现象发展的一般水平。

2.计算方法不同

强度相对指标与平均指标,虽然都是两个有联系的总量指标之比,但是强度相对指标中分子与分母的联系,只表现为一种经济关系;而平均指标是在一个同质总体内标志总量和单位总量的比例关系,其分子与分母的联系是一种内在的联系,即分子是分母(总体单位)所具有的标志,对比结果是对总体各单位某一标志值的平均。

平均指标的常见种类有:算术平均数、调和平均数、几何平均数、众数和中位数。前三种平均数是根据总体所有标志值计算的,因此称为数值平均数;后两种平均数是根据标志值所处的位置确定的,因此称为位置平均数。

二、平均指标的计算

(一)算术平均数的计算

算术平均数是计算平均指标的最常用方法,其基本计算公式为:

$$算术平均数 = \frac{总体标志总量}{总体单位总量}$$

在实际工作中,由于资料的不同,算术平均数有两种计算形式:简单算术平均数、加权算术平均数。

1.简单算术平均数的计算

【例 4-8】　某机械厂生产班组有 10 名工人生产某种零件,每个人的日产量分别为 45件、48 件、52 件、62 件、69 件、44 件、52 件、58 件、38 件、64 件。试计算工人平均日产量。

$$工人平均日产量 = \frac{45+48+52+62+69+44+52+58+38+64}{10} = 53.2(件)$$

我们可以总结出简单算术平均数的计算公式为:

$$\bar{x} = \frac{x_1 + x_2 + x_3 + \cdots + x_n}{n} = \frac{\sum x}{n} \tag{4-10}$$

式中,$\bar{x}$ 为算术平均数;x 为各单位标志值;n 为总体单位数;$\sum$ 为总和符号。

简单算术平均数适用于未分组的统计资料,如果已知各单位标志值和总体单位数,可采用简单算术平均数方法计算。

2. 加权算术平均数的计算

若我们研究的统计总体包括许多单位,其中有些单位的标志值相同,另一些单位的标志值不同,在这种情况下计算平均数,就需要首先对总体各单位的标志值进行分组,编成单项变量数列或组距变量数列。这时就不能用简单算术平均数的方法,而要用加权算术平均数的方法。

【例 4-9】 表 4-6 为某机械厂第一车间工人日产量的分配数列,试计算该厂工人的平均日产量。

表 4-6　某机械厂第一车间工人平均日产量计算

按工人日产量分组 x（件）	生产工人数 f（人）	xf
20	10	200
22	12	264
24	25	600
26	30	780
30	18	540
32	15	480
33	10	330
合计	120	3194

则该机械厂第一车间工人平均日产量 $= \dfrac{3194}{120} = 26.6$（件）。

如果我们所掌握的资料不是单项数列,而是组距数列（见表 4-7）,其计算方法与上述方法相同,所不同的是我们需要用各组的组中值作为该组的代表标志值进行计算。

表 4-7　某机械厂工人平均日产量计算

按工人日产量分组（件）	组中值 x	生产工人数 f（人）	xf
50～60	55	150	8250
60～70	65	100	6500
70～80	75	70	5250
80～90	85	30	2550
≥90	95	16	1520
合计	—	366	24070

则该机械厂第一车间工人平均日产量 $= \dfrac{24070}{366} = 65.77$（件）。

应该指出,依据组距数列计算算术平均数的这种方法具有一定的假定性,即假定各组内部的标志值分布是均匀的。在此前提下,组距越小,计算得到的平均数越接近于实际的平均数,即近似程度取决于组距大小。

我们可以总结出加权算术平均数的计算公式为:

$$\bar{x} = \frac{x_1 f_1 + x_2 f_2 + \cdots + x_n f_n}{f_1 + f_2 + \cdots + f_n} = \frac{\sum xf}{\sum f} \tag{4-11}$$

式中,$\bar{x}$ 为加权算术平均数;x 为各组总体单位的标志值;f 为各总体单位数,在分配数列中称为次数,亦称权数;$\sum$ 为总和符号。

在加权算术平均数公式中,各组次数具有权衡各组变量值轻重的作用,某一组的次数越大,则该组的变量值对平均数的影响就越大,反之越小。加权算术平均数的大小受两个因素的影响:其一是受变量值大小的影响;其二是受次数分配值,即各组次数占总次数比重的影响。加权算术平均数中的权数,指的就是标志值出现的次数或各组次数占总次数的比重。在计算平均数时,由于出现次数多的标志值对平均数的形成影响大些,出现次数少的标志值对平均数的形成影响小些,因此就把次数称为权数。在分组数列的条件下,当各组标志值出现的次数或各组次数所占比重均相等时,权数就失去了权衡轻重的作用,这时用加权算术平均数计算的结果与用简单算术平均数计算的结果相同。

(二)调和平均数的计算

调和平均数是平均数的一种,它是变量值倒数的算术平均数的倒数,故又称倒数平均数。调和平均数有简单调和平均数和加权调和平均数两种。

$$\text{简单调和平均数 } \bar{x}_h = \frac{n}{\sum \frac{1}{x}} \tag{4-12}$$

$$\text{加权调和平均数 } \bar{x}_h = \frac{\sum m}{\sum \frac{m}{x}} = \frac{\sum xf}{\sum f} \tag{4-13}$$

式中,x 为标志值;f 为单位数;m 为标志总量。

在社会经济统计中,往往由于缺乏总体单位数的资料,不能直接采用算术平均数计算,这时,就需要把算术平均数的形式加以改变,而采用另一种计算方法。所以,在实际工作中,调和平均数主要是作为算术平均数的变形来使用的。

1. 简单调和平均数的计算

【例 4-10】 某市场某种蔬菜早市、午市、晚市每千克价格分别为 0.5 元、0.4 元和 0.35 元,试根据以下情况求平均价格:(1)早市、午市和晚市销售量基本相同;(2)早市、午市和晚市销售额基本相同。

当销售量(f)基本相同时,加权算术平均数等于简单算术平均数,即当 $f_1 = f_2 = f_3$ 时:

$$\bar{x} = \frac{\sum x}{n} = \frac{0.5 + 0.4 + 0.35}{3} = 0.417(\text{元})$$

当销售额(m)基本相同(所有标志值的权数相等)时,可用简单调和平均数代替加权调和平均数,即当 $m_1 = m_2 = m_3$ 时:

$$\bar{x} = \frac{3}{\frac{1}{0.5} + \frac{1}{0.4} + \frac{1}{0.35}} = 0.408(\text{元})$$

2. 加权调和平均数的计算

加权调和平均数实际上是加权算术平均数的变形。在实际工作中,经常会遇到只有各组标志总量和各个组变量值,缺少总体单位数的资料,这时就需要利用调和平均数公式计算平均数。它的计算方法是以标志总量为权数,其计算公式为:

$$\bar{x} = \frac{\sum m}{\sum \frac{m}{x}} \tag{4-14}$$

【例 4-11】 2016 年 8 月份甲、乙农贸市场农产品价格及成交量、成交额资料如表 4-8 所示。

表 4-8 甲、乙农贸市场农产品有关统计资料

产品	价格(元/千克)	甲市场成交额(万元)	乙市场成交量(万千克)
A	1.2	1.2	2
B	1.4	2.8	1
C	1.5	1.5	1
合计	—	5.5	4

问该农产品哪一个市场的平均价格比较高,并说明它的原因。

在表 4-8 基础上,整理得到如表 4-9 所示的有关数据计算表。

表 4-9 甲、乙农贸市场农产品有关数据计算

产品	价格 x	甲市场			乙市场		
		成交额 m	成交量 m/x	$f/\sum f$	成交量 f	成交额 xf	$f/\sum f$
A	1.2	1.2	1	25%	2	2.4	50%
B	1.4	2.8	2	50%	1	1.4	25%
C	1.5	1.5	1	25%	1	1.5	25%
合计	—	5.5	4	100%	4	5.3	100%

$$甲市场平均价格 \ \bar{x} = \frac{\sum m}{\sum \frac{m}{x}} = \frac{5.5}{4} = 1.375(元/千克)$$

$$乙市场平均价格 \ \bar{x} = \frac{\sum xf}{\sum f} = \frac{5.3}{4} = 1.325(元/千克)$$

说明:两市场销售总量相同,影响两市场平均价格不同的原因在于 A、B 两种农产品在两个市场的成交量不同(C 产品在两市场的价格、成交额、成交量都相同,不影响两市场的平均价格的比较)。从表 4-9 可知,甲市场中价格较高的 B 产品所占比重较大,达 50%,而乙市场中价格较低的 A 产品所占比重较大,达 50%。因而使得甲市场的平均价格高于乙市场。这就是权数在平均数形成中所起的权衡轻重的作用。

3. 调和平均数的适用条件

加权调和平均数一般运用于资料已经分组,但没有提供标志值 x 相应的单位数 f,却提供了标志总量 $m(m=xf)$ 的场合。

加权算术平均数与加权调和平均数是计算平均指标时常用的两个指标。加权算术平均数中的权数一般情况下是资料已经分组得出的分配数列的情况下标志值的次数 f。而加权调和平均数的权数是直接给定的标志总量 m。在经济统计中,经常因为无法直接得到被平均标志值的相应次数 f 的资料而采用调和平均数形式来计算,使调和平均数的计算结果与加权算术平均数的计算结果相同。

(三)几何平均数的计算

几何平均数是把各个标志值连乘,然后开 n 次方根所得的平均水平。凡是现象的连乘积等于现象的总比率或总速度的,都可用几何平均数来计算它们的平均比率和平均速度。因此它是一种使用很独特的平均数。几何平均数也分简单几何平均数和加权几何平均数两种,在社会经济统计学中常用的是简单几何平均数。

1. 简单几何平均数的计算

简单几何平均数就是 n 个标志值连乘积的 n 次方根,其计算公式为:

$$\overline{x}_g = \sqrt[n]{x_1 \cdot x_2 \cdot \cdots \cdot x_n} = \sqrt[n]{\prod x} \tag{4-15}$$

式中,$\overline{x}_g$ 为几何平均数;$\prod$ 为连乘符号。

【例 4-12】 假定某人在储蓄所存入 200 元人民币,在 5 年内按不同的利率加息(按复利计算),其存款额变动如表 4-10 所示,现求平均年利率。

表 4-10　人民币存款本利计算表

年份	利率(%)	本利率	年末存款额(元)
1	7	1.07	214.00
2	8	1.08	231.12
3	10	1.10	254.23
4	12	1.12	284.74
5	18	1.18	335.99

$$\overline{x}_g = \sqrt[5]{1.07 \times 1.08 \times 1.10 \times 1.12 \times 1.18} = 1.1093$$

即平均年利率为 10.93%。

2. 加权几何平均数的计算

当各个标志值出现的次数不同时,应计算加权几何平均数,其计算公式为:

$$\overline{x}_g = \sqrt[\sum f]{x_1^{f_1} \cdot x_2^{f_2} \cdot \cdots \cdot x_n^{f_n}} = \sqrt[\sum f]{\prod x^f} \tag{4-16}$$

式中,f 为各标志值出现的次数。

【例 4-13】 某地区 2002—2015 年工业产值发展速度资料如表 4-11 所示,试求其平均发展速度。

表 4-11　某地区 2002—2015 年工业产值发展速度

年份	发展速度 x(%)	间隔时间 f(年)
2002—2006	108.2	5
2007—2009	113.5	3
2010—2015	107.8	6

$$\bar{x}_g = \sqrt[4]{1.082^5 \times 1.135^3 \times 1.078^6} = 1.091 = 109.1\%$$

即各年平均发展速度为 109.1%

(四)众数的计算

1.众数的概念

在观察某一总体时,最常遇到的标志值,在统计上称为众数。换句话说,众数就是所研究的变量数列中出现最多次数的变量值。它是总体中最常遇到的变量值,是最普遍、一般的,因而,可以用来说明社会经济现象的一般水平。

在实际工作中,众数被广泛运用。例如,说明消费者需要的鞋、袜、帽等最普遍的尺码,集市贸易市场某种商品最普遍的价格水平,企业工人中最普遍的工资水平等,常用它来说明总体各单位某一数量标志值的一般水平。在总体单位数很多,且有明显的集中趋势的情况下,采用众数来代表社会现象数量方面的一般水平,既简便又富有代表性,有其独到的使用效果。

但必须指出,在单位数不多或一个无明显集中趋势的资料中,众数的测定没有意义,众数只有在总体内单位充分多时才有意义。

2.众数的计算

(1)单项数列众数的计算

对于单项数列,不需计算,只需通过大量观察,找出次数最多的标志值,即为众数。

(2)组距数列众数的计算

在组距数列条件下计算众数,先确定众数的所在组,然后应用"差数法"来推算众数的近似值。下面我们举某工厂工人生产某种零件所耗用时间的组距数列资料,来说明众数的计算方法。

【例 4-14】　观察表 4-12 中的资料,发现次数最多的工人数在 4～6 分钟这一组,这就是众数组。

表 4-12　某零件所耗时间分组表

一个零件所耗时间(分)	工人数(人)
<2	60
2～4	140
4～6	290
6～8	280
8～10	190
≥10	40
合计	1000

究竟众数的具体数值是多少呢？首先由最多次数来确定众数所在组,再用比例插值法来推算众数的近似值。众数下限计算公式为:

$$m_o = L + \frac{\Delta_1}{\Delta_1 + \Delta_2} d \qquad (4\text{-}17)$$

式中,m_o 为众数;L 为众数组的下限;Δ_1 为众数组次数与上一组次数之差;Δ_2 为众数组次数与下一组次数之差;d 为众数组的组距。

众数下限计算公式的意义是:众数等于众数组的下限加上众数组组距的一部分数量,这部分数量的大小取决于众数组前后组次数的多少。

将表 4-12 中的数据代入式(4-17)可得:

$$m_o = 4 + \frac{150}{150 + 10} \times 2 = 5.875(分)$$

在实际计算中,我们也经常用到众数上限计算公式:

$$m_o = U - \frac{\Delta_1}{\Delta_1 + \Delta_2} d \qquad (4\text{-}18)$$

式中,U 为众数组的上限。

将表 4-12 中的数据代入式(4-18)可得:

$$m_o = 6 - \frac{10}{150 + 10} \times 2 = 6 - 0.125 = 5.875(分)$$

必须强调,众数只有在总体单位数充分多而又有明确的集中趋势时使用才有意义。

计算和应用众数的条件是总体单位数较多而且有明显的集中趋势。如果总体单位数很少或无明显的集中趋势,求众数没有意义;如果总体各单位标志值的次数相同,则无众数;当有多个标志值的次数都很多时,要依据这些标志值所在的组来计算众数,不过,该众数的代表性比加权算术平均数要差。

(五)中位数的计算

1. 中位数的概念

将总体中各单位标志值按大小顺序排列,居中间那个单位的标志值就是中位数,又称中值。如果总体单位数是偶数,则居中间的两个标志数值的算术平均数就是中位数。显然中位数是按顺序排列的居中间位置的标志值,因而可用来说明社会经济现象各单位数量标志值的一般水平。

2. 中位数的计算

(1)单项数列中位数的计算

如根据未经分组的资料,其确定方法是将各单位的标志数值按大小或多少的顺序排列,后用 $\frac{n+1}{2}$(n 代表总体单位数)的公式计算中位数所在位次,这个位次的标志值即为中位数。如果总体单位数 n 是偶数,则中间 $\frac{n}{2}$ 和 $\frac{n}{2}+1$ 两位置标志值的算术平均数是中位数。

(2)组距数列中位数的计算

第一步,确定中位数所在组(即确定中点位置)。在按组距分组的数列中,处于中间位置的标志值显然是在总次数一半的位置上,它前后的次数应该一样,其方法为总次数除以2,这组即为中位数所在组。

第二步,计算中位数的近似值。这个计算是从中位数所在组的各个数值是均匀分配的假定出发的,依中位数在该组内所在的位次,有比例地计算出它的近似值。

上述计算过程可概括成中位数计算的一般公式:

$$m_e = L + \frac{\frac{\sum f}{2} - S_{m-1}}{f_m}d \qquad (4-19)$$

式中,m_e 为中位数;L 为中位数所在组的下限;f_m 为中位数所在组的次数;S_{m-1} 为中位数所在组以下的累计次数;$\sum f$ 为总次数;d 为中位数所在组的组距。

从表 4-12 可以看出中位数的所在组是第四组,即在 6～8 分组内,这样我们可在 6～8 分这个组内确定中位数的具体数值。

$$m_e = 6 + \frac{\frac{1000}{2} - 490}{280} \times 2 = 6 + 0.0714 = 6.0714(分)$$

应用中位数的条件是:当现象总体中有异常值(极大值或极小值)时应用中位数和众数,因为它们可以消除极值的影响,比算术平均数更具有代表性。

(六)正确计算和运用平均指标的原则

正确计算和运用平均指标来分析社会经济现象,应该遵循以下几个原则。

1.必须注意所研究社会经济现象的同质性

同质性就是指社会经济现象的各个单位在被平均的标志上具有同类性,各单位之间的差别仅仅表现在数量上,被平均的只是量的差异。如果各单位在类型上是异质的,特别是从社会关系来说存在着根本差别,这样平均数不仅不能说明事物的本质和规律性,反而会歪曲事实,掩盖真相,抹杀现象之间的本质差别。在计算和应用平均指标分析社会经济现象时,最常见的错误是违背同质性原则,即把不同质的事物当作同质总体来求平均数。例如,将企业主与工薪族作为同质总体来计算人均收入。这样计算是错误的,因为工薪族与企业主不是同质总体。

2.必须注意用组平均数来补充说明总平均数

按同质总体所计算的总平均数,是一个"大致平均数",在许多情况下,还不能充分地反映所研究现象的特征和规律性。也就是说,在同质总体中,各单位之间还存在着其他一些性质上的重要差别,而它们对总平均数往往有着重要影响,因而我们应重视影响总平均数的各个有关因素的作用,用有关标志对总体进行分组,计算组平均数对总平均数进行补充说明,来揭示现象内部结构组成的影响。

【例 4-15】 某企业基期、报告期时新、老工人的人数及工资情况如表 4-13 所示。

表 4-13 某企业工人人数及工资统计表

工人类型	基期			报告期		
	工人数（人）	工资总额（元）	人均工资（元）	工人数（人）	工资总额（元）	人均工资（元）
新工人	100	232000	2320	400	940000	2350
老工人	400	1840000	4600	600	2790000	4650
合计	500	2072000	4144	1000	3730000	3730

从总水平看,基期的人均工资为 4144 元,报告期人均工资为 3730 元,工资水平下降了,而实际上这与新、老工人的人均工资都有一定程度增加的事实不一致。出现这种现象是由于在工人中新、老工人的工资水平不同,工资偏低的新工人在总体中所占比重由基期的 20％上升为报告期的 40％,这样造成工资总水平有所下降。所以,在具体分析某一社会现象一般水平的变动时,必须把总平均数与分组法结合起来,用组平均数来进行补充说明,这样才能比较全面地反映事物的真实情况。

3. 用分配数列来补充说明平均数

平均数只能说明现象的一般水平,它一方面将总体各单位数量差异抽象化;另一方面又掩盖了总体各单位的差异及其分布情况。为了更深入说明问题,需按被平均标志对总体进行分组,用分配数列补充说明总平均数。现以表 4-14 为例。

表 4-14 某工业部门 50 个企业年度产值计划完成情况

按计划完成程度分组（％）	企业数（个）	比重（％）
80～90	3	6
90～100	6	12
100～110	30	60
110～120	10	20
120～130	1	2
合计	50	100

通过计算,该工业部门的平均计划完成程度是 105％,超额 5％完成计划,但从具体执行情况看,却有 18％的企业未完成,其中 3 个企业最差,同时有一大批企业超额完成了计划,这样反映问题就显得更全面、更具体。

4. 以具体单位变动来补充说明总平均变动

总平均变动说明现象变动的一般趋势,它体现了一定范围内社会经济现象的共性,但同时掩盖了社会经济现象的个性,并不显示个别单位的突出问题。因此,为了加强平均数对社会经济现象的认识作用,往往还需要以具体单位的变动来补充说明总平均的变动,特别是以先进和落后的典型事实,补充平均数之不足。例如,社会平均富裕并不能抹煞个别贫困户的存在,还需加以具体分析。

（七）数值平均数受极值影响分析

从表 4-15 可以看出,在数值均为 10 的情况下,调和平均数、几何平均数和算术平均数均为 10。如果某一数值扩大 10000,也就是当存在极大值时,算术平均数急剧变化,由 10 增加到 25007.5,调和平均数变化较小;如果某一数值缩小至 1/10000,也就是当存在极小值时,调和平均数由 10 降到 0.004,算数平均数变化较小。由此可以看出,极大值对算术平均数影响较大,对调和平均数影响较小;极小值对调和平均数影响较大,对算术平均数影响较小;在极大值和极小值面前,几何平均数表现得较为稳健。

表 4-15　数值平均数受极值影响分析

数值	调和平均数	几何平均数	算术平均数
(10,10,10,10)	10	10	10
(10,10,10,100000)	13.3	100	25007.5
(10,10,10,0.001)	0.004	1	7.5

（八）位置平均数与算术平均数的关系

一般情况下,众数、中位数、算术平均数在次数分配偏歪适度的情况下,不论是左偏还是右偏,中位数(m_e)与算术平均数($\bar{x}$)的距离约等于众数(m_o)与算术平均数距离的 1/3,众数与中位数的距离约等于众数与算术平均数距离的 2/3:

$$m_o \approx \bar{x} - 3(\bar{x} - m_e) \quad 即 \quad m_o \approx 3m_e - 2\bar{x}$$

根据这种关系,可以从已知的两个平均指标来推算另一个平均指标。

第四节　变异指标

当所对比的两个数列的水平高低不同时,就不能采用全距、平均差或标准差进行对比分析,因为它们都是绝对指标,其数值的大小不仅受到各单位标志值差异程度的影响,而且受到总体单位标志值本身水平高低的影响。为了对比分析不同水平的变量数列之间标志值的变异程度,就必须消除数列水平高低的影响,这时就要计算变异系数。

一、变异指标的意义和作用

（一）变异指标的概念

变异指标是反映总体各个单位标志值的差异程度或离散程度的一项指标。以平均指标为基础,结合运用变异指标是统计分析的一个重要方法。

平均指标确实能反映某种事物的一般水平,在比较不同空间和时间的情况下能消除大小的影响,是衡量其差距的重要指标。但只依据平均指标来评价事物的优劣还远远不够,因为总体内部各单位标志值具有差异,有高低、大小、多少之别。就总体而言,平均数背后隐藏最大值与最小值之间的差距,有的差距不大,有的则非常悬殊。总体内部各单位标志值差距悬殊的平均数就掩盖着尖锐的矛盾,让人们感到不真实。所以,在反映具体问题时,除了列比总平均指标外,还应把总体内部各单位标志值中的最大值、最小值及其差距摆出来,要列出平均差异大小和差异的相对程度,即要测定变异指标。

变异指标是社会经济现象数量关系所具有的重要特征之一,它是客观过程中多种因素制约的结果。如果说平均指标说明了分配数列中变量的集中趋势,那么变异指标则说明了变量的离中趋势。

在研究现象总体数量特征时,仅用平均指标说明是不够的,应该既看到总体的集中趋势,又看到总体的离中趋势,这样才能全面认识总体的数量特征。所以,要把平均指标与变异指标结合起来运用。

(二)变异指标的作用

在统计分析研究中,变异指标的作用可以概括为以下几点。

1. 变异指标可以衡量平均数代表性的大小

平均指标作为总体内各单位某一数量标志的代表值,其代表性的大小与总体各单位标志值的差异程度有直接关系。理论与实践均证明了这种关系,其具体表现是:总体的变异指标值越大,平均数代表性越小;反之,变异指标值越小,平均数代表性越大。

现仅以某工厂某车间两个班组各 10 名工人的每人日产某种零件数(单位:件)来说明变异指标与平均指标之间的关系。

第一组:20,30,30,40,40,80,75,80,85,120;

第二组:50,51,52,53,56,60,62,71,72,73。

依上例可以算出,这两个小组的平均日产量均为 60 件,但是,各组工人日产零件的差异程度却不同。第一组各工人之间日产零件数相差很大,最高者与最低者相差 100 件,第二组各工人日产零件数的差异较小,最高者与最低者相差仅 23 件。很明显,两组工人平均日产零件数虽然都是 60 件,但对第一组来说,其代表性要小得多,对第二组来说,其代表性就相对大得多。

2. 变异指标可以反映社会经济活动过程的节奏性和均衡性

由于变异指标可以表明生产过程的节奏性和社会经济活动过程的均衡性,因此,利用它可以进行产品质量控制和评价经济管理工作质量。

3. 变异指标可以反映总体单位标志值的均匀性和稳定性

测定同类总体的变异指标,并进行比较,可以观察它们的均匀性和稳定性。例如,工业企业检验产品质量状况时要求质量具有均匀性,不希望质量参差不齐。又如,农业生产上要求农作物收获率水平相对稳定,即要求稳产高产,不希望产量大起大落。

二、全距

全距是测定标志变异程度的最简单的指标,它是标志的最大值和最小值之差,反映总体标志值的变动范围。其计算公式为:

全距＝最大标志值－最小标志值

由此可知,全距仅取决于两个极端数值,不能全面反映总体各单位标志值变异的程度,也不能拿来评价平均指标的代表性。

全距计算方法简单、易懂,容易被人们理解。在实际生活中,研究具体问题时除列出平均数外,如果再摆出最高数、最低数及其差距,就可使人们感到更符合实际。在实际工作中,全距被广泛应用于检查产品质量的均匀性和稳定性,在质量管理中它与平均数结合使用来进行产品质量控制。

由于全距只说明标志值变异的范围,并没有反映出所有标志差异的大小,所以该方法是很粗略的。为精确地表明总体各单位在某一标志上的差异大小和程度,采用全距作为指标时还应当利用其他变异指标来进行补充说明,如平均差、标准差及其变异系数等。

三、四分位差

把一个变量数列分为四等分,形成三个分割点(Q_1,Q_2,Q_3),这三个分割点的数值就称为四分位数,四分位差就是第三个四分位数与第一个四分位数之差,记作 QD,用公式表示为:

$$QD = Q_3 - Q_1$$

下面我们分两种情况介绍四分位差的计算。

(一)由未分组资料求四分位差

首先要求出 Q_1、Q_3 所在的位置,然后根据位置确定其对应标志值(即 Q_1、Q_3),最后取两者差额的一半(即 $\frac{Q_3 - Q_1}{2}$)为四分位差。

若是单项数列,先计算各组的累计次数,然后确定分位点位置。

$$Q_1 \text{ 位置} = \frac{\sum f}{4}, \qquad Q_3 \text{ 位置} = \frac{3\sum f}{4}$$

对于以上两种情况,如果($n+1$)或 $\sum f$ 恰好为 4 的倍数,则按上面公式计算出来的位次都是整数,这时各个位次上的变量值就是相应的四分位数;如果($n+1$)或 $\sum f$ 不是 4 的倍数,按上面公式计算出来的四分位数就会带有小数,这时可按插值法计算上、下四分位数。

例如,当样本容量为 50 时,$\frac{n+1}{4} = 12.75$,$\frac{3(n+1)}{4} = 38.25$,则按插值法可得:

$$\frac{X_{13} - Q_1}{X_{13} - X_{12}} = \frac{13 - 12.75}{13 - 12}$$

整理得：

$$Q_1 = 0.25X_{12} + 0.75X_{13}$$

同样方法可得：

$$Q_3 = 0.75X_{38} + 0.25X_{39}$$

这时就可按上述公式计算出四分位差。

（二）由组距数列计算四分位差

若是组距数列，同样先计算上、下四分位数，然后再计算四分位差。此时计算四分位数的基本原理与中位数相类似，其计算公式为：

$$Q_1 = L_{Q_1} + \frac{\frac{\sum f}{4} - S_{Q_1-1}}{f_{Q_1}} \times d_{Q_1} \tag{4-20}$$

$$Q_3 = L_{Q_3} + \frac{\frac{3\sum f}{4} - S_{Q_3-1}}{f_{Q_3}} \times d_{Q_3} \tag{4-21}$$

式中：L_{Q_1}、L_{Q_3} 分别表示第一四分位数和第三四分位数所在组的下限；S_{Q_1-1}、S_{Q_3-1} 分别表示第一四分位数和第三四分位数所在组以下的累计次数；f_{Q_1}、f_{Q_3} 分别表示第一四分位数和第三四分位数所在组的次数；d_{Q_1}、d_{Q_2} 分别表示第一四分位数和第三四分位数所在组的组距。

【例4-16】 以某车间200个工人的日工资为例，计算四分位差（见表4-16）。

表4-16 工资四分位差计算

按日工资分组（元）	工人数（个）	向上累计
<50	20	20
50~60	40	60
60~70	50	110
70~80	38	148
80~90	26	174
90~100	16	190
≥100	10	200
合计	200	—

$$Q_1 = 50 + \frac{50 - 20}{40} \times 10 = 57.5（元）$$

$$Q_3 = 80 + \frac{150 - 148}{26} \times 10 = 80.76（元）$$

$$QD = \frac{Q_3 - Q_1}{2} = \frac{80.76 - 57.5}{2} = 11.63（元）$$

与四分位差类似，还可以计算变量分布的八分位差、十分位差、十六分位差等。它们的作用都是排除少数极端值对分布变异范围的异常影响。分位的程度越高,分位差所排除的极端值的比例就越小。

四、平均差

平均差是各标志值对其算术平均数的离差绝对值的平均数。由于各标志值对其算术平均数的离差总和恒等于零,因此在计算平均差时,采取离差的绝对值来计算。所以平均差实质是以算术平均数为中心,各标志值距平均数的平均距离。

平均差是各单位标志值对其算术平均数的离差绝对值的算术平均数,反映的是各标志值对其平均数的平均差异程度。其计算方法有简单和加权两种形式。

根据未分组资料计算平均差的公式为:

$$AD = \frac{\sum |x - \bar{x}|}{n} \tag{4-22}$$

根据分组数据计算平均差的公式为:

$$AD = \frac{\sum |x - \bar{x}| f}{\sum f} \tag{4-23}$$

【例 4-17】 某车间有两个小组,每组都是 6 个工人,各人日产量(单位:件)如下:
第一组:20,40,60,80,100,120;
第二组:67,68,69,71,72,73。
试计算其平均差。

表 4-17 工人日产量平均差计算

第一组(件)			第二组(件)		
x	$x - \bar{x}$	$|x - \bar{x}|$	x	$x - \bar{x}$	$|x - \bar{x}|$
20	−50	50	67	−3	3
40	−30	30	68	−2	2
60	10	10	69	−1	1
80	10	10	71	1	1
100	30	30	72	2	2
120	50	50	73	3	3
合计	—	180	合计	—	12

$$AD_{第一组} = \frac{\sum |x - \bar{x}|}{n} = \frac{180}{6} = 30(件)$$

$$AD_{第二组} = \frac{\sum |x - \bar{x}|}{n} = \frac{12}{6} = 2(件)$$

在两组工人平均日产量相等的情况下,第一组的平均差(30件)大于第二组的平均差(2件),因而第一组平均数的代表性小于第二组。

【例 4-18】　某校统计学专业统计学成绩如表 4-18 所示,试计算其平均差。

表 4-18　某校统计学考试成绩平均差计算

成绩分组	学生人数 f	组中值 x	$x-\bar{x}$	$\lvert x-\bar{x} \rvert$	$\lvert x-\bar{x} \rvert f$
<60	4	55	−18.8	18.8	75.2
60~70	12	65	−8.8	8.8	105.6
70~80	24	75	1.2	1.2	28.8
80~90	6	85	11.2	11.2	67.2
90~100	4	95	21.2	21.2	84.8
合计	50	—	—	—	361.6

$$\bar{x} = \frac{\sum xf}{\sum f} = \frac{3690}{50} = 73.8(分)$$

$$AD = \frac{\sum \lvert x-\bar{x} \rvert f}{\sum f} = \frac{361.6}{50} = 7.23(分)$$

平均差的意义明确,它包括了研究总体所有标志值的差异情况,能够准确地综合反映总体的离差大小,在某些产品质量检查中得到广泛应用。由于总体中各单位标志值与算术平均数的离差之和等于零,所以就取离差绝对值来计算。用绝对值进行运算,不适于用代数形式处理,在实际应用上受到很大限制。

五、标准差

标准差是总体中各单位标志值与算术平均数的离差平方的算术平均数的平方根,又称为均方差。它是测定标志变动程度的最主要的指标。标准差的实质与平均差基本相同,只是在数学处理方法上与平均差不同,平均差是用取绝对值的方法消除离差的正、负号,然后用算术平均的方法求出平均离差;而标准差是用平方的方法消除离差的正、负号,然后对离差的平方计算算术平均数,并开方求出标准差。标准差的计算也有简单和加权两种形式。

根据未分组资料计算标准差的公式为:

$$\sigma = \sqrt{\frac{\sum (x-\bar{x})^2}{n}} \tag{4-24}$$

根据分组数据计算标准差的公式为:

$$\sigma = \sqrt{\frac{\sum (x-\bar{x})^2 f}{\sum f}} \tag{4-25}$$

【例 4-19】　我们采用表 4-18 的数据,计算标准差,其计算过程如表 4-19 所示。

表 4-19 某校统计学考试成绩标准差计算

成绩分组(分)	学生人数 f	组中值 x	$x-\bar{x}$	$(x-\bar{x})^2$	$(x-\bar{x})^2 f$
<60	4	55	−18.8	353.44	1413.76
60~70	12	65	−8.8	77.44	2929.28
70~80	24	75	1.2	1.44	34.56
80~90	6	85	11.2	125.44	752.64
90~100	4	95	21.2	449.44	1797.76
合计	50	—	—	—	4928.00

$$\sigma = \sqrt{\frac{\sum(x-\bar{x})^2 f}{\sum f}} = \sqrt{\frac{4928.00}{50}} = 9.93(分)$$

六、变异系数

当进行两个或多个资料变异程度的比较时,如果度量单位与平均数相同,则可以直接利用标准差来进行比较;如果度量单位与平均数不同,则比较其变异程度时就不能采用标准差,而需采用标准差与平均数的比值来进行比较。

标准差与平均数的比值称为变异系数,记为 V_σ。变异系数又称标准差率,是衡量资料中各观测值变异程度的一个统计量。其计算公式为:

$$V_\sigma = \frac{\sigma}{x} \times 100\% \tag{4-26}$$

变异系数越小,变异(偏离)程度越小,风险也就越小;反之,变异系数越大,变异(偏离)程度越大,风险也就越大。

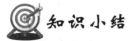 知识小结

综合指标是指通过对同一时间内现象的汇总、相关现象之间的计算对比分析而形成的一系列的统计指标,主要包括总量指标、相对指标、平均指标。

总量指标是反映总体的总规模和总水平的统计指标。

相对指标又称相对数,是两个有联系的统计指标数值的比值。

相对指标种类汇总

指标名称	公式	主要作用	特点
计划完成程度相对指标	实际完成数／计划任务数×100%	反映计划的执行情况	分子、分母不能互换

指标名称	公式	主要作用	特点
结构相对指标	$\dfrac{总体某部分（或组）的数值}{总体全部数值}\times 100\%$	反映总体的内部构成状况	分子、分母不能互换；各部分比重之和为 1 或 100%
比例相对指标	$\dfrac{总体中某一部分数值}{总体中另一部分数值}\times 100\%$	反映总体内部的比例关系	分子、分母能互换
比较相对指标	$\dfrac{某条件下的某类指标数值}{另一条件下的同类指标数值}\times 100\%$	反映现象之间的差别	分子、分母能互换
强度相对指标	$\dfrac{某一现象的总量指标数值}{另一有联系而性质不同的总量指标数值}\times 100\%$	反映现象的强度、密度、普遍程度	分子、分母可互换，形成正、逆指标

平均指标有算术平均数、调和平均数、几何平均数、众数和中位数等。

变异指标是反映总体各单位某种标志值之间差异程度的统计指标，用来衡量平均数代表性的尺度。常用的变异指标有全距、平均差、标准差和标准差系数等。当两个总体平均数相等时，可以使用前三种变异指标来说明平均数的代表性高低；当两个总体平均数不等时，必须使用标准差系数来说明平均数的代表性高低。

平均数和变异指标汇总

指标名称及符号	简单式		加权式	
	公式	应用条件	公式	应用条件
算术平均数($\bar{x}$)	$\dfrac{\sum x}{n}$	未分组资料	$\dfrac{\sum xf}{\sum f}$	分组资料。绝对数形式，f 为单位数
			$\sum x\dfrac{f}{\sum f}$	分组资料。比重形式，f 为单位数
调和平均数($\bar{x}_h$)	$\dfrac{n}{\sum\dfrac{1}{x}}$		$\dfrac{\sum m}{\sum\dfrac{m}{x}}$	分组资料。m 为标志总量，即 $m=xf$
标准差(σ)	$\sqrt{\dfrac{\sum(x-\bar{x})^2}{n}}$		$\sqrt{\dfrac{\sum(x-\bar{x})^2 f}{\sum f}}$	分组资料。两总体平均数相等时使用
变异系数(V_σ)	$V_\sigma=\dfrac{\sigma}{\bar{x}}\times 100\%$，两总体平均数不等时使用			

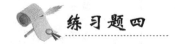

练习题四

一、单选题

1. 按反映的时间状况不同,总量指标可分为( )。

A. 时间指标和时点指标　　　　　　　B. 时点指标和时期指标

C. 时期指标和时间指标　　　　　　　D. 实物指标和价值指标

2. 计算相对数的平均数时,如果掌握了分子资料而没有掌握分母资料,则应采用( )。

A. 算术平均数　　　　　　　　　　　B. 几何平均数

C. 调和平均数　　　　　　　　　　　D. 算术平均和调和平均都可以

3. 某企业今年计划劳动生产率比去年提高 10%,而实际却提高了 5%,则劳动生产率的计划完成程度为( )。

A. 5%　　　　　B. 50%　　　　　C. −5%　　　　　D. 95.45%

4. 某企业计划 2018 年产值达到 5000 万元,但实际产值完成了 5500 万元,则该企业产值计划完成相对指标为( )。

A. 10%　　　　　B. 90.9%　　　　　C. 100%　　　　　D. 110%

5. 属于不同总体的不同性质指标对比的相对数是( )。

A. 动态相对数　　B. 比较相对数　　C. 强度相对数　　D. 比例相对数

6. 数值可以直接相加的指标是( )。

A. 绝对数　　　　B. 相对数　　　　C. 时点数　　　　D. 时期数

7. 第五次人口普查结果显示,我国每 10 万人中具有大学程度的为 3611 人。该数字资料为( )。

A. 绝对数　　　　B. 比较相对数　　C. 强度相对数　　D. 结构相对数

8. 对甲、乙两个工厂生产的饮料进行质检,不合格率分别为 6% 和 10%,则饮料不合格品数量( )。

A. 甲>乙　　　　B. 甲<乙　　　　C. 甲=乙　　　　D. 无法判断

9. 某商场计划 4 月份销售利润比 3 月份提高 2%,实际却下降了 3%,则销售利润计划完成程度为( )。

A. 66.7%　　　　B. 95.1%　　　　C. 105.1%　　　　D. 99.0%

10. 我国全面建设小康社会的奋斗目标是国内生产总值到 2020 年力争比 2000 年翻两番。其中,"翻两番"表示( )。

A. 2020 年国内生产总值规模

B. 是以 2020 年为标准计算的相对数

C. 2020 年国内生产总值是 2000 年的 2 倍

D. 2020 年国内生产总值比 2000 年增加了 3 倍

11.影响算术平均数大小的因素有(　　　)。

A. 变量　　　　　　　　B. 变量值　　　　　　C. 数量标志　　　　D. 变量的个数

12.某公司有10个下属企业,现已知每个企业的产值计划完成百分比和实际产值资料,计算该公司平均产值计划完成程度时,所采用的权数应该是(　　　)。

A. 企业数　　　　　　　B. 工人数　　　　　　C. 实际产值　　　　D. 计划产值

13.计算平均比率最适宜的平均数是(　　　)。

A. 算术平均数　　　　　B. 调和平均数　　　　C. 几何平均数　　　D. 位置平均数

14.受极端数值影响最小的平均数是(　　　)。

A. 算术平均数　　　　　B. 调和平均数　　　　C. 几何平均数　　　D. 位置平均数

15.由组距数列确定众数时,如果众数组相邻两组的次数相等,则(　　　)。

A. 众数为零　　　　　　　　　　　　　B. 众数组的组中值就是众数

C. 众数不能确定　　　　　　　　　　　D. 众数组的组限就是众数

二、多选题

1.某地区有零售商业网点200个,总人口数为10万人,则下列表述正确的是(　　　)。

A. 每商业网点服务人数500人/个　　　　B. 每千人拥有商业网点2个

C. 前者是逆指标后者是正指标　　　　　　D. 前两个指标都是强度相对指标

E. 前两个指标都是总量指标

2.下列指标中属于平均指标的是(　　　)。

A. 人均GDP　　　　　　　B. 人均耕地面积　　　　　C. 农民人均纯收入

D. 职工人均工资　　　　　E. 产品平均单位成本

3.计算几何平均数应满足的条件是(　　　)。

A. 总比率等于若干个比率之和　　　　　　B. 总比率等于若干个比率的乘积

C. 总速度等于若干个速度的乘积　　　　　D. 被平均的变量值可以为任意数

E. 被平均的变量值不得为负数

4.下列指标中属于时点指标的有(　　　)。

A. 企业数　　　　　　　　B. 在册职工人数　　　　　C. 某种商品的销售数

D. 某地区某年末的人口数　　E. 某种产品产量

5.分子与分母可以互换的相对指标有(　　　)。

A. 结构相对指标　　　　　B. 比例相对指标　　　　　C. 强度相对指标

D. 比较相对指标　　　　　E. 计划完成相对指标

6.截至2018年末,我国的外汇储备余额,这一指标是(　　　)。

A. 数量指标　　　　　　　B. 时期指标　　　　　　　C. 价值指标

D. 时点指标　　　　　　　E. 标志变动指标

7.中位数是(　　　)。

A. 由标志值在数列中所处位置决定　　　　B. 根据标志值出现的次数决定

C. 总体单位水平的平均值　　　　　　　　D. 总体一般水平的代表值

E. 不受总体中极端值的影响

8. 2019 年,我国债券市场共发行债券 45.3 万亿元;2019 年末,我国人民币存款余额为 192.88 万亿元。这两个指标( )。

A. 都是时期数   B. 都是时点数

C. 都是绝对数   D. 前者是时点数,后者是时期数

E. 前者是时期数,后者是时点数

9. 2018 年 7 月,城镇新增就业人数为 128 万人,1—7 月全国城镇新增就业人数累计值为 880 万人,同比增长 2.92%,则( )。

A. 就业人数是时期数   B. 增加的就业人数是时期数

C. 就业人数是时点数   D. 失业率是结构相对数

E. 就业人数和增加人数都是绝对数

10. 几何平均法的计算公式有( )。

A. $\dfrac{\dfrac{x_1}{2}+x_2+x_3+\cdots+x_{n-1}+\dfrac{x_n}{2}}{n-1}$ B. $\sqrt[n]{\prod x}$

C. $\sqrt[n]{x_1 \cdot x_2 \cdots x_n}$ D. $\sqrt[\sum f]{\prod x^f}$ E. $\sqrt{qp}$

三、判断题

1. 比较相对指标的计算,可以是实际达到的水平与标准水平或平均水平的比较。( )

2. 某企业 8 月末生产了 2000 吨产品,这是个时期指标。( )

3. 权数对加权算术平均数的影响取决于作为权数的各组单位数的绝对数大小。( )

4. 调和平均数是总体各单位标志值倒数的算术平均数的倒数,又被称为倒数平均数。( )

5. 在统计中,几何平均数常用于计算平均速度和平均比率。( )

6. 平均差是总体中各单位标志值与算术平均数离差平方的算术平均数的平方根。( )

7. 已知 5 家水果店的苹果单价和销售额,要求计算 5 家水果店苹果的平均单价,应该采用加权调和平均数。( )

8. 总量指标按其说明总体内容不同,分为时期指标和时点指标。( )

9. 众数是总体中出现次数最多的次数。( )

10. 比较两个总体平均数的代表性,标准差系数越大,说明平均数的代表性越好。( )

四、综合题(一)

1.某公司下属三个企业的有关资料如下所示,试根据指标之间的关系计算并填写表中所缺数字。

企业	一月实际产值(万元)	二月				二月实际产值为一月的比重(%)
		计划产值(万元)	计划产值比重(%)	实际产值(万元)	计划完成(%)	
甲	125	150			110	
乙	200	250			100	
丙	100					
合计		500			95	

2.某学校金融系学生体重资料如下,请计算该系学生体重的算术平均数、中位数和众数。

按体重分组(千克)	学生数(人)
<52	24
52~55	25
55~58	38
58~61	21
≥61	17
合计	125

3.某地区 2015 年国民总收入为 520 亿元,其中用于消费 410 亿元,用于积累 110 亿元,该地区 2015 年人口数为 3250 万人,要求:

(1)分析该地区 2015 年国民总收入中消费和积累的构成及比例关系;

(2)计算人均国民总收入强度相对指标。

4.某企业甲、乙两个生产车间,甲车间平均每个工人日加工零件数为 65 件,标准差为 11 件;乙车间工人日加工零件资料如下:

乙车间工人日加工零件

日加工零件数(件)	工人数(人)
<60	5
60~70	9
70~80	12
80~90	14
90~100	10
合计	50

试问:哪个车间的生产量更稳定?

5.某企业 2015—2019 年计划基本建设投资总额为 2500 万元,实际执行情况如下:

指标	2015 年	2016 年	2017 年	2018 年	2019 年			
					一季	二季	三季	四季
基本建设投资总额(万元)	480	508	600	612	120	180	250	150

要求:(1)计算该企业 2015—2019 年基本建设投资计划完成情况相对指标;

(2)计算该企业提前多少时间完成了五年计划规定的指标。

五、综合题(二)

1.某地区 2019 年个体工商户登记注册资本金分组资料如下:

注册资本金分组(万元)	<50	50~100	100~150	150~200	≥200
各组个体工商户比重(%)	60	20	10	8	2

试计算该地区个体工商户注册资本金的平均数。

2.某公司下属三个企业上季度生产计划完成情况及一级品率资料如下:

企业	计划产量(件)	计划完成(%)	实际一级品率(%)
甲	500	103	96
乙	340	101	98
丙	250	98	95

根据资料计算:

(1)产量计划平均完成百分比;

(2)实际平均一级品率。

3.某企业本月分三批购进某种原材料,已知每批原材料的价格及总金额如下:

购进批次	价格 X(元/吨)	总金额 m(元)
一	200	16000
二	190	19000
三	205	28700
合计	—	63700

试计算该种原材料的平均购进价格。

4.已知甲班的统计学课程期末考试成绩如下：

按考试成绩分组（分）	人数（人）
<60	4
60～70	15
70～80	30
80～90	27
≥90	10
合计	86

又知乙班统计学课程平均考试成绩为80分,标准差为12分。试比较甲、乙两班平均考试成绩的代表性高低。

5.某投资银行某笔投资的年利率是按复利计算的。25年的年利率分配是:有2年为5%,有5年为6.5%,有6年为8%,有8年为10%,有4年为14%。求平均年利率。

练习题四
参考答案

<<< **第五章**

时间数列

任何事物或现象总是随着时间的推移而不断发生变化的,因此,对社会经济现象的分析不仅要从静态角度分析其数量特征,而且要对其在不同时间上表现出来的各具体值做对比分析,以探索其发展变化规律,并预测其未来,这就是动态分析。而时间数列就是这一分析方法的基础。通过本章的学习,要求掌握时间数列的一些基本概念,并能根据有关指标的计算分析客观现象变化的过程和趋势,测定影响社会现象变化的各个因素。

第一节 时间数列的种类和意义

一、时间数列的概念

时间数列又称时间序列或动态数列,是将某种社会经济现象在时间上变化发展的一系列同类的统计指标,按照时间的先后顺序排列起来而形成的数列。时间数列由两个基本要素构成:一个是现象发生的时间;另一个是在各时间上现象所达到的水平,习惯上称之为时间数列中的发展水平。

时间数列对于我们研究社会经济现象的内在规律有着极为重要的作用,它可以用于描述社会经济现象的发展状态和结果;用于研究社会经济现象的发展趋势和发展速度;用来对某些社会经济现象进行预测;利用不同性质指标的时间数列进行对比,可以分析现象之间发展变化的依存关系;利用不同国家或地区的同一类指标的时间数列进行对比,可以分析现象在不同空间条件下的发展水平及速度的差异情况;等等。利用时间数列得到的各种统计分析结果,是各级政府部门和企业制定长远规划、各项方针政策的科学基础。

二、时间数列的种类

在社会经济统计中,时间数列一般有以下两种分类。

（一）按时间数列统计指标的表现形式分类

按时间数列统计指标的表现形式不同,可以将其分为绝对数时间数列、相对数时间数列和平均数时间数列三种。其中,绝对数时间数列是基本数列,后两种时间数列是由绝对数时间数列派生出来的。在我国"十二五"期间(2011—2015年)国民经济的部分重要指标所形成的统计表(见表5-1)中,所列的国民总收入和工业总产值都是绝对时间数列,工业总产值占国民总收入的比重就是相对时间数列,而居民年消费水平则是平均时间数列。这些数列都反映了各指标在不同时期的水平和变化趋势。

表 5-1　我国 2011—2015 年国民经济部分指标

年份	2011	2012	2013	2014	2015
国民总收入(亿元)	483392.8	537329.0	588141.2	642097.6	683390.5
工业总产值(亿元)	195142.8	208905.6	222337.6	233856.4	236506.3
工业总产值占国民总收入的比重(%)	40.4	38.9	37.8	36.4	34.6
居民年消费水平(元)	13134	14699	16190	17778	19397
规模以上工业企业数(个)	325609	343769	369813	377888	383148

注:1980年以后国民总收入(原称国民生产总值)与国内生产总值的差额为来自国外的初次分配收入净额。

1.绝对数时间数列

绝对数时间数列是指把一系列同类的总量指标(绝对数),按时间先后顺序排列而形成的时间数列,以反映社会现象在各个不同时期达到的绝对水平及其变化发展的情况。如果按照指标所反映的社会现象所属时间的不同,绝对数时间数列又可分为时期数列和时点数列两种。

(1)时期数列

在绝对数时间数列中,如果各项指标都是反映某种现象在一段时期内发生过程的结果总量,这种数列就称为时期数列。如表5-1中所列的我国2011—2015年国民总收入和工业总产值就是时期数列。

(2)时点数列

在绝对数时间数列中,如果各项指标都是反映某种现象在某一时点上所处的数量水平,这种数列就称为时点数列。如表5-1中所列的我国2011—2015年规模以上工业企业数就是时点数列。

(3)时期数列与时点数列的特点对比

其一,时期数列中各个指标的数值是可以相加的,相加后的指标数值表示了研究现象在更长时期内发生的总量。时点数列中各个指标的数值是不能相加的,几个指标的数值相加以后无法说明这个数值是属于哪一时点上现象的数量,没有实际经济意义。

其二,时期数列中每一个指标数值的大小与其时期长短有直接关系,一般来说,时期越长,指标数值就越大;反之,指标数值就越小。时点数列中每个指标的数值大小与其间隔长短没有直接关系。

其三,时期数列中的每个指标数值通常是通过连续登记方式取得的。时点数列中的每个指标数值通常是通过间隔登记方式取得的。

2. 相对数时间数列

相对数时间数列是把一系列同类的相对指标按时间先后顺序排列而形成的时间数列,以反映社会现象之间相互联系的发展过程。它反映社会现象对比关系的发展情况,说明社会现象的比例关系、结构、速度的发展变化过程。表5-1中所列工业总产值占国民总收入的比重就是一个相对数时间数列。在相对数时间数列中,各个指标数值是不能相加的。

3. 平均数时间数列

平均数时间数列是把一系列同类的平均指标按时间先后顺序排列而形成的时间数列,它反映的是社会现象发展的一般趋势。在表5-1中,居民年消费水平就是一个平均数时间数列。

在平均数时间数列中,各个指标数值一般来说是不能相加的,相加得到的值没有经济意义。但有时为了计算序时平均数,各个指标数值在计算过程中也须相加。

(二)按时间数列统计指标变量的随机性分类

按时间数列统计指标变量的随机性不同,时间数列可以分为随机性时间数列和非随机性时间数列。其中,非随机性时间数列又可以分为平稳性时间数列、趋势性时间数列和季节性时间数列。

1. 随机性时间数列

随机性时间数列是指由随机变量组成的时间数列,各期数值的差异纯粹是偶然的随机因素影响的结果,其变动没有规则。例如,在某一段时期内,通过某一路口的汽车的数量是随机的,因为通过该路口的汽车之间大多数彼此没有关系,很多汽车只是偶然经过这个路口。在这个时间里统计经过该路口的汽车数量所构成的数列就是随机性时间数列

2. 平稳性时间数列

平稳性时间数列是指由确定性变量构成的时间数列,其特点是影响数列各期数值的因素是确定的,而且各期数值总是保持在一定的水平上,上下相差不大。例如,在某一港口每天在固定时间里统计的卸货吨位,它所构成的数列就是平稳性时间数列。因为港口的日吞吐量是固定的,在正常情况下需要卸货的吨位数不会有很大变化。

3. 趋势性时间数列

趋势性时间数列是指各期数值逐期增加或减少,呈现出一定的发展变化趋势的时间数列。如果逐期增加或减少的数量大致相同,则称为线性时间数列;如果逐期增加或减少的数量是不相同的,则称为非线性时间数列。例如在表5-1中,我国的工业总产值在2011—2015年大致呈现出线性增长趋势;而一般来说,一个新产品投放到市场后的销售量所形成的数列则呈现出非线性的变化趋势。

4.季节性时间数列

季节性时间数列是指各时期的数值在一年内随着季节的变化呈现出周期性波动的时间数列。例如,按月度统计的饮用矿泉水的销售量在夏季往往要高于冬季,这种现象每年均是如此,所以我们称之为季节性时间数列。

在实际生活中,时间数列往往并不是只具有某一种形态,而是受多种因素影响的,所以我们在对社会现象的发展过程进行分析时,应该综合考虑,将以上各种时间数列结合起来运用。

三、时间数列编制的原则

编制时间数列的目的是通过同一指标在不同时间的数值对比来反映社会现象的发展过程及其规律性。因此,保证数列中各个指标之间的可比性,就成为编制时间数列应遵守的基本原则。具体来说,编制时间数列时应该注意以下四点。

(一)时间长短间隔应该统一

对于时期数列来说,时期数列指标的大小与时期长短间隔直接相关。因此,必须合理确定时期长短并保持相等,以便通过时期数列指标数值的大小变化对社会现象的发展做出正确的判断。但是这个原则也不能绝对化,有时为了特殊的研究目的,也可将时期不等的指标编成时期数列。

对时点数列来说,由于各个指标只反映现象在某一时点的状态,所以不存在时间长短应该统一的问题,两时点间隔长短是否相同,对于时点指标数值的大小没有直接影响,但是为了更有利于对比,时点间隔最好能保持一致。

(二)总体范围应该一致

在时间数列中,每个指标数值所反映的总体应该是同一个。如果原有的总体被兼并或并购了其他的总体,则对该总体的时间数列中相关时点的相关指标数值必须加以调整,以保持时间数列指标数值所反映总体情况的连贯性。例如,研究中国电信销售额发展情况时,就必须注意中国电信在2002年进行了机构重组,按地域南北拆分成了两家企业,南方地区重组后拥有中国电信的商誉和资产,而北方地区则和中国网通、吉通重组为新的中国网通,所以在统计中国电信2002年前后的销售额时就必须考虑其重组前后的机构情况,只有保证重组前后总体范围一致才有可比性。

(三)指标的经济内容应该相同

对于同一个经济指标,其在时间数列中期所包含的内容应该是一致的。例如,某地区的工业产值是否包含农村的乡办工业产值呢?如果包含,则同一个时间数列中的每个该指标的数值都应包含,否则就都不包含,不能有的指标数值包含,有的指标数值又不包含。

（四）计算口径应该统一

计算口径主要是指计算方法、计量单位等。例如，我们在研究某企业经营规模变化情况时，如果各期指标的计算方法不一致，有的按产品的销售数量计算，有的按产品的成品数量计算，这样各个指标之间显然不尽相同，使得可比性低，从而也就不能运用时间数列分析方法来正确说明该企业的经营规模变化情况。

第二节　时间数列的发展水平指标

时间数列中的发展水平指标有许多，如发展水平、平均发展水平、增长量和平均增长量等。其中，发展水平是最主要也是最基本的指标，是计算其他时间数列分析指标的基础。

一、时间数列的发展水平和平均发展水平

（一）发展水平

发展水平一般是指时间数列中的每个总量指标的数值，反映的是某种社会现象在各个不同时间所达到的水平。例如，工业总产值、年末人口数等。但有时发展水平也可特指相对指标（如生产资料产值占工业总产值的比重等）以及平均指标（如生产工人劳动生产率等）。

在时间数列中，根据发展水平所处位置的不同，发展水平有最初水平、最末水平、中间各项水平、基期水平、报告期水平（或计算期水平）之分。在时间数列中，第一个指标数值叫最初水平，最后一个指标数值叫最末水平，其余各指标数值叫中间各项水平。在对两个时间的发展水平做动态比较时，作为对比基础时期的水平称为基期水平，作为研究时期的指标水平称为报告期水平或计算期水平。如果用符号 $a_0, a_1, a_2, \cdots, a_{n-1}, a_n$ 代表数列中各个发展水平，则 a_0 就是最初水平，a_n 就是最末水平，其余就是中间各项水平。

在表 5-2 中，2010 年人口总数 134091 万人是最初水平，2015 年人口总数 137462 万人是最末水平，其余各项数值是中间各项水平。若用符号表示，即 2010—2015 年分别用 a_0，$a_1, \cdots, a_5$ 表示。如果 2015 年人口总数与 2010 年进行对比，那么 2010 年人口总数不仅是最初水平，也是基期水平，2015 年人口总数不仅是最末水平，也是报告期水平或计算期水平。如果 2014 年人口总数与 2013 年人口总数对比，则 2013 年人口总数为基期水平，2014 年人口总数为报告期水平。基期水平和报告期水平是随着研究时间和目的的改变而改变的。

表 5-2　我国 2010—2015 年的人口总数　　　　　　　　　　单位：万人

年份	2010	2011	2012	2013	2014	2015
人口总数	134091	134735	135404	136072	136782	137462

（二）平均发展水平

1.平均发展水平的概念和作用

平均发展水平又称序时平均数，是用以反映不同时期发展水平的一般水平的指标，有时也称为动态平均数。

平均发展水平是一种单位时间内的水平或速度，它除了对现象在一般时间内发展状况做出一般的概括说明外，还可以消除现象在短时间内波动的影响，便于广泛进行不同时间和不同地区的比较。另外，它还剔除了长期趋势以外的其他因素的影响。

从以上的分析我们可以看出，平均发展水平与前面所讲的一般平均数既有相同的地方又有不同之处。相同的是：两者都是将现象的个别数量差异抽象化，概括地反映现象的一般水平。不同的是：①平均发展水平是同一现象在不同时期上发展水平的平均，从动态上说明其在某一段时间内发展的一般水平，它是根据动态数列来计算的；而一般平均数是同质总体内各单位标志值的平均，从静态上说明其在具体历史条件下的一般水平，它是根据变量数列来计算的。②平均发展水平是对同一现象不同时间上的数值差异的抽象化，而一般平均数是对同一时间总体某一数量标志值差异的抽象化。此外，平均发展水平还可解决动态数列中某些可比性问题。例如，由于各月的天数不同，会影响到企业总产值的大小，如果以计算出的各月的日平均总产值指标来对比，就具有可比性，更能反映总产值的发展变化情况。

2.平均发展水平的计算方法

平均发展水平可根据绝对数时间数列来计算，也可根据相对数或平均数时间数列来计算。绝对数时间数列序时平均数的计算方法是最基本的方法。

（1）根据绝对数时间数列计算平均发展水平

由于绝对数时间数列分为时期数列和时点数列，它们各具不同性质，因而计算平均发展水平的方法也就不一样。

①根据时期数列计算序时平均数

由于数列中各项指标数值相加等于全部时期的总量，所以可直接采用简单算术平均法，即用数列中各时期指标值之和除以时期项数即得序时平均数。其计算公式为：

$$\bar{a} = \frac{a_1 + a_2 + \cdots + a_{n-1} + a_n}{n} = \frac{\sum a}{n} \tag{5-1}$$

式中，$\bar{a}$ 为序时平均数；$a_1, a_2, \cdots, a_{n-1}, a_n$ 为各期发展水平；n 为时期项数。

【例 5-1】 某企业 2019 年下半年各月的销售额情况如表 5-3 所示，试计算该企业的月平均销售额。

表 5-3 某企业 2019 年下半年月销售额　　　　　　　　　　单位：元

月份	7	8	9	10	11	12
销售额	581305	840521	1018640	1104259	1002879	1638734

将表 5-3 中数据代入式(5-1)可得:

$$月平均销售额 = \frac{581305+840521+1018640+1104259+1002879+1638734}{6}$$

$$= \frac{6186338}{6} = 1031056(元)$$

②根据时点数列计算序时平均数

由于不可能掌握现象发展过程中每一时点上的数字,因此只能间隔一段时间后统计其余额。所以时点数列的序时平均数是假定在某一时间间隔内现象的增减变动比较平均或波动不大的前提下推算出来的近似值。时间数列按其间隔的表现形式不同,可分为间隔相等的连续时点数列、间隔不等的连续时点数列、间隔相等的间断时点数列和间隔不等的间断时点数列四种。由于它们各有不同的特点,因而其序时平均数的计算公式也各不相同。

• 根据间隔相等的连续时点数列计算序时平均数。这种时点数列通常是以日为间隔编制的,其特点是间隔都为一天,逐日记录资料并将考察期内的资料按日加以排列,可用简单算术平均法计算序时平均数。其计算公式为:

$$\bar{a} = \frac{\sum a}{n} \tag{5-2}$$

例如,已知某游乐场某个月内每天的游客人数,要计算该月内每天平均游客人数,可将每天的游客人数相加,除以该月的日历天数即可。

• 根据间隔不等的连续时点数列计算序时平均数。此种数列的特点是考察期内被研究现象并非逐日发生变动,而是隔一段时间变动一次,并根据变动情况进行了分组,可用加权算术平均法计算序时平均数。其计算公式为:

$$\bar{a} = \frac{a_1 f_1 + a_2 f_2 + \cdots + a_{n-1} f_{n-1} + a_n f_n}{f_1 + f_2 + \cdots + f_{n-1} + f_n} = \frac{\sum af}{\sum f} \tag{5-3}$$

式中,$f_i(i=1,2,\cdots,n)$ 为权数,表示每次变动持续的时间长度。

【例 5-2】 某港口 8 月份停靠的船舶数量如表 5-4 所示,试求该港口 8 月份日平均停靠的船舶数。

表 5-4 某港口 8 月份停靠的船舶数量　　　　　　　　　　　　　　单位:只

日期	1~4	5~8	9~13	14~18	19~22	23~28	29~31
船舶数量	32	33	40	34	36	37	40

该港口 8 月份日平均停靠的船舶数为:

$$\bar{a} = \frac{32\times4+33\times4+40\times5+34\times5+36\times4+37\times6+40\times3}{4+4+5+5+4+6+3}$$

$$= \frac{1116}{31} = 36(只)$$

• 根据间隔相等的间断时点数列计算序时平均数。在实际统计工作中,为了简化起见,许多统计指标都不是逐日登记的,而是每隔相同时间段登记一次,这就组成了间隔相等的间断时点数列。在这种情况下计算序时平均数有一个假定前提:假定现象在相隔时间内是均匀变动的。

在计算间隔相等的间断时点数列的序时平均数时,首先用期初和期末两点的数值计算平均数作为这两点时间内的代表数值,然后再将这些代表数值按算术平均数的方法平均即可,或直接将首末两项折半加中间各项之和除以项数减 1 即可。其计算公式为:

$$\bar{a} = \frac{\frac{a_1+a_2}{2}+\frac{a_2+a_3}{2}+\cdots+\frac{a_{n-1}+a_n}{2}}{n-1} = \frac{\frac{a_1}{2}+a_2+\cdots+a_{n-1}+\frac{a_n}{2}}{n-1} \tag{5-4}$$

【例 5-3】 某企业 2018 年第三季度 A 商品的时点存货数量如表 5-5 所示,试求 A 商品的平均存货数量。

表 5-5 某企业 2018 年第三季度 A 商品各时点的存货数量 单位:件

日期	7 月 1 日	8 月 1 日	9 月 1 日	10 月 1 日
存货数量	206	256	182	142

该企业 2018 年第三季度 A 商品的平均存货数量为:

$$\bar{a} = \frac{\frac{206}{2}+256+182+\frac{142}{2}}{4-1} = \frac{612}{3} = 204(件)$$

• 根据间隔不等的间断时点数列计算序时平均数。由于此种数列掌握的是间隔不等的期末或期初的资料,所以可用间隔长度为权重,对各相应时间间隔内的平均水平进行加权,用加权序时平均法来计算序时平均数。其计算公式为:

$$\bar{a} = \frac{\frac{a_1+a_2}{2}f_1+\frac{a_2+a_3}{2}f_2+\cdots+\frac{a_{n-1}+a_n}{2}f_{n-1}}{f_1+f_2+\cdots+f_{n-1}} \tag{5-5}$$

【例 5-4】 某证券公司 2015 年所持有的基金金额如表 5-6 所示,试求其月平均持有的基金金额。

表 5-6 某证券公司 2015 年所持有的基金金额

时间	上年 12 月 31 日	1 月 31 日	5 月 31 日	8 月 31 日	10 月 31 日	12 月 31 日
基金金额(亿元)	9.5	10.3	8.8	9.6	9.9	8.8
与上期间隔(月)	0	1	4	3	2	2

该证券公司 2015 年月平均持有的基金金额为:

$$\bar{a} = \frac{\frac{9.5+10.3}{2}\times1+\frac{10.3+8.8}{2}\times4+\frac{8.8+9.6}{2}\times3+\frac{9.6+9.9}{2}\times2+\frac{9.9+8.8}{2}\times2}{1+4+3+2+2}$$

$$= \frac{9.9+38.2+27.6+19.5+18.7}{12} = \frac{113.9}{12} \approx 9.5(亿元)$$

(2)根据相对数或平均数时间数列计算平均发展水平

相对数或平均数时间数列是派生数列,即其中各项指标都是由两个绝对数时间数列对应数值相对比而计算出来的。按照数列的性质,要求利用其相应的两个绝对数时间数列,分别计算分子数列的序时平均数和分母数列的序时平均数,然后加以对比,即可求得。相对数或平均数时间数列的序时平均数的计算公式为:

$$\bar{c} = \frac{\bar{a}}{\bar{b}} \tag{5-6}$$

式中,$\bar{c}$ 为相对数或平均数时间数列的序时平均数;$\bar{a}$ 为分子数列的序时平均数;$\bar{b}$ 为分母数列的序时平均数。

由于相对数或平均数时间数列是由绝对数时间数列派生出来的,所以相对数或平均数时间数列计算平均发展水平的方法也不尽相同,具体情况如下:

①由两个时期数列对比而成的相对数或平均数时间数列求序时平均数

【例 5-5】 某商业企业 2016 年第一季度的进销货情况如表 5-7 所示,试求第一季度的平均月进销比。

表 5-7 某商业企业 2016 年第一季度进销货情况

月份	1	2	3
进货金额 a(万元)	127.84	160.59	161.00
销售金额 b(万元)	144.97	173.31	145.88
进销比 c,$c=a/b$(%)	88.18	92.66	110.36

由定义易知:

$$\bar{c} = \overline{\left(\frac{a}{b}\right)} = \frac{\sum \frac{a}{b} \cdot b}{\sum b} = \frac{\sum a}{\sum b} \tag{5-7}$$

则将表 5-7 中数据代入式(5-7)可得:

$$第一季度平均月进销比 = \frac{127.84+160.59+161.00}{144.97+173.31+145.88} = \frac{449.43}{464.16} = 96.83\%$$

②由两个时点数列对比而成的相对数或平均数时间数列求序时平均数

• 若时间间隔相等,可采用如下公式:

$$\bar{c} = \frac{\bar{a}}{\bar{b}} = \frac{\dfrac{\frac{a_1}{2}+a_2+\cdots+\frac{a_n}{2}}{n-1}}{\dfrac{\frac{b_1}{2}+b_2+\cdots+\frac{b_n}{2}}{n-1}} = \frac{\frac{a_1}{2}+a_2+\cdots+\frac{a_n}{2}}{\frac{b_1}{2}+b_2+\cdots+\frac{b_n}{2}} \tag{5-8}$$

• 若时间间隔不相等,则要用各个间隔的长度作权数,用加权平均法计算分子和分母的序时平均数,然后再对比,其计算公式为:

$$\bar{c} = \frac{\bar{a}}{\bar{b}} = \frac{\dfrac{\left(\frac{a_1+a_2}{2}f_1 + \frac{a_2+a_3}{2}f_2 + \cdots + \frac{a_{n-1}+a_n}{2}f_{n-1}\right)}{\sum f}}{\dfrac{\left(\frac{b_1+b_2}{2}f_1 + \frac{b_2+b_3}{2}f_2 + \cdots + \frac{b_{n-1}+b_n}{2}f_{n-1}\right)}{\sum f}} \tag{5-9}$$

③由一个时期数列和一个时点数列对比而成的相对数或平均数时间数列求序时平均数

虽然是不同类型的数列进行对比，但无论是时期数列还是时点数列都是先求解各自的序时平均数，然后再进行比较，所以其计算公式为：

$$\bar{c} = \frac{\bar{a}}{\bar{b}} = \frac{\dfrac{\sum a}{n}}{\dfrac{\sum b}{n}} = \frac{\sum a}{\sum b} \tag{5-10}$$

二、增长量和平均增长量

(一)增长量

增长量是说明社会经济现象在一定时期内所增长的绝对数量，它是报告期水平与基期水平之差，反映报告期比基期增长的水平。其计算公式为：

增长量＝报告期水平－基期水平

由于采用的基期不同，增长量可以分为逐期增长量和累计增长量。逐期增长量是指报告期水平与前一期水平之差，它表明本期比上一期增长的绝对数量；累计增长量是指报告期水平与某一固定时期(基期)水平之差，它表明本期比某一固定时期增长的绝对数量，也即说明在某一段较长时期内总的增长量。这两个指标可用公式表示如下：

逐期增长量：$a_1 - a_0, a_2 - a_1, \cdots, a_n - a_{n-1}$

累计增长量：$a_1 - a_0, a_2 - a_0, \cdots, a_n - a_0$

从计算公式中，我们可以发现逐期增长量与累计期增长量之间的关系：每期的逐期增长量之和等于最后一期的累计增长量；同时，两个相邻的累计增长量之差等于相对应的逐期增长量。在我们掌握了这个关系之后，便可以通过已知的逐期增长量推算出未知的累计增长量，或由已知的累计增长量推算出未知的逐期增长量。

在实际工作中，常计算年距增长量指标，它是报告期水平与上年同期水平之差。其计算公式为：

年距增长量＝报告期发展水平－上年同期发展水平 (5-11)

例如，某地区 2019 年第三季度棉花产量为 1000 万吨，2018 年第三季度为 860 万吨，则：

年距增长量＝1000－860＝140(万吨)

这说明 2018 年第三季度棉花产量比上年同期增产 140 万吨。

计算年距增长量可以消除季节变动的影响，表明报告期水平较上年同期水平增加(或减少)的绝对数量。

（二）平均增长量

平均增长量是说明社会经济现象在一定时期内平均每期增长的数量，从广义来说，它也是一种序时平均数，即是逐期增长量动态数列的序时平均数，反映现象平均增长水平。其计算公式为：

$$平均增长量 = \frac{逐期增长量之和}{逐期增长量个数} = \frac{累计增长量}{时间数列项数 - 1}$$

即

$$\overline{\Delta} = \frac{\sum(a_i - a_{i-1})}{n} = \frac{a_n - a_0}{n} \tag{5-12}$$

【例 5-6】 2011—2015 年我国风电装机容量如表 5-8 所示，其中包括计算求得的逐期增长量和累计增长量。

表 5-8　2011—2015 年我国风电装机容量　　　　　　单位：万千瓦

年份		2011	2012	2013	2014	2015
风电装机容量		4623	6142	7652	9657	13075
增长量	逐期	—	1519	1510	2005	3418
	累计	—	1519	3029	5034	8452

$$风电装机容量年平均增长量 = \frac{1519+1510+2005+3418}{4} = 2113（万千瓦）$$

或

$$风电装机容量年平均增长量 = \frac{8452}{5-1} = 2113（万千瓦）$$

第三节　时间数列的速度指标

时间数列的速度指标，也即反映社会现象发展变化速度的主要指标有：发展速度、增长速度、平均发展速度和平均增长速度。这四种指标具有密切联系，其中发展速度是基本的速度分析指标。

一、发展速度和增长速度

（一）发展速度

发展速度是表明社会经济现象发展程度的相对指标。它根据两个不同时期的发展水平相对比而求得，一般用百分数或倍数表示。其计算公式为：

$$发展速度 = \frac{报告期发展水平}{基期发展水平} \times 100\% \tag{5-13}$$

与增长量相同，根据基期的不同选择，发展速度可分为定基发展速度和环比发展速度。

1.定基发展速度

定基发展速度是指以报告期发展水平与某一固定时期发展水平之比计算而得的发展速度,它用来说明报告期发展水平已经发展到了固定时期发展水平的百分之几(或多少倍),表明这种现象在较长时期内总的发展程度,因此,有时也叫作"总速度"。其公式表示如下:

$$\frac{a_1}{a_0},\frac{a_2}{a_0},\cdots,\frac{a_n}{a_0}$$

2.环比发展速度

环比发展速度是以报告期发展水平与前一期发展水平之比计算而得的发展速度,它用来说明报告期发展水平已经发展到了前一时期发展水平的百分之几(或多少倍),表明这种现象逐期的发展程度。如果计算的单位时期为一年,这个指标也可叫作"年速度"。其公式表示如下:

$$\frac{a_1}{a_0},\frac{a_2}{a_1},\cdots,\frac{a_n}{a_{n-1}}$$

3.定基发展速度和环比发展速度的关系

定基发展速度和环比发展速度之间的关系表现为以下两点。

(1)定基发展速度等于环比发展速度的连乘积:

$$\frac{a_n}{a_0}=\frac{a_1}{a_0}\cdot\frac{a_2}{a_1}\cdot\frac{a_3}{a_2}\cdot\cdots\cdot\frac{a_n}{a_{n-1}} \tag{5-14}$$

(2)两个相邻时期的定基发展速度之比,等于它们的环比发展速度:

$$\frac{\frac{a_n}{a_0}}{\frac{a_{n-1}}{a_0}}=\frac{a_n}{a_{n-1}} \tag{5-15}$$

利用以上的关系,我们可以进行相互推算。

在实际工作中,常要计算年距发展速度指标,它是报告期发展水平与上年同期发展水平之比。其计算公式为:

$$年距发展速度=\frac{报告期发展水平}{上年同期发展水平} \tag{5-16}$$

例如,某地区 2019 年第三季度棉花产量为 1000 万吨,2018 年第三季度为 860 万吨,则:

$$年距发展速度=\frac{1000}{860}=116.28\%$$

计算年距发展速度,也可以消除季节变动的影响,表明报告期比上年同期相对发展程度。

(二)增长速度

增长速度是表明社会经济现象增长程度的相对指标。它可以根据增长量与基期发展水平对比求得,通常用百分数或倍数表示。其计算公式为:

$$增长速度=\frac{增长量}{基期发展水平} \tag{5-17}$$

增长速度与发展速度既有区别又有联系。两者的区别在于概念的不同;增长速度表示

社会经济现象报告期比基期增长的程度;而发展速度则表示报告期与基期相比发展到了什么程度。两者的联系可用公式表示为:

$$增长速度=发展速度-1(或100\%) \tag{5-18}$$

根据基期的不同,增长速度也有定基增长速度和环比增长速度之分。

1. 定基增长速度

定基增长速度是累计增长量与某一固定时期水平之比,反映现象在较长时期内总的增长程度。其计算公式为:

$$定基增长速度=定基发展速度-1(或100\%) \tag{5-19}$$

2. 环比增长速度

环比增长速度是逐期增长量与前一期发展水平之比的相对数,它表示社会经济现象逐期的增长程度。其计算公式为:

$$环比增长速度=环比发展速度-1(或100\%) \tag{5-20}$$

定基增长速度与环比增长速度不能直接进行换算。如果需要进行换算,首先须将增长速度转化为发展速度,再利用定基发展速度和环比发展速度的数量关系进行换算。即将环比增长速度加"1"转化为环比发展速度后,再连乘得定基发展速度,然后减"1",才求得了定基增长速度。

由此可见,若发展速度大于1,则增长速度为正值,说明社会经济现象增长的程度;反之,发展速度小于1,则增长速度为负值,说明社会经济现象降低的程度。

【例 5-7】 2011—2015 年我国太阳能发电装机容量如表 5-9 所示,试计算发展速度和增长速度。

表 5-9 2011—2015 年我国太阳能发电装机容量

年份		2011	2012	2013	2014	2015
发电装机容量(万千瓦)		212	341	1589	2486	4218
发展速度(%)	定基	100	160.8	749.5	1172.6	1989.6
	环比	—	160.8	466.0	156.5	169.7
增长速度(%)	定基	—	60.8	649.5	1072.6	1889.6
	环比	—	60.8	366.0	56.5	69.7

从表 5-9 中可看出,2015 年定基发展速度为 1989.6%,而 2011—2015 年的环比发展速度的连乘积为:

$$160.8\%×466.0\%×156.5\%×169.7\%=1990.1\%$$

扣除因四舍五入产生的影响,该值是等于 2015 年的定基发展速度的。但是环比增长速度的连乘积并不等于定基增长速度,所以不能直接进行数量上的相互推算。

在实际统计工作中,为了消除季节变动的影响,也常计算年距增长速度,用来说明年距增长量与上年同期发展水平对比达到的相对增长程度。其计算公式为:

$$年距增长速度=\frac{年距增长量}{上年同期发展水平}=年距发展速度-1 \tag{5-21}$$

例如,根据前述某地区 2019 年第三季度棉花产量情况,其年距增长速度为:116.28% −100%＝16.28%,这说明 2019 年第三季度棉花产量比上年同期增加了 16.28%。

二、平均发展速度和平均增长速度

为了观察社会经济现象在一个较长时期内逐期平均发展变化的程度和逐期平均增长变化的程度,就需要计算平均发展速度和平均增长速度指标。平均速度指标是动态研究中很重要的两个分析指标。

(一)平均发展速度

平均发展速度是各期环比发展速度的序时平均数,用以说明现象在较长时间内平均发展变化的程度。在实际工作中,计算平均发展速度的方法主要有两种,即几何平均法和方程法。这两种方法的理论依据不同,具体计算和应用场合也不一样。

1. 几何平均法

计算平均发展速度时,因为总速度不等于各期环比发展速度的连乘积,所以不能用简单算术平均法,而应用几何平均法来计算。几何平均法也称水平法,它是根据平均数的计算原理,按连乘法,即几何平均数公式计算各指标值的平均数。其计算公式为:

$$\overline{X} = \sqrt[n]{\frac{a_1}{a_0} \cdot \frac{a_2}{a_1} \cdot \cdots \cdot \frac{a_n}{a_{n-1}}} = \sqrt[n]{\prod \frac{a_n}{a_{n-1}}} = \sqrt[n]{\frac{a_n}{a_0}} \qquad (5\text{-}22)$$

式中,$\overline{X}$ 为平均发展速度;n 为环比发展速度的个数,它等于观察数据的个数减 1;$\prod$ 为连乘符号。

仍以前述的我国太阳能发电装机容量为例,按表 5-9 中的数据,则我国 2011—2015 年太阳能发电装机容量的年平均发展速度为:

$$\overline{X} = \sqrt[n]{\prod \frac{a_n}{a_{n-1}}} = \sqrt[4]{160.8\% \times 466.0\% \times 156.5\% \times 169.7\%}$$
$$= \sqrt[4]{1990.1\%} = 211.2\%$$

应用水平法计算平均发展速度的基本思想和原理是:从最初发展水平 a_0 出发,每期按平均发展速度 $\overline{X}$ 发展,经过 n 期后将达到最末期水平 a_n,即 $a_n = a_0(\overline{X})^n$。因此,用水平法计算的平均发展速度推算出的最后一期的数值与最后一期的实际观察值是一致的。从计算公式不难看出,按水平法计算的平均发展速度,实际上只与数列的最初观察值 a_0 和最末观察值 a_n 有关,而与其他各观察值无关。这一特点表明,水平法旨在考察现象在最后一期所达到的发展水平。因此,在实际应用中,如果我们所关心的是现象在最后一期所达到的水平,采用水平法计算平均发展速度比较合适。

2. 方程法

在实际工作中,如果长期计划按累计法制定,则要求用方程法计算平均发展速度。按此平均速度发展,可以保证计划内各期发展水平的累计达到计划规定的总数,所以方程法也称累计法。即从最初水平 a_0 出发,各期按平均发展速度 $\overline{X}$ 计算发展水平,则计算的各期发展水平累计总和,应与实际所具有的个别发展水平累计总和相等。列出方程式,再求出平均发展速度。

在 a_0 的基础上,按平均发展速度 $\overline{X}$ 发展得到的各期理论水平值为:

第一期,$a_1 = a_0 \overline{X}$;

第二期,$a_2 = a_0 \overline{X} \cdot \overline{X} = a_0 \overline{X}^2$;

第三期,$a_3 = a_0 \overline{X}^2 \cdot \overline{X} = a_0 \overline{X}^3$;

$\vdots$

第 n 期,$a_n = a_0 \overline{X}^{n-1} \cdot \overline{X} = a_0 \overline{X}^n$。

故各期假定水平之和为:

$$a_0 \overline{X} + a_0 \overline{X}^2 + a_0 \overline{X}^3 + \cdots + a_0 \overline{X}^n = a_0(\overline{X} + \overline{X}^2 + \overline{X}^3 + \cdots + \overline{X}^n)$$

而各期实际水平之和为:

$$a_1 + a_2 + a_3 + \cdots + a_n = \sum_{i=1}^{n} a_i$$

令假定水平与实际水平相等则可列出:

$$a_0(\overline{X} + \overline{X}^2 + \overline{X}^3 + \cdots + \overline{X}^n) = \sum_{i=1}^{n} a_i$$

即 $$\overline{X} + \overline{X}^2 + \overline{X}^3 + \cdots + \overline{X}^n = \frac{\sum_{i=1}^{n} a_i}{a_0}$$

解此高次方程所得的正根就是要计算的平均发展速度。但是,要解这个高次方程是比较复杂的,实际工作中我们通常是根据事先编就的平均增长速度查对表中的累计法查对表部分来计算。具体方法如下:首先,计算 $\dfrac{\sum_{i=1}^{n} a_i}{a_0}$ 的值即总和速度。其次,按间隔期数将其平均。若平均后的结果大于 100%,则所求的为递增速度,应在查对表的递增部分查找;反之,若平均后的结果小于 100%,则所求的为递减速度,则应在查对表的递减部分查找。最后,查表。查表的方法是:在累计法查对表的递增或递减部分,找到表中与 n 对应的一栏,并在该栏中找到这个总和速度或与之最接近的数,与其对应的左边第一列的百分数就是所要求的平均增长速度。

(二)平均增长速度

平均增长速度是各期环比增长速度的序时平均数,它反映现象在一定时期内平均增长变化的程度。由于定基增长速度与环比增长速度之间并不存在加总或相乘的换算关系,因此,平均增长速度一般是通过它与平均发展速度之间的数量关系求得的:

平均增长速度＝平均发展速度－1   (5-23)

平均发展速度大于 1,平均增长速度就为正值,一般称之为"平均递增速度"或"平均递增率";反之,平均发展速度小于 1,平均增长速度就为负值,一般称之为"平均递减速度"或"平均递减率"。

下面举例说明如何应用查表法来求平均发展速度和平均增长速度。2010—2014 年我国钢材产量数据如表 5-10 所示。

表 5-10　2010—2014 年我国钢材产量　　　　　　　　单位:万吨

年份	2010	2011	2012	2013	2014
钢材产量	80276.6(a_0)	88619.6(a_1)	95577.8(a_2)	108200.5(a_3)	112513.1(a_4)

第一步,计算并判断是递增或是递减速度:

$$\frac{a_1+a_2+a_3+a_4}{4}=\frac{88619.6+95577.8+108200.5+112513.1}{4}$$

$$=\frac{404911}{4}=101227.75$$

由计算结果(101227.75＞80276.6)可以看出,2010—2014 年我国钢材产量呈现递增趋势,应在累计法查对表的增长速度部分查找。

第二步,计算总发展速度:

$$\frac{a_1+a_2+a_3+a_4}{a_0}=\frac{404911}{80276.6}=504.39\%$$

第三步,查表。在累计法平均增长速度查对表(见表 5-11)中的 $n=4$ 栏内,找到接近 504.39％ 的数字是 504.45％,再查到该数所在行左边第一栏内的百分比为 9.5％,即为所求的平均每年增长速度。由此可见,我国 2010—2014 年钢材产量的平均发展速度为 100％＋9.5％＝109.5％。

表 5-11　累计法平均增长速度查对表(节选)　　　　　　　间隔期:1~5 年

平均每年增长(％)	各年发展水平总和为基期的百分比				
	1 年	2 年	3 年	4 年	5 年
⋮	⋮	⋮	⋮	⋮	⋮
9.3	109.30	228.76	359.33	502.04	658.02
9.4	109.40	229.08	360.01	503.25	659.95
9.5	109.50	229.40	360.69	504.45	611.87
9.6	109.60	229.72	361.37	505.66	663.80
9.7	109.70	230.04	362.05	506.86	665.72
⋮	⋮	⋮	⋮	⋮	⋮

(三)计算和应用平均发展速度时应注意的问题

1. 根据统计研究的目的选择计算方法

前述计算平均发展速度有几何平均法和方程法,这两种方法在具体运用上各有其特点和局限性。当目的在于考察最末一年发展水平而不关心各期水平总和时,可采用几何平均法;当目的在于考察各期发展水平总和而不关心最末一年发展水平时,可采用方程法。这样可以扬长避短,发挥两种计算方法的特长。

2. 注意社会现象本身的特点

当社会现象随时间的发展比较稳定地逐年上升或逐年下降时,一般采用几何平均法计算平均发展速度。但要注意,如果编制的时间数列中,最初水平和最末水平受特殊因素的影响而出现过高或过低的情况,则不可计算平均发展速度。

当社会现象的发展不是有规律地逐年上升或逐年下降,而是经常表示为升降交替时,一般采用方程法计算平均发展速度。但要注意,如果资料中间有几年环比速度增长得特别快,而有几年又降低得较多,出现显著的悬殊和不同的发展方向,就不可计算平均发展速度。因为用这样的资料计算的平均发展速度会降低这一指标的意义,从而不能确切地说明实际情况。

3. 应采取分段平均速度来补充说明总平均速度

在分析较长历史时期的资料时遵循这一原则十分重要。因为仅根据一个总的平均速度指标只能笼统概括地反映其在很长时期内逐年平均发展或增长的速度,这对于深入了解该社会现象的发展过程和变化情况来说往往是不够的。例如,要分析我国 1949 年以来钢材产量的平均发展速度和平均增长速度,就有必要分别以国民经济恢复时期和各个特定时期(如改革开放前后)等分段计算其平均速度加以补充说明。

4. 平均速度指标要与其他指标结合应用

平均速度指标要与发展水平、增长量、环比速度、定基速度等各项基本指标结合应用,起到分析研究和补充说明的作用,以便对社会现象有比较确切和完整的认识。

在经济分析中,平均速度指标要与其他有关经济现象的平均速度指标结合运用。例如,工农业生产的平均速度、基本建设投资额与新增固定资产的平均速度,商品销售额与利润额的平均速度等,都可以结合进行比较研究,以便深入了解有关经济现象在各个研究时期中每年平均发展和增长的程度等,为研究国民经济各种具有密切联系现象的发展动态提供信息。

第四节　长期趋势时间数列

一、测定长期趋势的意义

长期趋势就是研究某种社会现象在一个相当长的时期内持续向上或向下发展变动的趋势。例如,我国的工农业生产在社会主义市场经济运作中呈现出不断上升的长期趋势。测定长期趋势的主要目的是:首先,在于把握社会现象的趋势变化;其次,从数量方面来研究社会现象发展的规律性,探求合适的趋势线,为进行统计预测提供必要条件;最后,测定长期趋势,这可以消除原有时间数列中长期趋势的影响,以便更好地显示和测定季节变动。

在实际工作中,常常把趋势分析与统计预测结合在一起。趋势分析与统计预测是现代化管理方法,可以反映社会经济现象发展变化的规律,从而使我们对未来有比较科学的认识。预测可以为领导机关和管理部门制定正确的决策提供科学依据。

二、时间数列的影响因素

现象在其发展变化过程中,每一时刻都受到许多因素的影响。在众多影响因素中,有的影响因素是长期起作用的,对事物的发展变化起决定性作用;有的只是短期起作用,或者只是偶然发挥非决定性作用。在分析时间数列的变动规律时,事实上我们不可能将每个影响因素都一一划分开来,分别去做精确分析。但是,我们可以将众多影响因素按照对现象变化影响的类型,划分成若干类对时间数列影响的构成要素。然后,对这几类构成要素分别进行分析,以揭示时间数列的变动规律。影响时间数列的构成要素通常可归纳为四种:长期趋势、季节变动、循环变动、不规则变动。

(一)长期趋势

长期趋势是指现象在一段相当长的时期内所表现的沿着某一方向的持续发展变化,常用 T 表示。长期趋势可能呈现出不断向上增长的态势,也可能呈现为不断降低的趋势。长期趋势是受某种固定的起根本性作用的因素影响的结果。例如,随着农业劳动生产率的提高和工业化发展,现代社会城镇人口占总人口的比重呈现不断上升的趋势。

(二)季节变动

季节变动原本是指受自然因素的影响,在一年中随着季节的更替而发生的有规律的变动,常用 S 表示。现在学术界对季节变动的概念有了扩展,即在一年或更短的时间内由于社会、政治、经济、自然因素影响,形成的以一定时期为周期的、有规则的重复变动,都可称为季节变动。例如,农业产品的生产、某些商品的销售量变动都呈现出季节性的周期变动。

(三)循环变动

循环变动是指某种现象在比较长的时期内呈现出的有一定规律性的周期性波动,常用 C 表示。循环变动与长期趋势不同,它不是单一方向的持续变动,而是有涨有落的交替波动。循环变动与季节变动也不相同,循环变动的周期长短很不一致,不像季节变动那样有明显的按月或按季的固定周期规律,循环变动的规律性不是很明显,通常很难识别。

(四)不规则变动

不规则变动是指现象受众多偶然因素影响,而呈现的无规则的变动,常用 I 表示。它既包括由突发的自然灾害、意外事故或重大政治事件所引起的剧烈变动,也包括大量无可名状的随机因素干扰造成的起伏波动。它是时间数列剔出长期趋势、季节变动和循环变动后余下的变动。

时间数列的变动一般都是受以上四种构成要素或其中一部分构成要素的影响而形成的。时间数列分析的任务之一,就是对时间数列中的这几种构成要素进行统计测定和分析,从中划分出各种要素的具体作用,揭示其变动的规律和特征,为认识和预测事物的发展提供依据。

三、时间数列的分解模型

时间数列的分解,就是指把影响数列变化的四种构成要素(长期趋势 T、季节变动 S、循环变动 C 和不规则变动 I),进行分解,以了解它们对时间数列的影响程度和现象的变化规律。因此,进行时间数列分析的一个重要前提是,了解四种构成要素是以什么样的形式结合的(假设在时间数列中均包含有四种构成要素。当然,实际中并非如此)。

这四种构成要素的构成,假设在以下三种情况下成立。

(1)假设四种构成要素的变动相互交叉影响,则时间数列中的观察值是四个构成要素之积,即为乘法模型:

$$Y = S \cdot T \cdot C \cdot I$$

式中,Y 为时间数列中的指标数值。

根据这个模型,要求出某个构成要素的影响,用其余构成要素除以时间数列即可。例如,当求出长期趋势 Y 以后,以 Y 除以 T,则可得不含长期趋势的派生时间数列:$Y_1 = \dfrac{Y}{T} = S \cdot C \cdot I$;若再求出季节变动 S,以 Y_1 除以 S,则可得不含长期趋势及季节变动的时间数列:$Y_2 = \dfrac{Y_1}{S} = C \cdot I$。

如果时间数列中仅含长期趋势和季节变动两种构成要素,则可按以上相除的方法将两种构成要素分解开来分别进行分析。

(2)假设四种构成要素的变动相互独立,则时间数列中的观察值是四种构成要素之和,即为加法模型:

$$Y = S + T + C + I$$

同样,当欲求出某种构成要素变动的影响时,则可用相减的形式。如当长期趋势 T 测定出来后,用 Y 减去 T,即得不含长期趋势 T 的派生时间数列。如果此时间数列只受两种构成要素(如 T 和 S)的影响,则 $Y - T = S$,得到只含季节变动的时间数列,可直接分析季节变动这一构成要素。

(3)混合模型,如 $Y = S \cdot T + I$、$Y = S + T \cdot S \cdot I$ 等。

在实际上作中,具体应用哪种模型进行分析,需根据研究对象的性质、目的和掌握的资料等情况而定,但一般以乘法模型应用较多。本节主要阐述长期趋势的测定,其他构成要素的阐述将在后续章节展开。

四、长期趋势的测定

反映现象发展的长期趋势有两种基本形式:一种是直线趋势;另一种是非直线趋势,即曲线趋势。当所研究的现象在一个相当长的时期内呈现出比较一致的上升或下降变动时,如遵循一直线发展,则为直线趋势,可求出一条直线代表之,这条直线也可叫作趋势直线。趋势直线上升或下降,表示这种现象的数值逐年递增或递减,且每年所增加或减少的数量大致相同,即斜率基本保持不变。而非直线趋势,其变化率和趋势线的斜率是变动的。

研究社会现象发展的长期趋势,需要对原有的时间数列进行统计处理,一般称之为时间数列修匀,即进行长期趋势测定。测定长期趋势常用的方法主要有随手画线法、时距扩大法、移动平均法和最小二乘法等。

(一)随手画线法

随手画线法是指在图纸上按照原数列的趋势走向,用绘图工具画出一条趋势曲线。采用这种方法时,首先根据时间数列的散点图,把各点连接起来,形成一条折线图,然后根据折线图观察其变化趋势,并画出大致的趋势线。

随手画线法比较简单、灵活,应用也很普遍。例如,参与股票、期货等交易时,人们常用此方法分析大致行市。但是它有一定的随意性,容易受分析者的主观影响,对同一时间数列可能画出多条趋势线,如果没有一定的理论知识和经验,就很难保证准确性。

(二)时距扩大法

时距扩大法是把时间数列中各个时期(时点)指标加以归并,形成一个时距较长的、新的时间数列,以消除由于时距较短,现象受偶然因素影响所引起的波动,显示出现象发展变化的基本趋势。时距扩大法根据时间数列的类型,又可分为时距扩大总和法和时距扩大平均法。

1. 时距扩大总合法

它是把原时间数列的时距扩大,把扩大的各时距内包含的原数列各指标数值加以合并,从而形成新的时间数列,显示现象的发展趋势。这种方法适用于时期数列。例如,某企业 2015 年的销售额如表 5-12 所示。

表 5-12　某商业企业 2015 年销售额情况　　　　　　　　　　　　单位:万元

月份	1	2	3	4	5	6	7	8	9	10	11	12
销售额	150	155	152	157	163	169	166	173	170	180	175	188
销售额	457			489			509			543		

从原时间数列中可以看出,该企业的销售额在一年各月中有上升和下降,发展趋势不明显,若采用时距扩大总合法,按季节总合得到新的时间数列,修匀以后的时间数列呈现出明显的上升趋势(见图 5-1)。

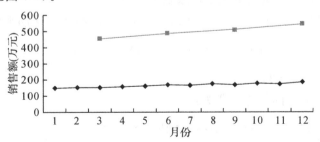

图 5-1　采用时距扩大总合法得到的发展趋势

2. 时距扩大平均法

它是把原时间数列的时距扩大,计算出扩大时距后的各个时期的序时平均数,形成一个新的时间数列,使现象的发展趋势显示出来。这种方法适合于时期数列和时点数列。还是以上例数据为例来说明,经过时距扩大平均法处理后得到如表 5-13 所示数据。

表 5-13　某商业企业 2015 年销售额情况　　　　　　　　　　　　　　单位:万元

月份	1	2	3	4	5	6	7	8	9	10	11	12
销售额	150	155	152	157	163	169	166	173	170	180	175	188
平均销售额		152			163			170			181	

采用了时距扩大平均法得到的趋势图如图 5-2 所示。

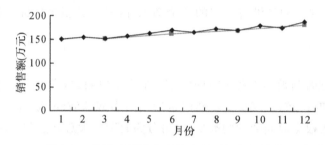

图 5-2　采用时距扩大平均法得到的发展趋势

为了使各个时期的指标数值具有可比性,时距扩大法要求扩大的时距相等。时距扩大的长短应根据社会现象发展的具体特点而定,如果过长,就会掩盖社会现象发展的趋势;如果过短,就不能消除偶然因素的影响。时距扩大法存在一个问题,即新数列比原数列减少的项数太多,不宜用来预测趋势值,也不能满足计算季节变动和循环变动的需要。

(三)移动平均法

移动平均法是趋势变动分析的一种较简单的常用方法。当时间数列的变动趋势为线性状态时,可采用简单移动平均法进行描述和分析。该方法的基本思想和原理是:通过扩大原时间数列的时间间隔,并按一定的间隔长度逐期移动,分别计算出一系列移动平均数,由这些平均数形成的新的时间数列对原时间数列的波动起到一定的修匀作用,削弱了原数列中短期偶然因素的影响,从而呈现出现象发展的变动趋势。

设观测的时间数列为:$y_1, y_2, \cdots, y_n$,则 $k(1<k<n)$ 期的一次移动平均的计算公式为:

$$M_t^{(1)} = \frac{1}{k}(y_{t-k+2} + \cdots + y_t + \cdots + y_{t+k-2})$$

式中,$t=1, 2, \cdots,$且 $t \geqslant k-2$。

k 期的二次移动平均的计算公式为:

$$M_t^{(2)} = \frac{1}{k}(M_{t-k+2}^{(1)} + M_t^{(1)} + \cdots + M_{t+k-2}^{(1)})$$

$$\vdots$$

例如,以我国 2005—2018 年的统计人口总数为例,采取 3 项、4 项和 5 项移动平均数分别进行修匀,计算出的各移动平均数如表 5-14 所示。

表 5-14　我国 2005—2018 年统计人口数的移动平均数　　　　单位:万人

年份	人口数	3 项移动平均	4 项移动平均	4 项移正平均	5 项移动平均
2005	130756	—	—	—	—
2006	131448	131444	131784	—	—
2007	132129	132126	132457	132121	132117
2008	132802	132794	133118	132788	132784
2009	133450	133448	133770	133444	133441
2010	134091	134092	134420	134095	134096
2011	134735	134743	135076	134748	134750
2012	135404	135404	135748	135412	135417
2013	136072	136086	136430	136089	136091
2014	136782	136772	137147	136788	136798
2015	137462	137505	137881	137514	137519
2016	138271	138247	138570	138225	138212
2017	139008	138939	—	—	—
2018	139538	—	—	—	—

应用移动平均法分析长期趋势时,应注意以下几个问题。

(1)用移动平均法对原时间数列修匀,修匀程度的大小与移动平均的项数多少有关。例如,用 5 项移动平均比 3 项移动平均效果要好些。这就是说,移动平均的项数越多,修匀的程度越大,即趋势线越平滑。

(2)移动平均法所取项数的多少,应视资料的特点而定,原时间数列如果有较明显的周期性波动,则移动平均的项数要以周期的长度为准。事实证明,当移动平均的时期长度等于周期长度整数倍时,就能把周期性的波动完全抹掉,从而使时间数列只显露长期趋势的影响。例如,当数列资料为季度资料时,可采用四季移动平均法;若根据各年的月份资料,则应取 12 项移动平均法,这样可消除季节性变动的影响,能较准确地揭示现象发展的长期趋势。

(3)应用移动平均法时,采用奇数项移动平均比较简单,一次即得趋势值。如表 5-14 所示的 3 项移动平均和 5 项移动平均,以 3 项平均为例,第一个移动平均数＝(130756＋131448＋132129)÷3＝131444(万人),即可对正 2006 年的原值;第二个移动平均数＝(131448＋132129＋132802)÷3＝132126(万人),即可对正 2007 年的原值,依次类推。采用偶数项移动平均数时,由于偶数项移动平均数都是在两项中间位置,如表 5-14 中所示 4 项移动平均,第一个移动平均数＝(130756＋131448＋132129＋132802)÷4＝131784(万人),应对正 2006 年和 2007 年中间,第二个移动平均数＝(131448＋132129＋132802＋133450)÷4＝132457(万人),应对正 2007 年和 2008 年中间,依次类推。所以偶数项移动平均还需进行一次"移正平均",即将第一次移动平均值进行两项移动平均,得出移正值的时间数列,以显示出现象的变动趋势。

（4）移动平均后的数列，比原数列项数要少。移动时采用的项数越多，虽能更好地修匀数列，但所得趋势值的项数就越少。一般情况下，移动平均项数（设为 K）与趋势值的项数关系为：① 奇数项移动平均时，趋势值项数 = 原数列项数 $-K+1$，这样首尾各少 $\frac{K-1}{2}$ 项，共丢失 $K-1$ 项。如上例中，3 项移动平均时，即 $K=3$，原数列项数为 14 项，则移动平均的趋势值项数为 12 项，首尾各丢失 1 项；② 偶数项移动平均时，趋势值项数 = 原数列项数 $-K$，这样首尾各少 $\frac{K}{2}$ 项，共丢失 K 项。如上例中，4 项移动平均时，趋势值项数为 10 项，首尾各丢失 2 项。所以，移动平均法使数列首尾各丢失部分信息量，而且移动平均时间越长、丢失项数越多。因此，移动平均时间不宜过长。

（四）最小二乘法

应用最小二乘法（又称最小平方法）研究社会现象的发展趋势，就是用一定的数学模型对原有的时间数列拟合一条适当的趋势线来进行修匀。根据最小二乘法的原理，这条趋势线必须满足最基本的要求，即原有数列的实际数值与趋势线的估计数值的离差平方之和为最小。用公式表示如下：

$$\sum (Y-\hat{Y})^2 \to 最小值$$

式中，$\hat{Y}$ 为趋势线的估计数值；Y 为原有数列的实际值。

长期趋势的类型有很多，有直线型，也有曲线型，而最小二乘法既可用于拟合直线，也可用于拟合曲线，所以它是分析长期趋势的十分普遍和理想的方法。下面主要介绍根据社会现象的基本趋势，如何利用最小二乘法拟合直线方程和曲线方程法，而在拟合曲线方程中抛物线方程和指数曲线方程是最为常用的，所以也进行相关的阐述。

1. 直线趋势方程拟合

直线趋势方程拟合法是利用直线回归的方法对原时间数列拟合线性方程，消除其他成分变动带来的影响，从而揭示出数列长期直线趋势的方法。直线趋势方程的一般形式为：

$$\hat{Y}_t = a + bt \tag{5-24}$$

式中，$\hat{Y}_t$ 为时间数列 Y_t 的趋势线值；t 为各发展期时间；a 为截距项常数，是 $t=0$ 时 $\hat{Y}_t$ 的初始值；b 为趋势线斜率，表示时间 t 变动一个单位时趋势值 $\hat{Y}_t$ 的平均变动数量。

趋势方程中的两个未知常数 a 和 b 通常按最小二乘法求得。该方法是根据回归分析中的最小二乘法原理，对时间数列拟合一条趋势线，使之满足条件：各实际观察值（Y_t）与趋势值（$\hat{Y}_t$）的离差平方和为最小，即

$$\sum (Y-\hat{Y})^2 \to 最小值$$

设 $Q = \sum (Y-\hat{Y})^2 = \sum (Y-a-bt)^2$，并分别对 a 和 b 求偏导数，且令其为 0，得：

$$\begin{cases} \dfrac{\partial Q}{\partial a} = 2na - 2\sum Y + 2b\sum t = 0 \\ \dfrac{\partial Q}{\partial b} = 2b\sum t^2 - 2\sum Yt + 2a\sum t = 0 \end{cases}$$

整理后得：

$$\begin{cases} \sum Y = na + b\sum t \\ \sum tY = a\sum t + b\sum t^2 \end{cases}$$

即可求得：

$$\begin{cases} b = \dfrac{n\sum tY - \sum t\sum Y}{n\sum t^2 - \left(\sum t\right)^2} \\ a = \dfrac{\sum Y}{n} - b\dfrac{\sum t}{n} = \bar{Y} - b\bar{t} \end{cases} \tag{5-25}$$

式中，n 为发展时期项数。

　　当我们利用最小二乘法根据已知现象发展时期及其对应发展水平，建立方程后便可求解除针对每一种现象的未知参数 a 和 b。这样，该现象的长期直线趋势拟合方程就确立了。由此，我们不仅可以知道该现象的发展规律，并可利用这一趋势方程对该现象的未来进行预测。

　　一般地，为了计算简便，我们通常可以通过平移坐标轴使 $\sum t = 0$。具体方法是：当时间项数为奇数时，可假设 t 的中间项为 0，前后各项依次为 -1，-2，-3，$\cdots$ 和 $+1$，$+2$，$+3$，$\cdots$。当时间项数为偶数时，将 0 点放在数列正中相邻的两个时期中间，前后各项分别为 -1，-3，-5，$\cdots$ 和 $+1$，$+3$，$+5$，$\cdots$。所以 a 和 b 的求解公式可化简为：

$$\begin{cases} a = \dfrac{\sum Y}{n} \\ b = \dfrac{\sum tY}{\sum t^2} \end{cases} \tag{5-26}$$

【例 5-8】　我国 2011—2018 年的天然气产量如表 5-15 所示，试拟合趋势线。

表 5-15　我国 2011—2018 年的天然气产量

单位：亿立方米

年份	产量	逐期增长量	年份	产量	逐期增长量
2011	1031	—	2015	1350	50
2012	1072	41	2016	1371	21
2013	1193	121	2017	1480	109
2014	1300	107	2018	1610	130

　　根据表 5-15 的资料进行初步计算分析，可认为逐期增长量大体相等，所以可以拟合一个直线趋势方程，先列表（见表 5-16）说明其计算过程。

表 5-16　我国 2011—2018 年的天然气直线方程计算过程

年份	t	产量 Y	tY	t^2	$\hat{Y}$
2011	-7	1031	-7217	49	1023.0
2012	-5	1072	-5360	25	1102.4
2013	-3	1193	-3579	9	1181.8
2014	-1	1300	-1300	1	1261.2
2015	1	1350	1350	1	1340.6
2016	3	1371	4113	9	1420.0
2017	5	1480	7400	25	1499.4
2018	7	1610	11270	49	1578.8
合计	0	10407	6677	168	10407.2

由表 5-16 可知：

$$\sum Y = 10407 \qquad \sum tY = 6677$$
$$\sum t^2 = 168 \qquad n = 8$$

代入前述的联立方程组(5-26)中,得：

$$a = \frac{\sum Y}{n} = \frac{10407}{8} = 1300.9 \qquad b = \frac{\sum tY}{\sum t^2} = \frac{6677}{168} = 39.7$$

将 a 和 b 的值代入式(5-24)中得：

$$\hat{Y} = 1300.9 + 39.7t$$

然后把各年的 t 值代入上式,可得各年的趋势值 $\hat{Y}$(见表 5-15 最后一列),可见 $\sum \hat{Y}$ 与 $\sum Y$ 的数值非常接近。

如果将趋势直线向外延伸,可预测我国 2019 年的天然气产量,也即当 $t = 9$ 时,有：

$$\hat{Y} = 1300.9 + 39.7 \times 9 = 1658.2 (亿立方米)$$

2. 抛物线趋势方程拟合

如果现象的发展,其逐期增长量的增长量(即各期的二级增长量)大体相同,则可考虑拟合抛物线方程。抛物线趋势方程的一般形式为：

$$\hat{Y} = a + bt + ct^2 \tag{5-27}$$

抛物线方程式中有 a、b 和 c 三个未知参数,根据最小二乘法的要求：$\sum (Y - \hat{Y})^2 =$ 最小值,设 $Q = \sum (Y - \hat{Y})^2 = \sum (Y - a - bt - ct^2)^2$,同样分别对 a、b 和 c 求偏导数得：

$$\begin{cases} \dfrac{\partial Q}{\partial a} = 2 \sum (Y - a - bt - ct^2)(-1) = 0 \\[2mm] \dfrac{\partial Q}{\partial b} = 2 \sum (Y - a - bt - ct^2)(-t) = 0 \\[2mm] \dfrac{\partial Q}{\partial c} = 2 \sum (Y - a - bt - ct^2)(-t^2) = 0 \end{cases}$$

解上述方程组得：

$$\begin{cases} \sum Y = na + b\sum t + c\sum t^2 \\ \sum tY = a\sum t + b\sum t^2 + c\sum t^3 \\ \sum t^2 Y = a\sum t^2 + b\sum t^3 + c\sum t^4 \end{cases}$$

同样,为了计算方便,我们可以通过假设使 $\sum t = 0$, $\sum t^3 = 0$,则上列联立方程组可简化为:

$$\begin{cases} \sum Y = na + c\sum t^2 \\ \sum tY = b\sum t^2 \\ \sum t^2 Y = a\sum t^2 + c\sum t^4 \end{cases} \tag{5-28}$$

【例 15-9】 某企业 2010—2018 年某种产品的产量如表 5-17 所示,试拟合该产品的产量发展的基本趋势线。

表 5-17　某企业 2010—2018 年某种产品的产量　　　　　　单位:万件

年份	产量	逐期增长量	二级增长量
2010	16.39	—	—
2011	18.72	2.33	—
2012	22.00	3.28	0.95
2013	26.24	4.24	0.96
2014	31.30	5.06	0.82
2015	37.30	6.00	0.94
2016	44.23	6.93	0.93
2017	52.17	7.94	1.01
2018	60.93	8.76	0.82

根据表 5-17 的资料进行初步计算分析,各年二级增长量大体相等,所以该产品产量发展的基本趋势比较接近抛物线形,可以拟合一个抛物线方程。其计算过程如表 5-18 所示。

表 5-18　某企业 2010—2018 年某种产品产量抛物线方程计算过程

年份	t	Y	tY	t^2	t^2Y	t^4	$\hat{Y}$
2010	−4	16.39	−65.56	16	262.24	256	16.39
2011	−3	18.72	−56.16	9	168.48	81	18.74
2012	−2	22.00	−44.00	4	88.00	16	22.00
2013	−1	26.24	−26.24	1	26.24	1	26.19
2014	0	31.30	0.00	0	0.00	0	31.30
2015	1	37.30	37.30	1	37.30	1	37.33
2016	2	44.23	88.46	4	176.92	16	44.27
2017	3	52.17	156.51	9	469.53	81	52.14
2018	4	60.93	243.72	16	974.88	256	60.93
合计	0	309.28	334.03	60	2203.59	708	309.29

将上述合计结果代入联立方程组(5-28)得：

$$\begin{cases} 309.28 = 9a + 60c \\ 334.03 = 60b \\ 2203.59 = 60a + 708c \end{cases}$$

用消元法解上述方程组得：

$$\begin{cases} a = 31.298 \\ b = 5.567 \\ c = 0.460 \end{cases}$$

将 a、b 和 c 的值代入方程(5-27)即得：

$$\hat{Y} = 31.298 + 5.567t + 0.460t^2$$

即可用该式求得表 5-18 最后一列的值。

如果将这条曲线向外延伸，可预测该产品 2019 年的产量，也即当 $t=5$ 时

$$\hat{Y} = 31.298 + 5.567 \times 5 + 0.460 \times 25 = 70.63(万件)$$

(3)指数曲线趋势方程拟合

如果现象的发展其环比发展速度或环比增长速度大体相同，则可考虑进行指数曲线方程拟合。指数曲线方程为：

$$\hat{Y} = ab^t \tag{5-29}$$

指数方程中 a 和 b 是未知参数，在利用最小二乘法建立求解 a 和 b 的方程组以前，先要对式(5-29)进行形式上的转换，两边同取以 10 为底的对数，得：

$$\lg\hat{Y} = \lg a + t\lg b$$

设 $Y' = \lg\hat{Y}$、$A = \lg a$、$B = \lg b$，则指数曲线方程变为：

$$Y' = A + Bt \tag{5-30}$$

这个方程类似直线方程，即用直线方程的最小二乘法的求解方法可求得：

$$\begin{cases} A = \dfrac{\sum Y'}{n} \\ B = \dfrac{\sum tY'}{\sum t^2} \end{cases} \tag{5-31}$$

【例 5-10】 如表 5-19 所示，某企业 2010—2015 年 A 产品产量的环比增长速度大体相同，所以该企业这 6 年间的 A 产品产量接近于指数曲线，可用一个指数曲线方程来拟合。

表 5-19 某企业 2010—2015 年 A 产品产量

年份	产量(件)	各年的环比增长速度(%)
2010	56700	—
2011	65700	15.9
2012	76068	15.8
2013	85000	11.7
2014	98358	15.7
2015	112000	13.9

其具体计算过程如表 5-20 所示。

表 5-20 某企业 2010—2015 年 A 产品产量指数方程计算过程

年份	产量 Y	t	$Y'=\lg Y$	$t\lg Y$	t^2	$\lg \hat{Y}$	$\hat{Y}$
2010	56700	-5	4.7536	-23.7680	25	4.75745	57212
2011	65700	-3	4.8176	-14.4528	9	4.81607	65478
2012	76068	-1	4.8812	-4.8812	1	4.87469	74937
2013	85000	1	4.9294	4.9294	1	4.93331	85764
2014	98358	3	4.9928	14.9784	9	4.99193	98154
2015	112000	5	5.0492	25.2460	25	5.05055	112334
合计	493826	0	29.4238	2.0518	70	29.4240	493879

将上述结果代入联立方程组(5-31)得：

$$\begin{cases} A=4.9040 \\ B=0.02931 \end{cases}$$

由 $A=\lg a$、$B=\lg b$ 可进一步得：

$$\begin{cases} a=80167.8 \\ b=1.0698 \end{cases}$$

则 $\qquad \hat{Y}=80167.8 \times 1.0698^t$

将代表各年的 t 值代入上列方程式，就可以求得各年的趋势值 Y' 和 $\hat{Y}$，即得表 5-20 中最后两列，由于 $\sum \hat{Y}$ 数值非常接近实际 $\sum Y$ 数值，所以方程拟合较好。

如果将这条曲线向外延伸，可预测该公司 2016 年 A 产品的产量，也即当 $t=7$ 时，有：

$$\hat{Y}=80167.8 \times 1.0698^7 = 128564（件）$$

综上所述，我们在分析社会现象发展的长期趋势时，应注意到，不论将哪种趋势曲线向外延伸来预测未来可能达到的数值，都具有一定的假设条件。因此，要做好经济预测工作，除了用必要的数学方法来建立数学模型外，一定要结合调查研究，具体情况具体分析，只有这样才能得出较为准确的结果。

第五节　季节变动时间数列

在一个时间数列中，除了存在长期趋势外，往往还存在季节变动。季节变动就是指某些社会现象由于受生产条件或自然条件因素影响，在 1 年内随着季节的更替而呈现出比较有规律的变动。例如，夏天汗衫、背心、冷饮的销售量就高于其他季节；冬天棉衣、取暖器的销售量就比较大；铁路客运量以长假前后为高峰。在另外一些情况下，季节变动会引起设备和劳动力使用不平衡、原料供应不足、运输量不够等问题，给生产和人们的生活带来某些影响。我们研究季节变动主要是为了认识它、掌握它，从而克服由于季节变动而引起的不良影响，以便为合理组织生产、安排人民生活提供资料。例如，在商业领域中，季节变动对某些商品销售造成较大的影响,我们若能很好地掌握这一变动规律,这对商业部门合理地组织货源、有效地使用资金,对金融部门恰当地安排商业信贷计划等,都具有十分重要的作用。

测定季节变动的方法很多,从其是否考虑受长期趋势的影响来看,有两种方法:一是不考虑长期趋势的影响,直接根据原始的时间数列来计算,常用的方法是按月(或季)平均法;二是根据剔除长期趋势影响后的数列资料来计算,常用的方法是移动平均趋势剔除法。不管使用哪种方法来计算季节变动,都需要用3年或更多年份的资料作为基本数据进行计算分析,这样才能较好地消除偶然因素的影响,使季节变动的规律性更切合实际。

一、按月(季)平均法

该方法是通过计算一系列季节比率,用季节比率来反映现象随季节更替而发生的变动。如果掌握的是月度资料就按月平均,如果掌握的是季度资料就按季平均。其一般计算步骤如下:

(1)列表,将各年同月(季)的数值列在同一栏内;

(2)将各年同月(季)数值加总,并求出月(季)平均数;

(3)将所有月(季)数值加总,并求出总的月(季)平均数;

(4)求季节比率(或称季节指数)S_i($i=1,2,\cdots,12$ 或 $i=1,2,3,4$),其计算公式为:

$$季节比率(S_i)=\frac{各月(季)平均数}{总月(季)平均数}\times100\%$$ (5-31)

【例 5-11】 表 5-21 显示的是某饮料生产企业三年的销售额资料,试通过该资料对未来第四年的相应月度销售额进行预测。

表 5-21 某饮料生产企业的销售额资料季节比率计算表　　　　　单位:万元

项目	1月	2月	3月	4月	5月	6月	7月	8月	9月	10月	11月	12月	合计
第一年	60.4	67.3	68.4	62.5	101.9	110.4	150.0	163.9	114.2	102.8	84.1	75.6	1161.5
第二年	61.3	70.2	65.6	75.4	112.3	132.5	172.3	178.6	132.3	123.6	90.5	73.9	1288.5
第三年	80.5	82.3	90.5	88.6	123.5	136.9	200.3	198.3	168.5	140.5	105.9	96.3	1512.1
合计	202.2	219.8	224.5	226.5	337.7	379.8	522.6	540.8	415.0	366.9	280.5	245.8	3962.1
月平均	67.4	73.3	74.8	75.5	112.6	126.6	174.2	180.3	138.3	122.3	93.5	81.9	110.06
季节比率(%)	61.2	66.6	67.9	68.6	102.3	115.0	158.2	163.8	125.6	111.1	84.9	74.4	1999.6

由于表 5-21 的资料是月度数据,其季节比率之和应该等于 1200%,本例季节比率之和为 1199.6%,基本接近。若两者相差过大,应做调整,其方法是先求出校正系数:

$$校正系数=\frac{1200}{12个月季节比率之和}$$

然后再用此系数乘以原来的各月度季节比率。如果是季度资料,则季节比率之和应等于 400%。

从表 5-21 中资料可以看出,由于受气候变化的影响,该企业的销售额有明显的季节变动。春、秋、冬三季的销售额较夏季的明显要低。按照表 5-21 所列季节比率资料可绘制季节变动曲线,如图 5-3 所示,从中可以清楚地看出季节变动的规律。

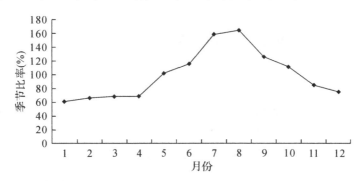

图 5-3　某饮料生产企业三年销售额的季节变动曲线

根据季节变动资料也可以进行某些经济预测。按照上例,已知第四年 3 月份的销售额为 92.6 万元,由于预测值 $=\dfrac{\text{已知实际值}}{\text{已知月季节指数}}\times$ 需预测月季节指数,则可以预测第四年 8 月份的销售额为:

$$8\text{ 月份销售额}=\frac{92.6}{67.9\%}\times163.8\%=223.4(\text{万元})$$

按月(季)平均法的优点是计算简便,容易了解,缺点是没有考虑数列中长期趋势的影响。从理论上讲,在计算月(季)平均数时,各年同月(季)数值应起同等重要的作用,不应过分倚重或倚轻。但在上例中可明显看出,后一年的数值比前一年的同期数值高,造成月(季)平均数中后期各月(季)的数值比前期同月(季)的数值有较大作用。所以在有长期趋势变动的情况下,使用按月(季)平均法得出的季节比率不够准确。为了弥补这个缺点,可以采用移动平均趋势剔除法来测定季节变动。

二、移动平均趋势剔除法

该方法是利用移动平均法来剔除长期趋势的影响后,再来测定其季节变动。用移动平均法求长期趋势和用按月(季)平均法求季节比率,前面已详细介绍过了,这里着重说明如何剔除长期趋势。

一般来说,对于各种因素属于乘积形式的现象,应采用原数列除以长期趋势的方法来剔除长期趋势;对于各因素属于和形式的现象,应采用原数列减去长期趋势的方法来剔除长期趋势。

现仍以例 5-11 中的数据为例,来介绍移动平均趋势剔除法。为了方便计算,我们把例 5-11 中的月度数据改为季度资料,具体数据见表 5-22。

表 5-22　某饮料生产企业的销售额资料　　　　　　　　　　　　　　单位:万元

年份	第 1 季度	第 2 季度	第 3 季度	第 4 季度
第一年	196.1	274.8	428.1	262.5
第二年	197.1	320.2	483.2	288.0
第三年	253.3	349.0	567.1	342.7

对于本例的求解可以按除法和减法两种方法来剔除长期趋势,具体计算步骤如下。

(一)除法剔除趋势值求季节比率

(1)用移动平均法求出长期趋势。如在表 5-23 中,因是季度资料,故先做四项移动平均计算,再做二项移正平均,便得到趋势值 $\hat{Y}$。

(2)剔除长期趋势。用原数列除以同一时期的趋势值。如在表 5-23 中,第一年第 3 季度: $\dfrac{428.1}{290.5}=147.37\%$;第一年第 4 季度: $\dfrac{262.5}{296.3}=88.59\%$;其余以此类推。

表 5-23　某饮料生产企业的销售额资料剔出长期趋势的计算过程

季度		销售额 Y(万元)	四项移动平均	二项移正平均 $\hat{Y}$	趋势值剔除	
					除法 $Y/\hat{Y}$(%)	减法 $Y-\hat{Y}$(万元)
第一年	1	196.1	290.4	—	—	—
	2	274.8	290.6	—	—	—
	3	428.1	302.0	290.5	147.37	137.6
	4	262.5		296.3	88.59	−33.8
第二年	1	197.1	315.8	308.9	63.81	−111.8
	2	320.2	322.1	319.0	100.38	1.2
	3	483.2	336.2	329.2	146.78	154.0
	4	288.0	343.4	339.8	84.76	−51.8
第三年	1	253.3		353.9	71.57	−100.6
	2	349.0	364.4	371.2	94.02	−22.2
	3	567.1	378.0			
	4	342.7				

(3)求季节比率。用表 5-23 中 $Y/\hat{Y}$ 得到的数据重新进行编排,成为表 5-24 的基本数据,再按季求平均季节比率。

156

表 5-24　除法剔出长期趋势后的季节比率计算　　　　　　　　　单位:万元

年份	第 1 季度	第 2 季度	第 3 季度	第 4 季度	合计
第一年	—	—	147.37	88.59	
第二年	63.81	100.38	146.78	84.76	
第三年	71.57	94.02	—	—	
合计	135.38	194.4	294.15	173.35	
平均	67.69	97.20	147.08	86.68	398.65
校正系数	1.00386	1.00386	1.00386	1.00386	
季节比率(%)	67.95	97.58	147.65	87.01	400.00

(4)调整季节比率,将所求得的平均季节比率相加,各季的季节比率之和应为 400.00%。本例中的平均季节比率之和为 398.65%,应予以调整,计算校正系数:

$$校正系数 = \frac{400}{398.65} = 1.00386$$

再用 1.00386 乘以各季的季节比率,表 5-24 中的第 1 季度的季节比率 = 1.00386×67.69 = 67.95,其余以此类推。经过校正后的各季(月)平均季节比率,即为应用移动平均趋势剔除法所求得的季节比率。

(二)减法剔除趋势值求季节变差

(1)用移动平均法求出长期趋势。

(2)剔除长期趋势。用原数列减去同一时期的趋势值。如在表 5-23 中,第一年第 3 季度:428.1−290.5=137.6;第一年第 4 季度:262.5−296.3=−33.8;其余以此类推。

(3)计算同期平均数。用表 5-23 中 Y−Ŷ 得到的数据重新进行编排,成为表 5-25 的基本数据,再计算同季平均数。如表 5-25 所示,第一季度:[−111.8+(−100.6)]/2=−106.2;等等。

表 5-25　减法剔出长期趋势后的季节比率计算

项目	第 1 季度	第 2 季度	第 3 季度	第 4 季度	合计
第 1 年	—	—	137.6	−33.8	
第 2 年	−111.8	1.2	154.0	−51.8	
第 3 年	−100.6	−22.2	—	—	
合计	−212.4	−21.0	291.6	−85.6	
平均	−106.2	−10.5	145.8	−42.8	−13.7
校正数	−3.425	−3.425	−3.425	−3.425	
季节变差	−102.8	−7.1	149.2	−39.3	0

（4）分摊余数得季节变差 SV。即把同期平均数合计分摊到各时期的同期平均数中去。

$$SV = 同期平均数 - \frac{\sum 同期平均数}{时期数} \qquad (5\text{-}32)$$

在表 5-25 中,第 1 季度季节变差 $= -106.2 - \frac{-13.7}{4} = -106.2 - (-3.425) = -102.8$（万元）,其中 -3.425 即为校正数。

季节变差的意义是,以移动平均的长期趋势为基础,各季度上下波动的标准幅度,其剂量单位是原资料的销售额"万元"。

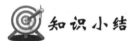
知识小结

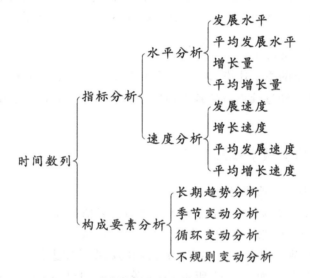

动态数列分析指标汇总

指标名称和适用对象		计算公式	主要作用
发展水平		通常用 $a_0, a_1, \cdots, a_n$ 表示	反映现象在一定时期或时点上所达到的规模或水平
增长量	逐期增长量	报告期水平 $-$ 前一期水平 $= a_i - a_{i-1}$	反映报告期比基期增加（减少）的绝对数量
	累计增长量	报告期水平 $-$ 某一固定基期水平 $= a_i - a_0$	
发展速度	环比发展速度	$\dfrac{报告期水平}{前一期水平} = \dfrac{a_i}{a_{i-1}}$	反映报告期水平已发展到基期水平的几分之几或若干倍
	定基发展速度	$\dfrac{报告期水平}{某一固定基期水平} = \dfrac{a_i}{a_0}$	

指标名称和适用对象		计算公式	主要作用
增长速度	环比增长速度	环比发展速度 -1(或 100%)	表明报告期水平比基期水平增长(或降低)了百分之几或若干倍
	定基增长速度	定基发展速度 -1(或 100%)	
平均增长量		$\bar{\Delta} = \dfrac{\sum (a_i - a_{i-1})}{n} = \dfrac{a_n - a_0}{n}$	反映现象的平均增长水平
平均发展水平	时期数列	$\bar{a} = \dfrac{\sum a}{n}$	反映现象在一段较长时期内发展的一般水平,便于同类现象在不同发展阶段进行比较分析
	间隔相等的连续时点数列	$\bar{a} = \dfrac{\sum a}{n}$	
	间隔不等的连续时点数列	$\bar{a} = \dfrac{\sum af}{\sum f}$	
	间隔相等的间断时点数列	$\bar{a} = \dfrac{\dfrac{a_1}{2} + a_2 + \cdots + a_{n-1} + \dfrac{a_n}{2}}{n-1}$	
	间隔不等的间断时点数列	$\bar{a} = \dfrac{\dfrac{a_1 + a_2}{2}f_1 + \dfrac{a_2 + a_3}{2}f_2 + \cdots + \dfrac{a_{n-1} + a_n}{2}f_{n-1}}{\sum\limits_{i=1}^{n-1} f_i}$	
平均发展速度	侧重考察最末一期的水平	$\bar{x} = \sqrt[n]{\dfrac{a_n}{a_0}}$	反映现象在一个较长时期内逐期平均发展变化的速度
	侧重考察整个过程的总和	$\bar{x} + \bar{x}^2 + \bar{x}^3 + \cdots + \bar{x}^n - \dfrac{\sum\limits_{i=1}^{n} a_i}{a_0} = 0$	
平均增长速度		平均发展速度 -1(或 100%)	反映现象在一个较长时期内逐期平均增长变化的速度

趋势测定汇总

趋势类型	测定方法	
	名称	内容
长期趋势	时距扩大法	将原动态数列中若干时期资料合并,得出扩大时距的新动态数列,来反映现象发展变化的长期趋势
	移动平均法	对动态数列资料,采用逐项递推移动平均的方法,计算一系列序时平均数,形成一个新的动态数列,以反映现象的长期趋势
	最小二乘法	直线趋势方程为:$\hat{Y}_t = a + bt$,其中:$$b = \frac{n\sum tY - \sum t \sum Y}{n\sum t^2 - (\sum t)^2}, \quad a = \frac{\sum Y}{n} - b\frac{\sum t}{n} = \bar{Y} - b\bar{t}$$
季节变动	按月(季)平均法	季节指数$(S_i) = \dfrac{各月(季)平均数}{总月(季)平均数} \times 100\%$

练习题五

一、单选题

1. 在时间数列中,数值大小与时间长短没有关系的是（　　）。

A. 平均数时间数列　　　　　　　B. 时期数列

C. 时点数列　　　　　　　　　　D. 相对数时间数列

2. 采用几何平均法计算平均发展速度的依据是（　　）。

A. 各年环比发展速度之积等于总速度　B. 各年环比发展速度之和等于总速度

C. 各年环比增长速度之积等于总速度　D. 各年环比增长速度之和等于总速度

3. 下列数列中属于时间数列的是（　　）。

A. 学生按学习成绩分组形成的数列　　B. 职工按工资水平分组形成的数列

C. 企业按产量多少分组形成的数列　　D. 企业生产成本按时间顺序形成的数列

4. 从下列趋势方程 $\hat{Y}_t = 125 - 0.86t$ 中,可以得出（　　）。

A. 时间每增加一个单位,Y 增加 0.86 个单位

B. 时间每增加一个单位,Y 减少 0.86 个单位

C. 时间每增加一个单位,Y 平均增加 0.86 个单位

D. 时间每增加一个单位,Y 平均减少 0.86 个单位

5.时间序列中的发展水平（　　）。

　　A.只能是绝对数　　　　　　　　　　　　B.只能是相对数

　　C.只能是平均数　　　　　　　　　　　　D.上述三种指标均可以

6.按月平均法测定季节变动时,各月的季节比率之和（　　）。

　　A.等于 100％　　　　B.等于 400％　　　　C.等于 1200％　　　　D.大于 100％

7.平均发展速度是（　　）。

　　A.各期环比发展速度的平均数　　　　　　B.各期环比增长速度的平均数

　　C.各期定基发展速度的平均数　　　　　　D.各期定基增长速度的平均数

8.用最小平方法拟合直线趋势方程 $y_t = a + bt$,若 b 为负数,则该现象发展趋势是（　　）。

　　A.上升趋势　　　　　B.下降趋势　　　　　C.水平趋势　　　　　D.无法确定

9.某商品销售量去年比前年增长 10％,今年比去年增长 20％,则两年平均增长（　　）。

　　A.14.14％　　　　　B.30％　　　　　C.15％　　　　　D.14.89％

10.若根据数据计算得到,某产品的第二季度销售额的季节指数为 150％,则表明该商品第二季度销售额（　　）。

　　A.处于淡季　　　　　　　　　　　　　　B.处于旺季

　　C.比第一季度增长了 50％　　　　　　　　D.今年第二季度比往年增长了 50％

11.移动平均法是测定（　　）的一种较为简单的方法。

　　A.长期趋势　　　　B.循环变动　　　　C.季节变动　　　　D.不规则变动

12.如果时间数列共有 20 年的年度资料,若使用 6 项移动平均法进行修匀,结果修匀之后的时间数列只有（　　）。

　　A.19 项　　　　　　B.18 项　　　　　　C.16 项　　　　　　D.15 项

13.某商厦三年中商品销售额每年增加 20 万元,则该商厦每年商品销售额的发展速度（　　）。

　　A.提高　　　　　　B.降低　　　　　　C.不变　　　　　　D.无法判断

14.元宵的销售一般在"元宵节"前后达到旺季,1月份、2月份的季节指数将（　　）。

　　A.小于 100％　　　B.大于 100％　　　C.等于 100％　　　D.大于 1200％

15.空调的销售量一般在夏季前后最高,其主要原因是空调的供求（　　）,可以通过计算（　　）来测定夏季期间空调的销售量高出平时的幅度。

　　A.受气候变化的影响;循环指数　　　　　B.受经济政策调整的影响;循环指数

　　C.受自然界季节变化的影响;季节指数　　 D.受消费心理的影响;季节指数

二、多选题

1.在（　　）时间序列中,各项指标数值不能相加。

　　A.绝对数时间序列　　　　B.相对数时间序列　　　　C.平均数时间序列

　　D.时点序列　　　　E.时期序列

2.定基发展速度与环比发展速度的关系有（　　）。

　　A.各环比发展速度之和等于相应的定基发展速度

B. 各环比发展速度之积等于相应的定基发展速度

C. 两个定基发展速度之商等于相应的环比发展速度

D. 相邻两个定基发展速度之商等于相应的环比发展速度

E. 相邻两个定基发展速度之差等于相应的环比发展速度

3. 历年国民生产总值数列是( )。

A. 绝对数时间数列　　　　B. 相对数时间数列　　　　C. 平均数时间数列

D. 时期数列　　　　　　　E. 时点数列

4. 某公司连续 5 年的销售额资料如下所示。

时间	第 1 年	第 2 年	第 3 年	第 4 年	第 5 年
销售额(万元)	1000	1100	1300	1350	1400

根据上述资料计算的下列数据正确的有( )。

A. 第 2 年的环比增长速度=定基增长速度=10%

B. 第 3 年的累计增长量=逐期增长量=200 万元

C. 第 4 年的定基发展速度为 135%

D. 第 5 年增长 1% 的绝对值为 14 万元

E. 第 5 年增长 1% 的绝对值为 13.5 万元

5. 定基发展速度与环比发展速度的数量关系是( )。

A. 定基发展速度等于相应的环比发展速度的连乘积

B. 两个相邻的定基发展速度之比等于相应的环比发展速度

C. 定基发展速度与环比发展速度的基期一致

D. 定基发展速度等于相应的环比发展速度之和

E. 定基发展速度等于相应的环比发展速度之差

6. 测定长期趋势的方法有( )。

A. 时距扩大法　　　　　　B. 移动平均法　　　　　　C. 分段平均法

D. 最小平方法　　　　　　E. 趋势剔除法

7. 在直线趋势方程 $Y=a+bt$ 中,b 表示( )。

A. 趋势线的斜率

B. 时间 t 每增加一个单位,Y 增加 b 个单位($b>0$)

C. 时间 t 每增加一个单位,Y 减少 b 个单位($b<0$)

D. 时间 t 每增加一个单位,Y 平均增加 b 个单位($b>0$)

E. 时间 t 每增加一个单位,Y 平均减少 b 个单位($b<0$)

8. 季节变动主要是由( )引起的。

A. 自然灾害　　　　　　　B. 政治事件　　　　　　　C. 消费心理

D. 制度、法律、习俗　　　E. 自然界的季节变化

9. 预计 2020 年我国 GDP 比 2000 年翻两番,那么( )。

A. 2000—2020 年 GDP 要增长 3 倍

B.2020 年的 GDP 相当于 2000 年的 4 倍

C.20 年间每年平均发展速度为 107.18%

D.20 年间每年平均发展速度为 105.65%

E.GDP 每年增长速度等于 7.18%

10.某地区 2018 年第二产业增加值为 37669 亿元,同比增长 6.7%,那么( )。

A.年距发展速度为 106.7%

B.2017 年第二产业增加值为 35304 亿元

C.每增长 1%,第二产业增加值多 353 亿元

D.年增长量为 2365 亿元

E.37669 亿元是报告期水平

三、判断题

1.由于时点数列、时期数列都是绝对数动态数列,所以它们的特点是相同的。( )

2.发展速度可以为负数。( )

3.若各期增长量是相等的,则各期增长速度也相等。( )

4.根据移动平均法计算出来的新数列比原始数列的波动小,数据的波动趋势更加光滑。( )

5.平均增长速度可以根据环比增长速度直接计算。( )

6.季节变动比率指标必须或至少用三年以上月或季度的完整资料进行计算。( )

7.时期数列中各项指标数值可以相加。( )

8.增长 1%的绝对值是增长量与增长速度之比。( )

9.时期数列中有连续时期数列和间断时期数列两种。( )

10.年距发展速度＝年距增长速度＋1。( )

四、综合题(一)

1.某制糖厂 2015 年生产糖 5 万吨,如果平均每年增长 16%,试问多少年后糖的产量可以达到 40 万吨?

2.某企业 2017 年产品库存量资料如下:

日期	库存量(件)	日期	库存量(件)	日期	库存量(件)
1 月 1 日	63	4 月 30 日	50	9 月 30 日	60
1 月 31 日	60	5 月 31 日	55	10 月 31 日	68
2 月 28 日	88	6 月 30 日	70	11 月 30 日	54
3 月 31 日	46	7 月 31 日	48	12 月 31 日	58
		8 月 31 日	49		

试计算第一季度、第二季度、上半年、下半年和全年的平均库存量。

3.某地区 2016 年末人口数为 2000 万人,假定以后每年以 9‰的速度增长,又知该地区 2016 年 GDP 为 1240 亿元。要求到 2020 年人均 GDP 达到 9500 元,试问该地区 2020 年的 GDP 应达到多少?2017 年到 2019 年 GDP 的年均增长速度应达到多少?

4.某公司 2010—2014 的销售收入资料如下:

年份	2010	2011	2012	2013	2014
销售收入(万元)	465	615	836	1322	1669

试计算该企业 2010—2014 年销售收入的发展速度和增长速度。

5.某地区 2013—2018 年电瓶车的销售量资料如下:

年份	2013	2014	2015	2016	2017	2018
销售量(万台)	68	71	75	79	84	88

要求:(1)判断该地区电瓶车的销售量的发展趋势。

(2)用最小平方法配合趋势线方程,预测 2021 年该地区电瓶车的销售量。

五、综合题(二)

1.某企业 2018 年职工人数资料如下:

日期	1月1日	4月1日	5月1日	11月1日	12月31日
职工人数(人)	3020	3260	2950	3200	3270

试计算该企业 2018 年全年平均职工人数。

2.某企业 2018 年各季度实际完成利润和利润计划完成程度的资料如下:

季度	第一季度	第二季度	第三季度	第四季度
实际完成利润(万元)	860	887	875	898
利润计划完成程度(%)	130	135	138	125

试计算该企业年度利润计划平均完成百分比。

3.某集团公司 2018 年第三季度职工人数及产值资料如下:

月份	7月	8月	9月	10月
销售产值(万元)	8000	8400	9000	9300
月初人数(人)	4640	4660	4680	4600

要求:(1)计算第三季度的月平均劳动生产率;

(2)计算第三季度的劳动生产率。

4.某企业 2013—2018 年间某产品产量资料如下：

年份	2013	2014	2015	2016	2017	2018
产量(万件)	500					
逐期增长量(万件)	—	50.00				
累计增长量(万件)	—		44.00			
环比发展速度(%)	—					
环比增长速度(%)						5.00
定基发展速度(%)				132.80		
定基增长速度(%)						
增长1%的绝对值(万件)	—					7.00

要求：(1)将表中空格数据补齐；

(2)计算 2013—2018 年间该企业的年平均产量、年平均增长量和年平均增长速度。

5.某企业连续 6 年的销售额资料如下：

年份	2013	2014	2015	2016	2017	2018
销售额(万元)	85.6	91	96.1	101.2	107	112.2

要求：(1)试用最小平方法建立恰当的趋势方程；

(2)试预测该企业 2019 年和 2020 年的销售额。

练习题五
参考答案

‹‹‹ 第六章

统计指数

第一节 统计指数的意义和种类

一、统计指数的含义

统计指数简称指数,它有广义、狭义之分。广义上的统计指数,泛指社会经济现象数量变动或差异程度的相对数,它反映某一社会经济现象在两个不同时间、空间或者计划与实际之间数值的对比关系。它的使用范围不仅包括动态对比,也包括静态对比;不仅包括个体经济量对比,也包括多种不同经济量对比。所以,从广义上讲,凡是用来测定一个变量值对于一个特定的变量值大小的相对数均可称为指数。

狭义上的指数是一种特定的相对数,是综合反映不能直接加总的多因素所构成的复杂社会经济现象总体变动或差异程度的相对数。所谓复杂社会经济现象总体,是指那些由多种不能直接加总的要素所组成的社会经济现象总体。例如,某一地区的物价总水平,就是由各种不同使用价值、不同计量单位和不同型号规格的商品价格所构成的复杂社会经济现象总体,反映这一地区不同时期物价总水平的变动,不能简单地将不同时期商品的单价相加和对比,因为不同商品的价格是以不同的使用价值和计量单位为基础的,是不同度量的事物,是不能直接相加的。为了如实地反映这一地区物价总水平的升降变化情况,就需要编制专门反映此类变动的相对数,这就是狭义上的统计指数。又如,各种产品产量或商品销售量,由于它们的使用价值不同,计量单位不同,它们也是不能直接加总对比的,而统计需要把它们当作一个总体来研究,以反映全部产品产量或全部商品销售量的综合变动程度,也需借助狭义上的统计指数,它可以把不能直接相加对比(不能同度量)的社会经济现象变为能同度量、可以相加、可以综合对比。狭义上的统计指数,是专指总指数而言的,如产量总指数、物价总指数、成本总指数、牌市差价总指数等。

166

二、统计指数的作用

统计指数在统计工作和社会经济活动分析中有着广泛应用,其主要作用包括以下三个方面。

(1)运用统计指数,可以综合反映社会经济现象总体的变动方向和程度。统计指数法的首要任务就是把不能直接加总的现象过渡到可以综合对比,从而反映复杂社会经济现象的总变动的方向和程度。运用指数法,对这些不同使用价值和计量单位的多种产品或商品的数量关系,由不能直接相加过渡到可以综合比较,计算产品物量总指数、零售商品物价总指数或产品成本总指数等,从不同的总指数中分别说明同类现象的变动方向和程度。例如,零售价格总指数,可以说明许多商品的零售价格有涨有落。若零售价格总指数为95%,说明零售价格下降了5%;若零售价格总指数为105%,则说明零售价格上升了5%,这种下降、上升及其百分比就是这种社会经济现象总体的变动方向和程度的具体表现。

(2)运用统计指数,可以分析和测定现象总变动中各个有关因素影响的方向和程度。社会经济现象总体的数量变化,往往由两个或两个以上因素的变动所构成。例如,商品销售额的变动,就是商品销售量和商品价格两个因素变动的综合结果,运用统计指数法可以分析和测定这两个因素变动对销售额总体变动影响的方向和程度。这种方法不仅可以对总量指标如工业总产值、生产支出总额及其构成因素进行分析,还可以研究在相对指标和平均指标变动中,各构成因素变化对它的影响方向和程度。相对指标的变动受分子与分母两个因素变化的影响,平均指标变动往往取决于各种平均水平和总体结构(即各级在总体中所占比重)变动的影响。例如,企业工人的平均工资的总变动,既受各类工人平均工资水平的影响,又受各类工人在工人总数中所占比重变动的影响,因此,需要利用指数法,以测定总平均工资变动中这两个因素的变化情况及其产生的影响程度。

(3)运用统计指数,可以分析和研究复杂经济现象总体在长时间内的变动趋势,对比分析不同性质指数数列之间的变动关系。对于同一个复杂经济总体,有时需要按照时间的次序,连续编制指数的时间数列,即指数数列,反映同一内容的各个时期的一系列指数。同时,将几个有密切联系而性质不同的现象的指数数列综合起来对比分析,可以表明这些现象之间变化的差异和相互联系的情况。例如,把职工生活费用价格指数编制成指数数列,和职工货币工资指数数列比较对照,研究价格变化趋势与货币工资变化趋势成何种关联状况,从而进一步认识职工实际工资的发展变化。

三、统计指数的分类

根据研究角度的不同,统计指数可进行如下分类。

(一) 个体指数和总指数

统计指数按其反映的对象范围的不同,可以分为个体指数和总指数。

个体指数是反映个体现象或个别事物的变动或差异程度的相对数,它是个体现象或个别事物的报告期水平与基期水平之比。例如,反映商品销售量变动的指数,称为个体商品销售量指数;反映个别商品成本变动的指数,称为个体商品成本指数;反映个别商品价格变动的指数,称为个体价格指数;等等。个体指数通常记作 k,它的计算公式举例如下:

个体商品销售量指数:$k_q = \dfrac{q_1}{q_0}$

个体商品成本指数:$k_z = \dfrac{z_1}{z_0}$

个体价格指数:$k_p = \dfrac{p_1}{p_0}$

上式中:q 代表销售量;z 代表单位商品成本;p 代表商品的单价;下标 1 代表报告期;下标 0 代表基期。

由于个体指数是同一个体现象或事物的报告期指标数值与基期指标数值对比而得的发展速度指标,因此,个体指数是属于一般的动态相对数和广义指数的范围。

总指数是严格意义上的指数,它是反映特殊总体变动或差异程度的相对数,它表明全部要素构成的整个总体数量的对比关系。例如,全部产品的产量总指数和全部零售商品的零售价格总指数等等。

(二)数量指标指数和质量指标指数

指数按其反映的社会经济现象特征的不同,分为数量指标指数和质量指标指数。

数量指标指数是反映数量指标变动或差异程度的相对数,它表明的是生产经营活动或其他经济工作中的数量总动态。例如,产品产量指数、销售量指数、税额指数等,它们反映生产、销售和税收总额的规模、水平等综合变动情况。

质量指标指数是反映质量指标变动或差异程度的相对数,它综合反映生产、经营工作或其他经济工作质量水平的变动情况。例如,产品成本指数、劳动效率指数、物价指数、税率指数等,它们直接反映产品单位成本、劳动效率、物价水平和税率等变动的高低。

(三)定基指数和环比指数

指数按其采用基期的不同,分为定基指数和环比指数。

将不同时期的某种指数按时间先后顺序排列,形成指数数列。在指数数列中,若各个指数都以某一固定时期作为基期,就称为定基指数;若各个指数都是以报告期的上一期作为基期,则称为环比指数。这两种指数分别说明现象在长时间内的总变动趋势和远期的发展情况。

(四)动态指数和静态指数

指数按其反映的时态的不同,分为动态指数和静态指数。

动态指数是由两个不同时期的经济量对比形成的指数,反映社会经济现象在不同时间上的发展变化。静态指数是两个经济量在同一时间内不同空间上的对比,或者在同一时空下甲地与乙地相比,如工业劳动生产率指数就属于静态指数。又如某年按不变价格计算的工业总产值,甲地区为乙地区的108%,这个相对数(指数)也是静态指数。

（五）综合指数和平均指数

指数按其计算方法不同或形式不同,分为综合指数和平均指数。

第二节　综合指数

一、综合指数的概念及同度量因素

指数有两种计算形式,即综合指数和平均指数。综合指数是编制总指数的基本形式,平均指数是综合指数的变形。

综合指数是由两个总量指标对比而形成的指数,一般来说,凡是一个总量指标可以分解为两个或两个以上因素指标时,将其他因素指标固定下来,仅研究其中一个因素指标的变动程度。这种总量指标对比而形成的总指数就叫作综合指数。具体地,综合指数是按照加权综合的方法计算出两个综合总量,并进行对比的结果。综合指数中的因素指标是指固定的因素指标和研究的因素指标,固定的因素称为同度量因素,研究的因素称为指数化因素,这两种因素既可以是数量指标,又可以是质量指标。因此,综合指数有数量指标综合指数与质量指标综合指数两种。

编制总指数时,我们所研究的是由不同量的事物所构成的特殊总体,无论是数量指标指数或质量指标指数,当它们是由多个不能直接相加总的要素所构成的社会经济现象复杂总体时,为反映整个复杂总体的变动状况,我们不能简单地将作为研究对象的各要素数值直接相加并进行对比。这样不仅没有任何经济意义,而且不符合统计理论的要求。因此,我们必须首先通过一定的因素,将不同度量的事物转化为能同度量的事物,这种将特定总体中不同度量的事物转化为同度量事物的媒介因素称为同度量因素。通过同度量因素,一方面,可将不能直接相加或对比的诸因素转变为可直接加总或对比的价值形态;另一方面,可以消除所引入的同度量因素对研究对象数量变动的影响,然后集中分析所研究对象——某一社会经济现象(即指数化因素)的总变动,并表达其变动的程度和方向。例如,在分析各种产品的产量总动态时,若从使用价值来衡量产品,具有质的差别,不能直接相加即不能同度量;而从其价值形态来衡量,只有量的差别,是可以直接相加的。如果我们引进价格因素,将各种产品的产量乘以各自的价格,使其还原为价值形态,这时,单位产品价格起着媒介作用,使不能直接相加的各种产品产量过渡到能够相加的产品价值。在这种情况下,单位产品价格就是同度量因素,由于同度量因素同时具有权衡各指标在总体变动中的作用,所以又称为权数。

同度量因素可以根据现象之间客观存在的经济联系而定。例如,商品销售量、价格和销售额之间存在着客观的经济联系,在一般情况下,同度量因素的选择要保持这种联系,质量指标因素与其有联系的数量指标因素都互为同度量因素。计算数量指标指数,则商品销售量、工业产品产量等数量指标是指数化指标(即用来计算指数的指标),与其有联系的单位产品价格、单位产品成本等质量指标则分别是这些指数化指标的同度量因素。类似地,计算质量指标指数,则商品价格、工业产品成本等质量指标是指数化指标(即用来计算指数的指标),与其有联系的产品销量、产品产量等数量指标则分别是这些指数化指标的同度量因素。因此,在计算数量指标指数时,其同度量因素应为质量指标;在计算质量指标指数时,其同度量因素应为数量指标。

编制总指数时,不仅要选择同度量因素解决不同度量的问题,而且要把同度量因素固定起来,使同度量因素在计算指数的分子与分母中同属一个时期。分析研究构成现象的因素变动及其影响时,是固定其中某个因素来观察另一个因素的变化,这就产生了某一构成因素如何固定在同一时期上的问题。例如,为了说明各种产品产量的动态,单纯反映销售量(指数化指标)这一因素的变动,必须假定报告期和基期的产品价值是按同一个时期的单位产品价格计算的,亦即价格这一同度量因素必须采用同一个时期的。

综上所述,编制综合指数有两个要点:一是要确定同度量因素,通过同度量因素把不能直接相加的事物转化为可以同度量;二是要固定同度量因素的时期。从编制程序和方法上来说,编制综合指数,首先要根据经济理论和统计研究任务,对被研究现象各因素的内在联系进行分析,确定其同度量因素和指数化指标;然后,采用科学的抽象方法,固定其他的因素(同度量因素),以测定一个因素(指数化指标)的变动情况。由于综合指数是由两个时期(报告期和基期)内的总量指标数值对比形成的一种特殊相对数,因而不仅可以从相对数方面反映某种现象在时间上发展变化的方向和程度,而且可以从分子与分母的差额(绝对数)说明由于某种现象的数量指标(或质量指标)的变动而产生的经济效果。

以下将以数量指标综合指数和质量指标综合指数为例,说明采用综合指数公式计算总指数的方法。

二、数量指标综合指数

综合反映经济现象总体数量的变动情况时,需要编制数量指标综合指数。在综合指数中固定质量指标以反映数量指标变动程度的指数,称为数量指标综合指数。例如,产品产量综合指数、商品销售量综合指数等都是数量指标综合指数。数量指标综合指数的编制方法是:首先,选择质量指标为同度量因素,把物量总体转化为价值总体;其次,确定同度量因素所属的时期,同度量因素固定在不同时期,可以得到不同的计算公式。现以商品的销售量综合指数为例,来说明数量指标综合指数的编制原理和方法。

【例 6-1】 假设某商业企业经营的商品数量和相应的商品价格资料如表 6-1 所示,试测定三种商品销售量的总变动,即计算销售量总指数。

表 6-1　某商业企业商品数量和商品价格

产品	单位	基期		报告期		销售额（万元）			
		价格（元）	销售量	价格（元）	销售量	基期	报告期	假定销售额	
		p_0	q_0	p_1	q_1	$q_0 p_0$	$q_1 p_1$	$q_0 p_1$	$q_1 p_0$
甲	件	100	1000	100	1150	10	11.5	10	11.5
乙	吨	50	2000	55	2200	10	12.1	11	11.0
丙	台	20	3000	25	3150	6	7.875	7.5	6.3
合计	—	—	—	—	—	26	31.475	28.5	28.8

首先，必须根据"销售量×价格＝销售额"这一客观存在的联系，以价格作为同度量因素，才能把不能直接加总的各种商品销售量转变为可以加总的销售额，即通过价格因素使销售量总体转化为价值总体；然后，将三种商品销售额进行对比，测定销售总量的变动程度。

其次，为了分析销售量（指数化指标）这一因素的变动情况，必须把价格因素固定起来，使价格因素在计算销售量总指数的分子与分母中同属一个时期。固定价格因素时有两种可能：一是以基期价格为同度量因素；另一是以报告期价格为同度量因素。于是可得两种不同的计算公式和结果以及不同的经济内容。

（1）以基期价格为同度量因素，则商品销售量综合指数（又称拉氏物量指数或拉氏指数）公式为：

$$\bar{k}_q = \frac{\sum q_1 p_0}{\sum q_0 p_0} \times 100\% \tag{6-1}$$

上式将同度量因素 p_0 固定在基期，它说明在基期价格水平不变的条件下，销售量的综合变动的方向和程度，而且可以从分子与分母的差额说明由于销售量的变动而产生的销售额的变动额。

用表 6-1 中资料代入(6-1)得：

$$\bar{k}_q = \frac{\sum q_1 p_0}{\sum q_0 p_0} \times 100\% = \frac{1150 \times 100 + 2200 \times 50 + 3150 \times 20}{1000 \times 100 + 2000 \times 50 + 3000 \times 20} \times 100\%$$

$$= \frac{28.8}{26} \times 100\% = 110.77\%$$

$$\sum q_1 p_0 - \sum q_0 p_0 = 28.8 - 26 = 2.8（万元）$$

（2）以报告期价格为同度量因素，则商品销售量综合指数公式为：

$$\bar{k}_q = \frac{\sum q_1 p_1}{\sum q_0 p_1} \times 100\% \tag{6-2}$$

上式将同度量因素 p_1 固定在报告期，它说明在报告期价格水平不变的条件下，销售量的综合变动的方向和程度。

用表 6-1 的资料代入(6-2)得：

$$\overline{k_q} = \frac{\sum q_1 p_1}{\sum q_0 p_1} \times 100\% = \frac{1150 \times 100 + 2200 \times 55 + 3150 \times 25}{1000 \times 100 + 2000 \times 55 + 3000 \times 25} \times 100\%$$

$$= \frac{31.475}{28.5} \times 100\% = 110.44\%$$

$$\sum q_1 p_1 - \sum q_0 p_1 = 31.475 - 28.5 = 2.975(万元)$$

计算结果表明,三种商品销售量平均上升了 10.44%,由于销售量增加而使销售额增加了 2.975 万元。与式(6-1)计算结果比较,指数低 0.33%,销售额多增长 1750 元。

为什么会得出不同的计算结果呢?其原因在于计算销售量总指数时使用了不同时期的价格。式(6-1)是以基期价格作为同度量因素,即价格仍维持原来的水平,所反映的仅仅是销售量的变动情况,不包含价格变动的影响。式(6-2)是以报告期价格作为同度量因素,在反映商品销售量变动的同时夹杂了价格变动的因素。即乙商品多 1000 元,丙商品多 750 元,合计多 1750 元。

究竟采用哪一个公式,必须根据实际情况和研究的目的而定。在实际工作中,计算销售量综合指数,一般采用基期价格作为同度量因素。因为只有这样才能真正地把价格因素固定下来,才能纯粹地反映销售量的综合变动情况。如果以报告期价格为同度量因素,则会把价格变动的影响带进销售量的变动之中,使销售量综合指数不能纯粹反映销售额的综合变动程度及其增减情况。这个原则适用于编制其他数量指标综合指数,即在一般情况下,编制和计算数量指标综合指数时,采用基期的质量指标作为同度量因素。

三、质量指标综合指数

综合反映经济工作质量水平的变动时,需要编制质量指标综合指数。在综合指数中,固定数量指标以反映质量指标变动程度的指数,称为质量指标综合指数。例如,商品价格综合指数、产品成本综合指数等都是质量指标综合指数。质量指标综合指数的编制方法是:首先,选择数量指标为同度量因素,把价格(成本等)总体转化为价值总体;其次,确定同度量因素所属的时期,同度量因素固定在不同时期,可以得到不同的计算公式。现以各种商品的价格综合指数为例,来说明质量指标综合指数的编制原理和方法。

为了编制和计算价格综合指数,首先必须选择同度量因素。尽管价格水平是以货币为计量单位的,但由于各种商品的价格反映不同使用价值的实物量的价格水平,彼此直接相加和对比是没有实际意义的,因而各种商品的单价是不能同度量的。因此,各种商品价格仍然不能直接加总和对比。可见,编制质量指标综合指数时,同样要解决同度量因素这个问题。众所周知,商品价格是商品销售额的一个因素,价格和销售量相乘,可以得到该商品的销售额,而各种商品的销售额是可以相加的。因此,编制商品价格综合指数时,同度量因素就是商品销售量。其次,为了说明各种商品价格综合变动的方向和程度,还要把销售量这一同度量因素固定在同一时期。价格综合指数以同一时期的商品销售量为同度量因素,可以是基期销售量,也可以是报告期销售量,因此其计算公式可分为两种。

(1)以基期销售量为同度量因素,则商品价格综合指数(又称派氏价格指数或派氏指数)公式为：

$$\bar{k}_p = \frac{\sum q_0 p_1}{\sum q_0 p_0} \times 100\%\qquad(6\text{-}3)$$

上式将同度量因素 q_0 固定在基期,它表明在基期销售量不变的条件下,各种商品的价格综合变动的方向和程度。

仍以表 6-1 的资料代入式(6-3),则商品价格综合指数为：

$$\bar{k}_p = \frac{\sum q_0 p_1}{\sum q_0 p_0} \times 100\% = \frac{28.5}{26} \times 100\% = 109.61\%$$

$$\sum q_0 p_1 - \sum q_0 p_0 = 28.5 - 26 = 2.5(万元)$$

计算结果表明,三种商品价格平均上升 9.61%,分子与分母的差额,说明由于物价的上升,使商品销售额增加了 2.5 万元。

(2)以报告期销售量为同度量因素,则商品价格综合指数公式为：

$$\bar{k}_p = \frac{\sum q_1 p_1}{\sum q_1 p_0} \times 100\%\qquad(6\text{-}4)$$

上式将同度量因素 q_1 固定在报告期,它表明在报告期销售量不变的条件下,各种商品的价格综合变动的方向和程度。

为了便于比较,仍用表 6-1 中的资料代入式(6-4),则商品价格综合指数为：

$$\bar{k}_p = \frac{\sum q_1 p_1}{\sum q_1 p_0} \times 100\% = \frac{31.475}{28.8} \times 100\% = 109.29\%$$

$$\sum q_1 p_1 - \sum q_1 p_0 = 31.475 - 28.8 = 2.675(万元)$$

该计算结果跟按式(6-3)所得的计算结果不同,产生这种差别的原因就在于计算价格总指数时采用了不同时期的销售量。式(6-3)假定在基期销售量未发生变化的情况下,商品价格综合变动的方向和程度,其中不反映销售量的变动,只反映价格的"纯"变动;式(6-4)则假定在报告期销售量不变的情况下,商品价格综合变动的方向和程度,其中包含同度量因素销售量变动的影响。如果为了准确反映价格因素的"纯"变动,应把销售量因素固定在基期,使其不发生变化,即从价格综合指数的任务出发,式(6-3)要比式(6-4)更好。在实际工作中,一般采用报告期销售量作为同度量因素,这主要因为,计算物价综合指数的目的,不仅是反映物价总变动的方向和程度,更重要的是考察价格变动的实际经济效果,以报告期销售量作为同度量因素,使物价变动与现实的社会经济情况相联系,而不是与物价变动前的社会经济状况相联系,使物价变动对社会经济生活的影响具有实际的而不是假定的社会经济内容。因此,以报告期销售量作为同度量因素,可以研究当前市场商品价格变动对国家财政收支及城乡人民经济生活的实际影响,它具有较显著的现实的经济意义。从这一角度出发,式(6-4)是比较合理的。因此,编制和计算价格综合指数,一般采用报告期销售量作为同度量因素。这个原则也适用于编制其他质量指标综合指数,即在一般情况下,编制和计算质量指标综合指数时,采用报告期的数量指标作为同度量因素。

第三节　平均指数

综合指数是计算总指数的基本形式,但在实际工作中,有时由于受到计算资料的条件限制,不能直接利用综合指数公式进行计算。在这种情况下,就要从具体情况出发,将综合指数的形式变为平均指数的形式。但这种改变只是计算形式的改变,它的经济内容以及计算结果和综合指数完全相同,因此,平均指数只是综合指数公式的变形。

平均指数是个体指数的平均数。它可采用加权算术平均法计算,也可采用加权调和平均法计算,计算的结果:前者是加权算术平均指数,后者是加权调和平均指数。以下分别加以介绍。

一、加权算术平均指数

在编制数量指标综合指数时,如果掌握的是个体指数和综合指数分母(即基期的实际数值)资料,而没有掌握综合指数分子资料,这时就要用加权算术平均指数公式来计算其总指数,即以分母资料为权数来计算个体指数的算术平均数。现以计算商品销售量总指数为例进行说明。

假定某菜市三种商品的销售资料如表 6-2 所示。

表 6-2　某莱市场商品销售额

产品	单位	销售额(元)		个体销售量指数	个体价格指数	以个体销售量指数乘以基期实际销售额(元)	以个体价格指数乘以报告期实际销售额(元)
		基期	报告期				
		$q_0 p_0$	$q_1 p_1$	$k_q = \dfrac{q_1}{q_0}$	$k_p = \dfrac{p_1}{p_0}$	$k_q q_0 p_0$	$\dfrac{1}{k_p} q_1 p_1$
甲	斤	52000	71500	1.250	1.10	65000	57200
乙	尺	34200	39900	1.107	1.00	37859	36043
丙	担	13000	17000	1.111	0.85	14443	15302
合计	—	99200	128400	—	—	117302	108545

由于已知个体销售量指数 $k_q = \dfrac{q_1}{q_0}$,则将 $q_1 = k_q q_0$ 代入销售量综合指数公式[即式(6-1)],得:

$$\overline{k}_q = \frac{\sum k_q q_0 p_0}{\sum q_0 p_0} \times 100\% \tag{6-5}$$

该公式以个体销售量 k_q 为变量,以基期销售额($q_0 p_0$)为权数的加权算术平均指数。

以表 6-2 的资料代入加权算术平均指数公式(6-5),则有:

$$\overline{k}_q = \frac{\sum k_q q_0 p_0}{\sum q_0 p_0} \times 100\% = \frac{117302}{99200} \times 100\% = 118.2\%$$

$$\sum k_q q_0 p_0 - \sum q_0 p_0 = 117302 - 99200 = 18102(元)$$

计算结果表明,三种商品的销售额比基期平均增长了 18.2%。由于销售量增长,销售总额增加了 18102 元。

二、加权调和平均指数

在编制质量指标综合指数时,如果掌握的资料是个体指数和综合指数分子资料,而没有直接掌握综合指数分母的资料,这时就要把综合指数公式变形,用加权调和平均指数公式来编制指数,即以分子资料为权数来计算个体指数的调和平均指数。现以计算商品价格总指数为例进行说明。

由于个体物价指数 $k_p = \dfrac{p_1}{p_0}$,则将 $p_0 = \dfrac{p_1}{k_p}$ 代入商品价格综合指数公式[即式(6-4)],得:

$$\bar{k}_p = \frac{\sum q_1 p_1}{\sum \dfrac{1}{k_p} q_1 p_1} \times 100\% \tag{6-6}$$

该公式以个体物价指数 k_p 为变量,以综合指数的分子资料($q_1 p_1$)为权数的加权调和平均指数。

现仍以表 6-2 中的资料代入式(6-6),可得:

$$\bar{k}_p = \frac{\sum q_1 p_1}{\sum \dfrac{q_1 p_1}{k_p}} \times 100\% = \frac{128400}{108545} \times 100\% = 118.3\%$$

$$\sum q_1 p_1 - \sum \frac{q_1 p_1}{k_p} = 128400 - 108545 = 19855(元)$$

计算结果表明,报告期商品的价格比基期平均上涨 18.3%。由于物价上涨,销售总额增加了 19855 元。

从理论上来说,数量指标综合指数公式和质量指标综合指数公式都可以改变为平均指数公式。现以数量指数和价格指数为例,说明综合指数与平均指数的关系,不难看出如下关系:

数量综合指数公式＝个体数量指数加权算术平均

价格综合指数公式＝个体价格指数加权调和平均

三、固定权数加权平均指数

在实际统计工作中,有时由于权数的原始材料不易及时取得,因而所使用的权数采用相对数(比重)的形式固定下来,即采用固定权数 W 来计算平均指数。例如,在我国商业统计中,编制零售价格指数时就采用固定加权算术平均数法,其所用权数是经过调整的基期销售额,即用各类商品的销售额所占的比重 w 表示,以 k 代表各类零售消费品价格的个体指数。其计算公式为:

$$\overline{k}_p = \frac{\sum k_p w}{\sum w} \tag{6-7}$$

式中，k_p 为消费品零售价格的个体指数；w 为居民消费构成的比重，即固定权数（并非实际销售额或其他实际的经济量，而是根据实际数字进一步推算调整确定的一个结构相对数），$\sum w = 100$。

零售物价指数分为小类指数、大类指数和总指数，并逐级编制汇总。一般说来，小类中各具体商品的权数之和、大类中各小类商品的权数之和以及全部零售商品中各大类商品的权数之和都应分别等于 100%。将商品分为食品、衣着、日用品等几类，在每类中选取若干种代表性商品计算个体指数，并确定相适应的固定权数来计算价格总指数。因此，从形式到内容，零售物价指数与综合指数有很大的不同，是一种独立的总指数。

第四节　指数体系

一、指数体系的概念

社会经济现象有着错综复杂的联系，所以一种经济现象的总变动，往往受构成它的两个或两个以上因素共同变动的影响。因此，反映某一复杂总体总变动的指数和反映构成该复杂总体诸因素变动的指数之间必然存在着一定的内在联系。这种内在联系，就构成指数体系。所谓指数体系，是指相互联系的两个或两个以上的经济指数之间保持一定的数量对等关系所组成的体系。

这些相互联系的指数体系在数量上表现为一个经济现象的总变动，往往是构成因素中若干指数相乘的结果，即若干因素指数的乘积等于总变动指数。例如：

工业总产值指数＝出厂价格指数×产品产量指数

商品销售额指数＝商品价格指数×商品销售量指数

产品总成本指数＝成本指数×产量指数

指数体系不仅表现为若干因素指数的乘积等于总变动指数，而且表现为若干因素的变动所引起的差额之和等于实际发生的总差额，即若干影响差额的代数和等于实际发生的总差额。

二、综合指数和平均指数体系

为了进一步理解指数体系中的数量对等关系，我们通过前面介绍过的综合指数及其变形的平均指数所组成的指数体系来加以说明。下面介绍一些常用的指数体系。

(一)综合指数体系

1. 销售额指数

销售额指数＝价格指数×销售量指数，即有：

$$\frac{\sum q_1 p_1}{\sum q_0 p_0} = \frac{\sum q_1 p_0}{\sum q_0 p_0} \times \frac{\sum q_1 p_1}{\sum q_1 p_0} \tag{6-8}$$

销售额增减额＝因物价变动产生的增减额＋因销售量变动产生的增减额，即有：

$$\sum q_1 p_1 - \sum q_0 p_0 = \left(\sum q_1 p_1 - \sum q_1 p_0\right) + \left(\sum q_1 p_0 - \sum q_0 p_0\right)$$

2. 总产值指数

总产值指数＝价格指数×产品产量指数

总产值增减额＝因价格变动产生的增减额＋因产品产量变动产生的增减额

3. 生产总费用指数

生产总费用指数＝成本指数×产品产量指数

总费用增减额＝因单位成本变动产生的增减额＋因产品产量变动产生的增减额

(二)作为综合指数变形的平均指数体系

销售额指数＝物价指数×销售量指数，即有：

$$\frac{\sum q_1 p_1}{\sum q_0 p_0} = \frac{\sum k_q q_0 p_0}{\sum q_0 p_0} \times \frac{\sum q_1 p_1}{\sum k_q q_0 p_0} \tag{6-9}$$

销售额增减额＝因物价变动产生的增减额＋因销售量变动产生的增减额，即有：

$$\sum q_1 p_1 - \sum q_0 p_0 = \left(\sum q_1 p_1 - \sum k_q q_0 p_0\right) + \left(\sum k_q q_0 p_0 - \sum q_0 p_0\right)$$

三、指数体系的作用

指数体系的作用主要表现在以下三个方面。

(1)利用指数体系，可以对客观现象的变动进行因数分析，指数体系是指数因数分析法的基本依据。运用指数体系，从相对数和绝对数两方面分析各因素变动及其对总变动的影响。现以表6-1的资料为例，在分析销售额变动中价格与销售量这两个因素的影响程度时得到三个指数：

①商品销售额总指数为121.06％；

②价格总指数为109.29％；

③商品销售量总指数为110.77％。

它们的关系是121.06％＝109.29％×110.77％，即有：

　　　　商品销售额总指数＝价格总指数×商品销售量总指数

计算结果表明，三种商品价格上升9.29％，销售额增加2.675万元；销售量提高10.77％，销售额增加2.8万元；在两个因素的共同作用下，销售额增长21.06％，增加5.475万元。

（2）利用指数体系，可以进行指数之间的相互推算。例如，在上述的三个指数中，只要知道两个指数，便可以推算出第三个指数来，而不必再去直接计算。现已知商品销售额总指数为 121.06％，价格总指数为 109.29％，则可不必直接计算销售量总指数，只需以价格总指数去除商品销售额总指数，即得出：

销售量总指数＝121.06％/109.29％＝110.77％

（3）利用指数体系，可以进行预测。

【例 6-2】 假定某产品产值增长 23.05％，出厂价格上升 7％，问：该产品产量将增长百分之几？

这里提供的资料都是增长速度，并要计算另一个增长速度，应当根据指数体系的相互关系进行推算。因此，需要把增长速度变为发展速度，然后再进行推算。

由产值指数＝价格指数×产量指数，可得：

产量指数＝产值指数/价格指数＝123.05％/107％＝115％

因此，产量应增长 15％，才能达到上述增长目标。

编制指数体系主要是为了研究因素的变动，因而指数体系成为因素分析法的基本依据。

第五节 指数因素分析法

一、指数因素分析法的概念

指数因素分析法，是指数法原理在经济分析中的应用。它是一种根据指数法的原理，在分析受多种因素影响的事物变动时，为了观察某种因素变动的影响而将其余因素固定下来，如此多次分析，逐项替代的方法。它的任务是测定和分析每个因素的变动对现象总变动的影响。

应用指数因素分析法对社会经济现象进行因素分析的步骤包括以下几个方面。

（1）根据统计研究的目的和研究对象诸因素客观存在的经济联系，列出经济关系式。指数因素分析法首先是对现象进行定性分析，从现象和过程的固有联系中找出因素现象与复杂现象总体之间，以及因素现象彼此之间的联系。从社会经济发展变化中所存在的联系中，找出其指标之间固有的数量关系之后，就可以通过一定形式的数学方程加以表达。例如，若干原因指标的乘积等于结果指标，结果指标是原各指标的函数。例如：

总产量＝工人总数×劳动生产率
＝职工总数×工人比重×人均工时×时均产量

（2）将经济关系式转换成指数体系。由于指数体系中的指数间存在数量对等关系，根据若干因素指数的乘积等于总变动指数，上式各个指标的变动都是指数，对等关系仍然成立：

总产量指数＝工人总数指数×劳动生产率指数

＝职工总数指数×工人比重指数×人均工时指数×时均产量指数

(3)从相对和绝对两方面进行因素分析。在分析诸因素变动对现象总变动的影响时，既要看相对数，又要看绝对数，把相对分析和绝对分析结合起来，并用文字加以说明。

二、应用指数因素分析法时应注意的问题

由于包括的因素较多，分析过程较复杂，因而在运用指数因素分析法分析现象总体变动中各个因素的影响时，应注意以下几个问题。

(1)进行指数因素分析时，应将影响事物发展变化的因素分为数量指标和质量指标。在两因素的场合中，某个指标是属于数量指标还是属于质量指标，可以通过两者的一般定义来比较容易地确定下来。但在多因素的场合中，判断某个指标是属于数量指标还是属于质量指标则需要相对地看。要注意把有关指标放在一定的经济关系中，再通过比较鉴别来确定。例如，原材料费用＝产量×单耗×单价，在这三个因素中，产量对后两者说来是数量指标；单耗(即单位产品耗料)对产量来说是质量指标，但是单耗与产量的乘积，即原料总耗是数量指标，故单耗对于单价而言则是数量指标；而单价对前两者而言都是质量指标。

(2)替换分析是从基期出发开始逐项替换的。一般说来，先替换数量指标，再替换质量指标；在存在多个质量指标时，先替换能与数量指标相乘转为数量指标的质量指标。因此在替换过程中，观察和分析数量指标变动的影响时，相关的质量指标是固定在基期的；继续观察和分析质量指标变动的影响时，相关的数量指标已经变动到了报告期，因此就将该数量指标固定在报告期。总之，替换第一个因素时，其余的所有因素都固定在基期，只分析该因素由基期替换到报告期的影响；替换第二个因素时，除已经替换到报告期的第一个因素固定在报告期外，其余因素都固定在基期，分析第二个因素由基期替换到报告期的影响；以后在逐项替换中，除被替换因素由基期变动到报告期外，其余因素或固定在基期或固定在报告期，取决于该因素是否已经被替换过。例如，在上例中，产量是数量指标，单耗和单价是质量指标，而单耗与产量的乘积是数量指标，故单耗对于单价而言是数量指标。因此替换分析的顺序是：产量、单耗、单价。先替换产量时，单耗和单价固定在基期；再替换单耗时，单价仍固定在基期，而产量已经替换到了报告期就固定在报告期；最后替换单价时，产量和单耗都已替换到了报告期，因此必须将产量和单耗固定在报告期，这样才能分析单价变动的情况。

在若干个相连的指标中，安排替换顺序时，应当把唯一的数量指标置于最前面，把有双重身份的指标放于当中；对有双重身份的指标排序时，先安排对前已替换者表现那个指标，其余类推，例如：

总产量指数＝职工总数指数×工人比重指数×人均工时指数×时均产量指数

在影响总产量的各个因素中，职工总数是数量指标，故优先替换，第二个替换的是工人比重，因为工人比重与已替换的职工总数相乘构成新的数量指标——工人总数，工人比重相对职工总数是质量指标，但是相对其他几个指标可以视为数量指标，因而具双重身份；类似地，人均工时与工人总数乘积为数量指标——工时总数，故人均工时是相对于时均产量的数量指标，排在替换的第三顺序；由于时均产量是唯一不具双重身份的质量指标，因此在

替换中只能位居最后。因此,替换顺序为:职工总数、工人比重、人均工时、时均产量。

三、综合指标的指数因素分析

(一)总量指标的指数因素分析

现以原材料费用总额的指数因素分析为例,说明总量指标的指数因素分析方法。

【例6-3】 某厂原材料费用总额资料如表6-3所示,试计算和分析影响原材料费用总额变动的因素及相对影响率、绝对影响额。

表6-3 某厂原材料费用总额资料

产品	原材料	产量		单位产品耗料		原材料单价		原材料费用总额(元)	
		q_0	q_1	b_0	b_1	p_0	p_1	$c_0 = q_0 b_0 p_0$	$c_1 = q_1 b_1 p_1$
甲(个)	M(千克)	1000	1100	0.8	0.7	20	20	16000	15400
乙(件)	N(米)	700	665	1.3	1.2	15	16	13650	12768
合计	—	—	—	—	—	—	—	29650	28168

已知:

$$原材料费用总额=产量×单位产品耗料×原材料单价$$

式中,产量为数量指标;单位产品耗料为双重身份指标;原材料单价为质量指标。

因此替换分析的顺序为:先是产量指标,再是单位产品耗料指标,最后是原材料单价指标。

1. 原材料费用总额变动

(1)相对变动率

$$相对变动率 = \frac{\sum c_1}{\sum c_0} \times 100\% = \frac{\sum q_1 b_1 p_1}{\sum q_0 b_0 p_0}$$

$$= \frac{15400+12768}{16000+13650} = \frac{28168}{29650} \times 100\% = 95.00\%$$

(2)绝对变动额

$$绝对变动额 = \sum q_1 b_1 p_1 - \sum q_0 b_0 p_0 = 28168 - 29650 = -1482(元)$$

2. 替换分析

(1)产量变动对原材料费用总额的影响

$$产量变动对原材料费用总额相对影响率 = \frac{\sum q_1 b_0 p_0}{\sum q_0 b_0 p_0}$$

$$= \frac{1100×0.8×20+665×1.3×15}{1000×0.8×20+700×1.3×15} = \frac{30567.5}{29650} \times 100\% = 103.09\%$$

$$产量变动对原材料费用总额绝对影响额 = \sum q_1 b_0 p_0 - \sum q_0 b_0 p_0$$

$$=30567.5-29650=917.5(元)$$

（2）单位产品耗料变动对原材料费用总额的影响

$$单位产品耗料变动对原材料费用总额相对影响率=\frac{\sum q_1 b_1 p_0}{\sum q_1 b_0 p_0}$$

$$=\frac{1100\times0.7\times20+665\times1.2\times15}{1100\times0.8\times20+665\times1.3\times15}=\frac{27370}{30567.5}\times100\%=89.54\%$$

$$单位产品耗料变动对原材料费用总额绝对影响额=\sum q_1 b_1 p_0-\sum q_1 b_0 p_0$$

$$=27370-30567.5=-3197.5(元)$$

（3）原材料单价变动对原材料费用总额的影响

$$原材料单价变动对原材料费用总额相对影响率=\frac{\sum q_1 b_1 p_1}{\sum q_1 b_1 p_0}$$

$$=\frac{1100\times0.7\times20+665\times1.2\times15}{1100\times0.7\times20+665\times1.2\times15}=\frac{28168}{27370}\times100\%=102.92\%$$

$$原材料单价变动对原材料费用总额绝对影响额=\sum q_1 b_1 p_1-\sum q_1 b_1 q_0$$

$$=28168-27370=798(元)$$

3. 综合分析

（1）相对变动率

原材料费用总额相对变动率（95.00％）＝产量变动对原材料费用总额相对影响率（103.09）％×单位产品耗料变动对原材料费用总额相对影响率（89.54）％×原材料单价变动对原材料费用总额相对影响率（102.92％）。

（3）绝对变动额

原材料费用总额绝对变动额（－1482元）＝产量变动对原材料费用总额绝对影响额（917.5元）＋单位产品耗料变动对原材料费用总额绝对影响额（－3179.5元）＋原材料单价变动对原材料费用总额绝对影响额（798元）。

4. 结论

计算结果表明,两种产品产量提高3.09％,原材料费用增加917.5元;单位产品耗料下降10.64％,原材料费用减少3197.5元;原材料单价上升2.92％,原材料费用增加798元。三个因素共同作用的结果是:原材料费用总额下降了5％,减少了1482元。

（二）相对指标的指数因素分析

相对指标是由两个指标相对比而得的,数值的变化受分子与分母两个因素变化的影响。进行因素分析时,必须分清分子与分母中哪个是数量指标,哪个是质量指标。

商品周转次数＝商品纯销售额/平均库存额,即有:

$$t=\frac{c}{x}$$

则商品周转次数指数＝平均库存指数×商品销售额指数,即有:

$$\frac{t_1}{t_0}=\frac{c_1/x_1}{c_0/x_0}=\frac{c_1/x_1}{c_1/x_0}\times\frac{c_1/x_0}{c_0/x_0} \tag{6-10}$$

商品周转次数增减＝因库存变动而增减的次数＋因销售变动而增减的次数。现以某公司商品周转次数变化情况(见表 6-4)来加以说明。

表 6-4　某公司商品周转次数

项目	符号	2015 年	2016 年	指数(％)
商品纯销售额	c	1980	2896	146.26
平均库存额	x	1200	1182	98.50
商品周转次数	t	1.65	2.45	148.49

1. 商品周转次数变动

(1)相对变动率

$$商品周转次数相对变动率 = \frac{t_1}{t_0} = \frac{c_1/x_1}{c_0/x_0} = \frac{2896/1182}{1980/1200} = \frac{2.45}{1.65} = 148.49\%$$

(2)绝对变动次数

$$商品周转次数绝对变动次数 = t_1 - t_0 = \frac{c_1}{x_1} - \frac{c_0}{x_0} = 2.45 - 1.65 = 0.8(次)$$

2. 替换分析

(1)商品纯销售额变动对商品周转次数的相对影响

$$商品纯销售额变动对商品周转次数相对影响率 = \frac{c_1/x_0}{c_0/x_0}$$

$$= \frac{2896/1200}{1980/1200} = \frac{2.41}{1.65} = 146.06\%$$

$$商品纯销售额变动对商品周转次数绝对影响 = \frac{c_1}{x_0} - \frac{c_0}{x_0} = 2.41 - 1.65 = 0.76(次)$$

(2)平均库存额变动对商品周转次数的影响

$$平均库存额变动对商品周转次数相对影响率 = \frac{c_1/x_1}{c_1/x_0} \times 100\%$$

$$= \frac{2896/1182}{2896/1200} = \frac{2.45}{2.41} = 101.66\%$$

$$平均库存额变动对商品周转次数绝对影响 = \frac{c_1}{x_1} - \frac{c_1}{x_0} = 2.45 - 2.41 = 0.04(次)$$

3. 综合分析

(1)相对变动率。商品周转次数相对变动率(148.49％)＝商品纯销售额变动对商品周转次数相对影响率(146.06％)×平均库存额变动对商品周转次数变动相对影响率(101.66％)。

(2)绝对变动次数。商品周转次数绝对变动次数(0.8 次)＝商品纯销售额变动对商品周转次数绝对影响(0.76 次)＋平均库存额变动对商品周转次数绝对影响(0.04 次)。

4. 结论

计算结果表明,商品纯销售额增加了 46.06％,商品周转次数增加了 0.76 次;平均库存额增加了 1.66％,商品周转次数增加了 0.04 次。两个因素共同作用的结果是:商品周转次数加快了 48.49％,商品周转次数增加了 0.8 次。

(三)平均指标的指数因素分析

在分组条件下,社会经济现象总体平均水平的变动,受两个因素的影响:一是受到各组平均指标变动的影响;二是受到各组单位数在总体中所占比重(结构)变动的影响。也就是说,平均指标的变动受变量和权数两个因素变动的影响。例如,平均工资的高低,既受工资标准的影响,又受各种等级工资的职工数占职工总数的影响。平均指标的指数因素分析就是要计算出在平均指标的变动中,由变量变动和权数变动所产生的影响各有多大。在变量和权数这两个因素中,权数属数量指标,变量属质量指标。故观察变量变动的影响时,应把权数固定在报告期;观察权数变动的影响时,把变量固定在基期。

因为　　$\overline{x} = \dfrac{\sum fx}{\sum f}$

即　　　平均工资 $= \dfrac{\text{各级工资水平与同级人数积的总和}}{\text{各级人数合计}}$

故　　　$\dfrac{\overline{x_1}}{\overline{x_0}} = \dfrac{\sum x_1 f_1}{\sum f_1} \div \dfrac{\sum x_0 f_0}{\sum f_0} = \left[\dfrac{\sum x_1 f_1}{\sum f_1} \div \dfrac{\sum x_0 f_1}{\sum f_1} \right] \times \left[\dfrac{\sum x_0 f_1}{\sum f_1} \div \dfrac{\sum x_0 f_0}{\sum f_0} \right]$

即　　　可变组成指数 = 固定组成指数 × 结构影响指数

这三种指数的内在联系,表现在绝对数上则为:

$$\dfrac{\sum x_1 f_1}{\sum f_1} - \dfrac{\sum x_0 f_0}{\sum f_0} = \left[\dfrac{\sum x_1 f_1}{\sum f_1} - \dfrac{\sum x_0 f_1}{\sum f_1} \right] + \left[\dfrac{\sum x_0 f_1}{\sum f_1} - \dfrac{\sum x_0 f_0}{\sum f_0} \right]$$

所谓可变组成指数,是报告期和基期两个实际平均数对比所得的指数。因分子和分母的结构组成不同,故称为可变组成指数。可变组成指数说明平均指标变动的总情况,其中既包括变量变化的影响,又包括权数(结构、组成)变动的影响。因此,可变组成指数不但反映了总体中各组平均水平的变化,还反映了总体内部结构变化的影响。

固定组成指数是报告期的实际水平的实际平均数和一个假定平均数相比所得的指数。由于分子和分母中部用同一个时期的权数,把作为权数的总体结构固定下来,即结构固定,故称固定组成指数。由于固定组成指数排除了结构变动的影响,故只反映了变量变动对平均数的影响。就平均工资而言,固定组成指数只反映了工资标准变动对平均工资变动的影响,而不反映职工构成变动对平均工资变动的影响。

结构影响指数是由假定平均数和基期实际平均数对比所得的指数。因分子和分母只有结构不同(变量是相同的),专门反映结构变动对平均数变动的影响,故称结构影响指数。就平均工资而言,结构影响指数只反映职工构成变动对平均工资变动的影响,而不反映工资标准变动对平均工资变动的影响。

现以某厂工人数、平均工资和工资总额资料(见表 6-5)来说明平均指标的指数因素。

表 6-5 某厂工人数、平均工资和工资总额

工资组别	工人数		各组工人所占比率(%)		平均工资(元)		工资指数(%)	工资总额(元)		按基期水平计算的报告期工资总额
	基期	报告期	基期	报告期	基期	报告期		基期	报告期	
	f_0	f_1	$\dfrac{f_0}{\sum f_0}$	$\dfrac{f_1}{\sum f_1}$	x_0	x_1	$\dfrac{x_1}{x_0}$	$x_0 f_0$	$x_1 f_1$	$x_0 f_1$
甲	(1)	(2)	(3)	(4)	(5)	(6)	(7)=(6)/(5)	(8)=(5)×(1)	(9)=(6)×(2)	(10)=(5)×(2)
技工	6000	6300	60	42	80	85	106.25	480000	535500	504000
徒工	4000	8700	40	58	40	45	112.5	160000	391500	348000
合计	10000	15000	100	100	64	61.8	96.56	640000	927000	852000

(1)可变组成指数为:

$$\bar{k}_{可变} = \frac{\sum x_1 f_1}{\sum f_1} \div \frac{\sum x_0 f_0}{\sum f_0} = \frac{927000}{15000} \div \frac{640000}{10000} = \frac{61.8}{64} = 96.56\%$$

绝对差额为:

$$\frac{\sum x_1 f_1}{\sum f_1} - \frac{\sum x_0 f_0}{\sum f_0} = \frac{927000}{15000} - \frac{640000}{10000} = 61.8 - 64 = -2.2(元)$$

计算结果表明,从相对数看,工人平均工资报告期比基期降低了 3.44%,从绝对数看,各组工人平均工资都是上升的,但全部工人总工资反而下降了 2.2 元。虽然上述平均工资可变组成指数(即全部工人总平均工资的变动),不仅受各组工人平均工资水平变动的影响,而且也受各组工人占全部工人比重(即工人总体结构)变动的影响。为了测定这两个因素变动对总平均工资动态的影响方向和程度,需要分别计算固定组成指数和结构影响指数。

(2)固定组成指数为:

$$\bar{k}_{固定} = \frac{\sum x_1 f_1}{\sum f_1} \div \frac{\sum x_0 f_1}{\sum f_1} = \frac{927000}{15000} \div \frac{852000}{15000} = \frac{61.8}{56.8} = 108.8\%$$

绝对差额为:

$$\frac{\sum x_1 f_1}{\sum f_1} - \frac{\sum x_0 f_1}{\sum f_1} = \frac{927000}{15000} - \frac{852000}{15000} = 61.8 - 56.8 = 5(元)$$

计算结果表明,如消除掉工人结构这一因素变动的影响,报告期工人平均工资比基期提高 8.8%,平均每人提高了 5 元。

(3)结构影响指数为:

$$\bar{k}_{结构} = \frac{\sum x_0 f_1}{\sum f_1} \div \frac{\sum x_0 f_0}{\sum f_0} = \frac{852000}{15000} \div \frac{640000}{10000} = \frac{56.8}{64} = 88.75\%$$

绝对差额为：

$$\frac{\sum x_0 f_1}{\sum f_1} - \frac{\sum x_0 f_0}{\sum f_0} = \frac{852000}{15000} - \frac{640000}{10000} = 56.8 - 64 = -7.2(元)$$

计算结果表明，除去各组工人平均工资水平变动的影响后，单纯由于各组工人结构的变动而使报告期的总平均工资比基期降低了11.25%，平均每人工资降低了7.2元。

结论：该厂工人平均工资水平提高使每人平均工资增加了5元，由于各组工人所占比重的变化而使总平均工资降低了7.2元。这两个因素综合作用的结果，是全部工人总平均工资下降了2.2元。

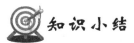 知识小结

本章主要阐述两大问题：一是综合指数的编制方法，即综合指数法和平均指数法；二是指数因素分析法。

统计指数简称指数，广义指数泛指社会经济现象数量变动或差异程度的相对数；狭义指数是一种特定的相对数，是综合反映不能直接加总的多因素所构成的复杂社会经济现象总体变动或差异程度的相对数。

综合指数是在两个综合的总量指标对比过程中，将其中一个或一个以上因素指标加以固定，以观察某一因素指标的变动情况，被固定的因素指标称为同度量因素，要反映的因素指标称为指数化因素。

编制数量指标综合指数时，一般以基期的质量指标为同度量因素；编制质量指标综合指数时，一般以报告期的数量指标为同度量因素。

常用的综合指数和加权平均指数公式

指数名称	指数化因素	个体指数	综合指数		加权平均指数	
			同度量因素	公式	权数	公式
商品产量（或销售量）指数	q	$k_q = \dfrac{q_1}{q_0}$	p_0	$\overline{k_q} = \dfrac{\sum q_1 p_0}{\sum q_0 p_0}$	$q_0 p_0$	$\overline{k_q} = \dfrac{\sum k_q q_0 p_0}{\sum q_0 p_0}$
物价指数	p	$k_p = \dfrac{p_1}{p_0}$	q_1	$\overline{k_p} = \dfrac{\sum q_1 p_1}{\sum q_1 p_0}$	$q_1 p_1$	$\overline{k_p} = \dfrac{\sum q_1 p_1}{\sum \dfrac{1}{k_p} q_1 p_1}$
单位成本指数	z	$k_z = \dfrac{z_1}{z_0}$	q_1	$\overline{k_z} = \dfrac{\sum q_1 z_1}{\sum q_1 z_0}$	$q_1 z_1$	$\overline{k_z} = \dfrac{\sum q_1 z_1}{\sum \dfrac{1}{k_z} q_1 z_1}$

指数体系公式

指数名称	指数体系形式	指数体系公式
综合指数	相对数	$$\frac{\sum q_1 p_1}{\sum q_0 p_0} = \frac{\sum q_1 p_0}{\sum q_0 p_0} \times \frac{\sum q_1 p_1}{\sum q_1 p_0}$$
	绝对数	$$\sum q_1 p_1 - \sum q_0 p_0 = \left(\sum q_1 p_1 - \sum q_1 p_0\right) + \left(\sum q_1 p_0 - \sum q_0 p_0\right)$$
加权平均指数	相对数	$$\frac{\sum q_1 p_1}{\sum q_0 p_0} = \frac{\sum k_q q_0 p_0}{\sum q_0 p_0} \times \frac{\sum q_1 p_1}{\sum \frac{1}{k_p} q_1 p_1}$$
	绝对数	$$\sum q_1 p_1 - \sum q_0 p_0 = \left(\sum k_q q_0 p_0 - \sum q_0 p_0\right) + \left(\sum q_1 p_1 - \sum \frac{1}{k_p} q_1 p_1\right)$$
平均指标指数	相对数	$$\frac{\sum x_1 f_1}{\sum f_1} \div \frac{\sum x_0 f_0}{\sum f_0} = \left(\frac{\sum x_1 f_1}{\sum f_1} \div \frac{\sum x_0 f_1}{\sum f_1}\right) \times \left(\frac{\sum x_0 f_1}{\sum f_1} \div \frac{\sum x_0 f_0}{\sum f_0}\right)$$
	绝对数	$$\frac{\sum x_1 f_1}{\sum f_1} - \frac{\sum x_0 f_0}{\sum f_0} = \left(\frac{\sum x_1 f_1}{\sum f_1} - \frac{\sum x_0 f_1}{\sum f_1}\right) + \left(\frac{\sum x_0 f_1}{\sum f_1} - \frac{\sum x_0 f_0}{\sum f_0}\right)$$

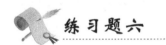

练习题六

一、单选题

1. 根据指数反映的对象范围不同可分为（   ）。

A. 个体指数和总指数　　　　　　　　　B. 简单指数和加权指数

C. 综合指数和平均指数　　　　　　　　D. 动态指数和静态指数

2. 设 p 表示商品价格，q 表示商品的销售量，则 $\dfrac{\sum p_1 q_1}{\sum p_0 q_1}$ 说明了（   ）。

A. 在基期销售量不变的条件下，价格综合变动的程度

B. 在报告期销售量不变的条件下，价格综合变动的程度

C. 在基期价格不变的条件下，销售量综合变动的程度

D. 在报告期价格不变的条件下，销售量综合变动的程度

3. 根据指数所表现的现象特征不同，指数可分为（   ）。

A. 数量指标指数和质量指标指数　　　　B. 个体指数和总指数

C. 环比指数和定基指数　　　　　　　　　D. 时间指数、空间指数和计划完成指数

4. 某种产品报告期与基期比较产量增长 26%，单位成本下降 32%，则生产费用支出总额为基期的（　　）。

A. 166.32%　　　　　B. 85.68%　　　　　C. 185%　　　　　D. 54%

5. 若销售量增加，销售额持平，则物价指数（　　）。

A. 降低　　　　　　　B. 增长　　　　　　C. 不变　　　　　D. 趋势无法确定

6. 某商店本年同上年比较，商品销售额没有变化，而各种商品价格上涨了 7%，则商品销售量增加（或减少）的百分比为（　　）。

A. −6.54%　　　　　B. −3%　　　　　C. +6.00%　　　　　D. +14.29%

7. 当平均工资指数下降 1.72%，各组工资水平指数提高 9.62% 时，工人结构指数为（　　）。

A. 增长 11.54%　　　B. 增长 18.11%　　　C. 下降 11.34%　　　D. 下降 10.34%

8. 同度量因素的使用时期必须是（　　）。

A. 报告期　　　　　　B. 基期　　　　　　C. 同一时期　　　　D. 计划期

9. 在使用基期价格为同度量因素计算商品销售量时，（　　）。

A. 消除了价格变动的影响　　　　　　　　B. 包含了价格变动的影响

C. 包含了价格与销售量共同变动的影响　　D. 消除了价格与销售量共同变动的影响

10. 某百货公司 2019 年与 2018 年相比商品零售价格平均下降 6%，商品零售量平均增长 6%，则商品零售额（　　）。

A. 保持不变　　　　　　　　　　　　　　B. 平均下降 0.36%

C. 平均上升 0.36%　　　　　　　　　　　D. 平均下降 0.64%

11. 报告期价值总量为权数的加权平均数指数在计算形式上采取（　　）。

A. 算术平均数形式　　B. 调和平均数形式　C. 综合指数形式　　D. 几何平均形式

12. 在下列指数中，（　　）为拉氏物量指数。

A. $\dfrac{\sum p_0 q_1}{\sum p_0 q_0}$　　　　B. $\dfrac{\sum p_1 q_1}{\sum p_1 q_0}$　　　　C. $\dfrac{\sum p_1 q_0}{\sum p_0 q_0}$　　　　D. $\dfrac{\sum p_1 q_1}{\sum p_0 q_1}$

13. 在下列指数中，（　　）为派氏价格指数。

A. $\dfrac{\sum p_0 q_1}{\sum p_0 q_0}$　　　　B. $\dfrac{\sum p_1 q_1}{\sum p_1 q_0}$　　　　C. $\dfrac{\sum p_1 q_0}{\sum p_0 q_0}$　　　　D. $\dfrac{\sum p_1 q_1}{\sum p_0 q_1}$

14. 只有以（　　）做动态比较，才能分解出固定构成指数和结构影响指数。

A. 简单算术平均数　　　　　　　　　　　B. 加权几何平均数

C. 加权调和平均数　　　　　　　　　　　D. 加权算术平均数

15. 若某企业报告期生产费用为 1000 万元，比上期增长 18%，扣除产量因素，单位产品成本比基期下降 5%，则产量比基期上涨（　　）。

A. 24.2%　　　　　　B. 23%　　　　　　C. 13%　　　　　D. 9%

二、多选题

1. 报告期数值和基期数值之比可称为(   )。

A. 动态相对指标   B. 发展速度   C. 增长速度

D. 统计指数   E. 比例相对数

2. 派氏的综合指数公式是(   )。

A. $\dfrac{\sum q_1 p_1}{\sum q_0 p_1}$ B. $\dfrac{\sum q_1 p_0}{\sum q_0 p_0}$ C. $\dfrac{\sum p_1 q_1}{\sum p_0 q_1}$

D. $\dfrac{\sum q_1 p_1}{\sum q_0 p_0}$ E. $\dfrac{\sum p_1 q_1}{\sum p_0 q_0}$

3. 设 p 为价格，q 为销售量，则总指数 $\dfrac{\sum q_1 p_0}{\sum q_0 p_0}$ 的意义是(   )。

A. 综合反映多种商品的销售量的变动程度

B. 综合反映商品价格和销售量的变动程度

C. 综合反映商品销售额的变动程度

D. 反映商品销售量变动对销售额变动的影响程度

E. 综合反映多种商品价格的变动程度

4. 设 p 为价格，q 为销售量，则 $\sum p_1 q_1 - \sum p_0 q_1$ 的意义是(   )。

A. 综合反映价格变动和销售量变动的绝对额

B. 综合反映销售额变动的绝对额

C. 综合反映多种商品价格变动而增减的销售额

D. 综合反映由于价格变动而使消费者增减的货币支出额

E. 综合反映多种商品销售量变动的绝对额

5. 在指数体系中，指数之间的数量关系(   )。

A. 表现为总量指数等于它的因素指数之积

B. 不仅表现为总量指数与因素指数之积的对等关系

C. 表现为总量指数等于它的因素指数之和

D. 表现为总量指数等于它的因素指数的代数和

E. 表现为总量指数等于它的因素指数之差

6. 某工业局所属企业报告期生产费用总额为 50 万元，比基期多 8 万元，单位成本报告期比基期上升 7％，于是(   )。

A. 生产费用总额指数为 119.05％

B. 成本总指数为 107％

C. 产品产量总指数为 111.26％

D. 由于产量变动而增加的生产费用额为 4.73 万元

E. 由于单位成本变动而增加的生产费用额为 3.27 万元

7. 在由两个因素构成的加权综合指数体系中,为使总量指数等于各因素指数的乘积,两个因素指数(　　　)。

A. 必须都是数量指数　　　　　　B. 必须都是质量指数

C. 数量指数和质量指数各为一个　　D. 的权数必须是同一时期

E. 的权数必须是不同时期

8. 在指数体系中,总指数与各因素指数之间的关系是(　　　)。

A. 总指数等于各因素指数之和　　　B. 总指数等于各因素指数之商

C. 总指数等于各因素指数之积　　　D. 总量的变动差额等于各因素变动差额之和

E. 总量的变动差额等于各因素变动差额之积

9. 某商业企业 2018 年与 2017 年相比,各种商品价格总指数为 110％,这说明(　　　)。

A. 商品零售价格平均上涨了 10％　　B. 商品零售额平均上涨了 10％

C. 商品零售量平均上涨了 10％　　　D. 由于价格提高使商品销售额上涨了 10％

E. 由于价格提高使商品销售额下降了 10％

10. 使用报告期商品销售量做权数计算的商品价格综合指数(　　　)。

A. 消除了销售量变动对指数的影响

B. 包含了销售量变动对指数的影响

C. 单纯反映了商品价格的综合变动程度

D. 同时反映了商品价格和销售量结构的变动

E. 反映了商品价格变动对销售额的影响

三、填空题

1. 某百货公司 2019 年与 2018 年相比,各种商品零售总额上涨了 25％,零售量上涨了 10％,则零售价格增长了＿＿＿＿＿＿＿＿＿＿＿＿。

2. 编制数量指标指数时,通常要以＿＿＿＿＿＿＿＿＿＿＿＿＿为同度量因素;而编制质量指标指数时,通常要以＿＿＿＿＿＿＿＿＿＿＿为同度量因素。

3. 统计指数按其反映的现象特征的不同可分为＿＿＿＿＿＿＿＿＿＿＿和＿＿＿＿＿＿＿＿＿＿＿＿。

4. 只有当加权算术平均数指数的权数为＿＿＿＿＿＿＿＿＿＿＿时,才与拉氏指数等价。

5. 只有当加权调和平均数指数的权数为＿＿＿＿＿＿＿＿＿＿＿时,才与派氏指数等价。

四、综合题(一)

1. 某地区 2010 年和 2015 年有关资料如下:

商品种类	收购总额（万元）		收购价格类指数（%）
	2010 年	2015 年	
甲	140	138.6	105
乙	60	78.4	98

要求：编制这两类商品的收购价格总指数。

2. 据调查，某地甲、乙、丙、丁四种商品的个体价格指数分别为 110%、95%、100% 和 105%，各类代表商品的固定权数分别为 10%、30%、40% 和 20%，试计算这四种商品的价格总指数。

3. 某企业生产 A、B 两种产品，报告期和基期的产量、出厂价格资料如下：

产品	产量（件）		出厂价格（元）	
	基期	报告期	基期	报告期
A	2000	2200	12.0	12.5
B	5000	6000	6.2	6.0

要求：(1)用拉氏公式编制产品产量和出厂价格指数；

(2)用派氏公式编制产品产量和出厂价格指数；

(3)比较两种公式编制的产量和出厂价格指数的差异。

4. 某工厂基期和报告期生产某产品的单位成本和产量资料如下：

产品名称	基期		报告期	
	单位成本（元）	产量	单位成本（元）	产量
甲产品	50	520	45	600
乙产品	120	200	110	500

要求：(1)计算单位成本综合指数；

(2)进行总成本变动分析。

5. 某企业工人数和工资总额的资料如下：

工人组别	工人数（人）		工资总额（元）	
	基期	报告期	基期	报告期
甲组	320	380	22400	30400
乙组	280	420	22400	37800

试进行相对数因素分析，分析各因素对总平均工资的影响。

五、综合题（二）

1. 某地区 2019 年比 2018 年平均人口增加了 2%，国内生产总值增加了 16%，试计算该地区劳动生产率的提高程度。

2.某镇 2018 年第一季度社会商品零售额为 36200 万元,第四季度为 35650 万元,零售物价下跌 0.5%,试计算:

(1)该市社会商品零售额指数、零售价格指数和零售量指数;

(2)由于零售物价下跌居民少支出的金额。

3.某地区三种水果的销售情况如下:

水果品种	本月销售额(万元)	本月比上月价格增减(%)
苹果	68	—10
草莓	12	12
橘子	50	2

试计算该地区三种水果的价格指数及由于价格变动对居民开支的影响。

4.某公司下属三个厂生产某种产品的情况如下:

企业名称	单位产品成本(元)		产量(吨)	
	上月	本月	上月	本月
一厂	960	952	4650	4930
二厂	1010	1015	3000	3200
三厂	1120	1080	1650	2000

根据上表资料计算可变组成指数、固定组成指数和结构影响指数,并分析单位产品成本水平和产量结构变动对总成本的影响。

5.某企业工人数和工资总额的资料如下:

工人组别	工人数(人)		工资总额(元)	
	基期	报告期	基期	报告期
甲组	320	380	22400	30400
乙组	280	420	22400	37800

试进行相对数因素分析,分析各因素对总平均工资的影响。

练习题六

参考答案

第七章

抽样调查

抽样调查又称抽样推断、抽样法、抽样估计,在数理统计学中也称参数估计。它既是搜集资料的方法,又是对现象总体进行科学的估计和判断的方法,所以它在统计调查和统计分析中都有广泛的应用,在统计学原理中居重要地位。

第一节 抽样调查概述

一、抽样调查的概念

抽样调查的概念可以有广义和狭义两种理解。按照广义的理解,凡是抽取一部分单位进行观察,并根据观察结果来推断全体的都是抽样调查,其中又可分为非随机抽样和随机抽样两种。非随机抽样就是由调查者根据自己的认识和判断,选取若干个有代表性的单位,根据这些单位进行观察的结果来推断全体,如民意测验等。随机抽样则是根据大数定律的要求,在抽取调查单位时,应保证总体中各个单位都有同样的机会被抽中。一般所讲的抽样调查,大多数是指这种随机抽样,即狭义的抽样调查。

所以,严格意义上的抽样调查就是:按照随机原则从总体中抽取一部分单位进行观察,并运用数理统计的原理,以被抽取的那部分单位的数量特征为代表,对总体做出数量上的推断分析。

二、抽样调查的特点

(一)节省、灵活

与全面调查相比较,抽样调查能节省人力、费用和时间,而且比较灵活。

抽样调查的调查单位比全面调查少得多,因而既能节约人力、费用和时间,又能比较快地得到调查的结果,这对许多工作都是很有利的。例如,农作物产量全面调查的统计数字要等收割完毕以后一段时间才能得到,而抽样调查的统计数字在收获的同时就可以得到,一般能早得到两个月左右,这对于安排农产品的收购、储存、运输等都是很有利的。

由于调查单位少,有时可以增加调查内容。因此,有的国家在人口普查的同时也进行人口抽样调查,一些项目通过普查取得资料,另一些项目则通过抽样调查取得资料。这样既可以节省调查费用和时间,又丰富了调查内容。

(二)结果准确

在有些情况下,抽样调查的结果比全面调查要准确。

统计数字与客观实际数量之间是会有差别的,这种差别通常称为误差。统计误差有两种:一是登记误差,也称调查误差或工作误差,是指在调查登记、汇总计算过程中发生的误差,这种误差应该设法避免;二是代表性误差,这是指用部分单位的统计数字为代表,去推算总体的全面数字时所产生的误差,这种误差一定会发生,是不可避免的。

全面调查只有登记误差而没有代表性误差,而抽样调查则两种误差全有。因此,人们往往认为抽样调查不如全面调查准确,这种看法忽略了两种误差的大小。例如,我国1982年的人口普查,全国共动用了518万普查员、109万普查指导员,860多万个基层干部和群众参与普查登记工作,调查单位多,涉及面广,参加调查汇总的人员也多,水平不齐,因而发生登记误差的可能性就大。抽样调查的调查单位少,参加调查汇总的人员也少,可以进行严格的培训,因而发生登记误差的可能性就少。在这种情况下,抽样调查的结果会比全面调查的结果更为准确。

(三)遵循随机原则

抽选部分单位时要遵循随机原则。

其他非全面调查,如典型调查和重点调查等,一般是要根据统计调查任务的要求,有意识地选取若干个调查单位进行调查。而抽样调查不同,从总体中抽取部分单位时,必须非常客观,毫无偏见,也就是严格按照随机原则抽取调查单位,不受调查人员任何主观意图的影响,否则会带上个人偏见,挑中那部分单位的标志值可能偏高或偏低,失去对总体数量特征的代表性。

(四)误差可控

抽样调查会产生抽样误差,抽样误差可以计算,并且可以加以控制。

在非全面调查方式中,典型调查固然也有可能用它所取得的部分单位的数量特征去推算全体的数量特征,但这种推算的误差范围和保证程度,是无法事先计算并加以控制的。而抽样调查则是在于对一部分单位的统计调查,在实际观察标志值的基础上,去推断总体的综合数量特征。例如,某村种有晚稻3000亩,在稻子成熟后随机抽取50个单位的田块为样本,每个单位为10平方米,进行实割实测,求得其平均亩产为410千克,从而推算该村的晚稻总产量为410×3000=1230000(千克)。当然这种推断也会存在一定的误差,但它与其他统计估算不同,抽样误差的范围可以事先加以计算,并控制这个误差范围,以保证抽样推断的结果达到一定的可靠程度。

抽样调查是必不可少的一种调查方法,但是,抽样调查也有它的弱点。例如,它只能提供说明整个总体情况的统计资料,而不能提供说明各级状况的详细的统计资料,这就难以满足各级领导和管理部门的要求。因此,抽样调查和全面调查是不能互相代替的。

三、抽样调查的适用范围

抽样调查是一种普遍使用的非全面调查方法,广泛应用于居民家庭生活调查、农产品调查、产品质量检验与控制等方面。因为这种方法既灵巧易行,又具有足够的代表性,所以,在现代的统计调查中,抽样调查日益受到各界重视。其主要应用范围概括如下。

(1)有些事物在测量或试验时有破坏性,不可能进行全面调查。例如,灯泡耐用时间试验、电视机抗震能力试验等,都是有破坏性的,不可能进行全面调查,只能使用抽样调查方法。

(2)有些总体从理论上讲可以进行全面调查,但实际上办不到。例如,了解某森林区有多少棵树、职工家庭生活状况如何等。从理论上讲这是有限总体,可以进行全面调查,但实际上办不到,也不必要。对这类情况的了解一般采取抽样调查方法。

(3)抽样调查方法可以用于工业生产过程中的质量控制。抽样调查不但广泛用于生产结果的核算和估计,而且也有效地应用于对成批或大量连续生产的工业产品在生产过程中的质量控制,检查其生产过程是否正常,及时提供有关信息,便于采取措施,预防废品的发生。

(4)利用抽样推断的方法,可以对某种总体的假设进行检验,来判断这种假设的真伪,以决定取舍。例如,新教学法的采用、新工艺(新技术)的改革、新医疗方法的使用等是否收到明显效果,须对未知的或不完全知道的总体做出一些假设,然后利用抽样调查的方法,根据实验材料对所做的假设进行检验,做出判断。

随着抽样理论的发展、抽样技术的进步、抽样方法的完善和统计队伍业务水平的提高,抽样调查方法将在社会经济生活中得到更加广泛的运用。

四、抽样方法

在实际应用中,抽样方法主要有两种:概率抽样和非概率抽样。

(一)概率抽样

概率抽样是根据一个已知的概率来选取被调查者,无须调查人员在选样中判断或抽选。从理论上讲,概率抽样是最理想、最科学的抽样方法,它能保证样本数据对总体参数的代表性,而且它能够将调查误差中的抽样误差限制在一定范围之内。但相对于非概率抽样来说,概率抽样也是一种花费较大的抽样方法。概率抽样主要有以下几种形式。

1. 简单随机抽样

简单随机抽样是最基本的抽样形式,它是一种主要完全随机地选择样本的抽样方法。

此法要求有一个完美的抽样框,或者总体中有一份个体的详尽名单。

2. 分层抽样

分层抽样分两个步骤:先将总体分成不同的"层";然后,在每一层内进行抽样。分层抽样可防止简单随机抽样造成的样本构成与总体构成不成比例的现象。

3. 整群抽样

整群抽样首先将全部总体分为若干部分,每一部分称为一个群,把每一群作为一个抽样单位,在群间进行抽样;然后,在被抽中的群中做全面调查。例如,在市场调查的入户调查中,可以对被选作抽样单位的某个大院的每家每户进行调查。

4. 等距抽样

等距抽样又称系统抽样或机械抽样,是指在样本框中每隔一定距离抽选一个被调查者的抽样方法。这一方法比较常用,有时还可与整群抽样和分层抽样结合起来使用。例如,可采用等距抽样法去抽取选择"群"或个体,也可在某一"层"的范围内进行等距采样。

（二）非概率抽样

非概率抽样不是完全按随机原则来选取样本的,常用的非概率抽样方法包括方便抽样、立意抽样、雪球抽样、定额抽样等。

1. 方便抽样

方便抽样又称偶遇抽样,在这种抽样方法中,研究者选择那些最容易接近的人作为研究对象。此法常用于干预试验或预调查,也可用于调查收尾时补缺。

2. 立意抽样

立意调查又称目的调查、判断调查,是指研究者根据自身的主要判断和研究目的的需要,来选择研究对象。

3. 雪球抽样

雪球抽样是指选择并调查几个具有研究目的所需要特征的人,再依靠这些人选择合乎研究需要的人,通过后者又可选择更多合乎研究需要的人,以此类推,样本就像滚雪球一样越来越大。

4. 定额抽样

定额抽样是先将研究的人群按某种特征划分成几个组别,然后按照各层样本数与该层总体数成比例的原则主观抽取样本。

第二节　抽样推断中的几个基本概念

一、全及总体和抽样总体

在抽样调查中,有两种不同的总体:全及总体和抽样总体。

（一）全及总体

全及总体简称总体，是指所要认识对象的全体，总体是由具有某种共同性质的许多单位组成的。例如，我们要研究某城市职工的生活水平，则该城市全部职工即构成全及总体；我们要研究某乡粮食亩产水平，则该乡的全部粮食播种面积即全及总体。

全及总体按其各单位标志性质的不同，可以分为变量总体和属性总体两类。构成变量总体的各个单位可以用一定的数量标志加以计量，例如，研究居民的收入水平，每户居民的收入就是它的数量标志，反映各户的数量特征。但并非所有标志都是可以计量的，有的标志只能用一定的文字加以描述。例如，要研究某大学 1000 名学生大学英语四级通过的情况，这时只能用"通过"和"没通过"等文字作为品质标志来描述学生英语四级成绩的属性特征，这种用文字描写属性特征的总体称为属性总体。区分变量总体和属性总体是很重要的，由于总体不同，认识这一总体的方法也就不同。

变量总体可分为无限总体和有限总体两类。无限总体所包含的单位为无限多，因而各单位的变量也就有无限多的取值。这种无限变量又有两种情况：一种是可列的无限变量，即变量值的大小可以按照顺序一一列举直至无穷；另一种情况则是不可列的无限变量，它是一种连续变量，在任何一个区间内都有无限多的变量，不可能按顺序加以一一列举。我们所说的无限总体主要是指后一种情况来说的。有限总体所包含的单位数是有限的，因而它的变量值也是有限的，当然可以按顺序加以一一列举。

通常全及总体的单位数用大写的英文字母 N 来表示。作为全及总体，单位数 N 即使有限，也是很大的，大到几千、几万、几十万、几百万。例如，人口总体、棉花纤维总体、粮食产量总体等等。对无限总体的认识只能采用抽样的方法，而对于有限总体的认识，理论上虽可以应用全面调查来搜集资料，但实际上往往由于不可能或不经济而借助抽样的方法以求得对有限总体的认识。

从概念上看，这里的总体和我们以前学过的没有区别，那为什么在第四章研究过了总体，在这里还要再研究总体呢？这是因为两章中的总体范围发生了重大差别：第四章中的总体范围很小，一个总体通常由几个、几十个总体单位组成，我们可以详细了解每一个总体单位的情况，进而得到反映总体特征的指标；而本章的总体范围扩大了，一个总体包含的总体单位成百上千个，甚至无限多。当总体范围的大小量变到一定程度时，研究方法也需要发生质的变化。所以，导致我们采用抽样推断的方法来研究总体，不是因为总体内涵的改变，而是因为总体外延的改变，这也就预示着前面的知识，在本章仍然适用。

（二）抽样总体

抽样总体简称样本，是从全及总体中随机抽取出来，代表全及总体部分单位的集合体。抽样总体的单位数通常用小写英文字母 n 表示。对于全及总体单位数 N 来说，n 是个很小的数，它可以是 N 的几十分之一、几百分之一、几千分之一、几万分之一。一般说来，样本单位数达到或超过 30 个的称为大样本，而在 30 个以下的称为小样本。社会经济现象的抽样调查多取大样本，而自然实验观察则多取小样本。以很小的样本来推断很大的总体，这是抽样调查的一个特点。

如果说全及总体是唯一确定的,那么,抽样总体就完全不是这样的,一个全及总体可能抽取很多个抽样总体,全部样本的可能数目和每一样本的容量有关,也和随机抽样的方法有关。不同的样本容量和取样方法,样本的可能数目也有很大的差别,抽样本身是一种手段,目的在于对总体做出判断,因此,样本容量要多大,要怎样取样,样本的数目可能有多少,它们的分布又怎样,这些都关系到对总体判断的准确程度,都需要加以认真的研究。

理解这个概念,要注意以下几点:

(1)样本在本质上仍然是总体,只不过和诞生它的总体相比,其范围大大缩小了;

(2)获取样本的途径是随机抽样;

(3)从一个总体中能够抽出的样本个数有很多,即总体与样本不是一一对应的关系,而是一对多的关系。

二、全及指标和抽样指标

(一)全及指标

根据全及总体各个单位的标志值或标志特征计算的、反映总体某种特性的综合指标,称为全及指标。由于全及总体是唯一确定的,根据全及总体计算的全及指标也是唯一确定的。

不同性质的总体,需要计算不同的全及指标。对于变量总体,由于各单位的标志可以用数量来表示,所以可以计算总体平均数。

$$\overline{X} = \frac{\sum X}{N}$$

对于属性总体,由于各单位的标志不可以用数量来表示,只能用一定的文字加以描述,所以,就应该计算结构相对指标,称为总体成数,用大写英文字母 P 表示。它说明总体中具有某种标志的单位数在总体中所占的比重。变量总体也可以计算总体成数,即总体单位数在所规定的某变量值以上或以下的比重,视同具有或不具有某种属性的单位数比重。

设在总体 N 个单位中,有 N_1 个单位具有某种属性,N_0 个单位不具有某种属性,$N_1 + N_0 = N$,P 为总体中具有某种属性的单位数所占的比重,Q 为不具有某种属性的单位数所占的比重,则总体成数为:

$$P = \frac{N_1}{N}, \qquad Q = \frac{N_0}{N} = \frac{N - N_1}{N} = 1 - P$$

此外,全及指标还有总体方差 σ^2 和总体标准差 σ,它们都是测量总体标志值分散程度的指标。

$$\sigma^2 = \frac{\sum (X - \overline{X})^2}{N}, \qquad \sigma = \sqrt{\frac{\sum (X - \overline{X})^2}{N}}$$

（二）抽样指标

由抽样总体各个标志值或标志特征计算的综合指标称为抽样指标。和全及指标相对应的，还有抽样平均数 $\bar{x}$、抽样成数 p、样本标准差 δ_i 和样本方差 δ_i^2 等。$\bar{x}$ 和 p 用小写英文字母表示，以示区别。

$$\bar{x} = \frac{\sum x}{n}$$

设在样本 n 个单位中有 n_1 个单位具有某种属性，n_0 个单位不具有某种属性，$n_1 + n_0 = n$，p 为样本中具有某种属性的单位数所占的比重，q 为不具有某种属性的单位数所占的比重，则抽样成数为：

$$p = \frac{n_1}{n}, \qquad q = \frac{n_0}{n} = \frac{n - n_1}{n} = 1 - p$$

样本的方差和样本标准差分别为：

$$\delta_i^2 = \frac{\sum (x - \bar{x})^2}{n}, \qquad \delta_i = \sqrt{\frac{\sum (x - \bar{x})^2}{n}}$$

由于一个全及总体可以抽取许多个样本，样本不同，抽样指标的数值也就不同，所以抽样指标的数值不是唯一确定的。实际上，抽样指标是样本变量的函数，它本身也是随机变量。

三、重复抽样和不重复抽样

（一）重复抽样

重复抽样又称有放回的抽样，其方法是：从总体 N 个单位中要随机抽取一个容量为 n 的样本，每次从总体中抽取一个，把它看作一次试验，连续进行 n 次试验构成一个样本，每次抽出一个单位把结果登记下来又放回重新参加下一次的抽选。因此，重复抽样的样本是由 n 次相互独立的连续试验所组成的。每次试验都是在完全相同的条件下进行的，每个单位抽中或抽不中的机会在各次试验中都是完全相同的。

（二）不重复抽样

不重复抽样又称无放回的抽样，其方法是：从总体 N 个单位中要抽取一个容量为 n 的样本，每次从总体中抽取一个，连续进行 n 次抽选构成一个样本。但每次抽选一个单位后就不放回参加下一次的抽选。因此，不重复抽样的样本由 n 次连续抽选的结果组成。实质上，它等于一次同时从总体中抽 n 个单位组成一个样本，连续 n 次抽选的结果不是互相独立的。第一次抽选的结果会影响下次的抽样，每抽一次总体的单位数就少一个，因此，每一单位中选或不中选的机会在每次抽取中是不同的。

四、考虑顺序抽样和不考虑顺序抽样

(一)考虑顺序抽样

考虑顺序抽样即从总体 N 个单位中抽取 n 个单位构成样本,不但要考虑样本各单位的不同性质,而且还要考虑不同性质各单位的中选顺序。相同构成成分的单位,由于顺序不同也作为不同样本。例如,要从 1、2、3 三个数码中取两个数码排成一个两位数,显然十位数取 1、个位数取 2,和十位数取 2、个位数取 1 是完全不同的。因为前者构成 12,而后者构成 21,两者有完全不同的意义,应该视为两种不同的样本。

(二)不考虑顺序抽样

不考虑顺序抽样即从总体 N 个单位中抽取 n 个单位构成样本,只考虑样本各单位的组成成分如何,而不问单位的中选顺序。如果样本的成分相同,不论顺序有多大不同,都作为一种样本。例如,从三个产品中抽取两个进行检验,第一次抽选 1 号产品、第二次抽选 2 号产品组成一组,和第一次抽选 2 号产品、第二次抽选 1 号产品组成一组,两者没有什么差别。

五、抽样框和样本数

(一)抽样框

抽样框又称抽样结构,是指对所调查的总体的全部构成单位进行编号所形成的一份详细名单,它是抽取样本的基础资料。设计出了抽样框后,便可采用抽签的方式或按照随机数表来抽选必要的单位数。若没有抽样框,则不能计算样本单位的概率,从而也就无法进行概率选样。例如,要从 10000 名职工中抽出 200 名组成一个样本,则 10000 名职工的名册,就是抽样框。

(二)样本数

样本数又称样本的可能数目,是指从总体 N 个单位中随机抽选 n 个单位构成样本,通常有多种抽选方法,每一种抽选方法实际上是 n 个总体单位的一种排列组合,一种排列组合便构成一个可能的样本,n 个总体单位的排列组合总数,称为样本的可能数目。

1. 考虑顺序的不重复抽样

考虑顺序的不重复抽样,也就是我们通常所说的不重复排列。一般地说,从总体 N 个不同单位中抽取 n 个不允许重复的排列,组成样本的可能数目为 A_N^n 个。

2. 考虑顺序的重复抽样

考虑顺序的重复抽样,也就是我们通常所说的可重复排列。一般地说,从总体 N 个不同单位中每次抽取一个且允许重复的排列,组成样本的可能数目为 N^n 个。

3. 不考虑顺序的不重复抽样

不考虑顺序的不重复抽样，即在抽样调查中，从总体 N 个单位中抽取 n 个单位进行观察（如检查、试验），并计算相应的抽样指标，往往只考虑具有不同抽样标志的样本个数，而不考虑它们的顺序如何，也就是我们通常所说的不重复组合。可能的样本数为从总体 N 中抽取 n 个单位的组合，即 C_N^n 个。

4. 不考虑顺序的重复抽样

不考虑顺序的重复抽样，也就是我们通常所说的可重复的组合。如果把从 N 个不同单位中每次抽取 n 个允许重复的组合记为 D_N^n，它就等于从 $N+n-1$ 个不同单位中每次抽取 n 个不重复的组合：

$$D_N^n = C_{N+n-1}^n = \frac{(N+n-1)!}{n!\ (N-1)!}$$

为了帮助我们理解这一公式，我们推导如下：

设有 3 个元素 a_1、a_2、a_3，今从中每次抽取 2 个，且允许重复，此时有以下 6 种组合：a_1a_1、a_1a_2、a_1a_3、a_2a_2、a_2a_3、a_3a_3。设想将上述各组合中元素的下标均加上（0,1），则可以得到如下 6 种组合：a_1a_2、a_1a_3、a_1a_4、a_2a_3、a_2a_4、a_3a_4。不难看出这 6 种组合是从 4 个元素 a_1、a_2、a_3、a_4 里每次取出两个不同元素的组合，由组合数计算公式可知 $C_4^2 = 6$。这样，我们即可发现：从 3 个元素中每次取 2 个可以重复的组合数与从 4 个元素中每次取 2 个不同元素的组合数相等。即有 $D_3^2 = C_4^2 = C_{3+2-1}^2$。依此类推，则有 $D_N^n = C_{N+n-1}^n$。

第三节　抽样推断的理论基础

抽样推断的理论基础主要是概率论极限定理中的大数定律与中心极限定理。

一、大数定律

大数定律是指在随机试验中，每次出现的结果不同，但是大量重复试验出现的结果的平均值却几乎总是接近于某个确定的值。其原因是，在大量的观察试验中，由个别的、偶然的因素影响而产生的差异将会相互抵消，从而使现象的必然规律性显示出来。例如，观察个别或少数家庭的婴儿出生情况，发现有的生男，有的生女，没有一定的规律性，但是通过大量的观察就会发现，男婴和女婴占婴儿总数的比重均会趋于 50%。

大数定律有若干个表现形式，这里仅介绍其中常用的两个重要定律。

（一）切比雪夫大数定律

设 $X_1, X_2, \cdots, X_n$ 是一列两两相互独立的随机变量，服从同一分布，且存在有限的数学期望 μ 和方差 σ^2，则对任意小的正数 ε，有：

$$\lim_{n \to \infty} P\left\{ \left| \frac{\sum X_i}{n} - \mu \right| < \varepsilon \right\} = 1$$

该定律的含义是：当 n 很大时，服从同一分布的随机变量 $X_1, X_2, \cdots, X_n$ 的算术平均数 $\dfrac{\sum X_i}{n}$ 将依概率接近于这些随机变量的数学期望。

将该定律应用于抽样调查，就会有如下结论：随着样本容量 n 的增加，样本平均数将接近于总体平均数。该定律为统计推断中依据样本平均数估计总体平均数提供了理论依据。

（二）伯努利大数定律

设 μ_n 是 n 次独立试验中事件 A 发生的次数，且事件 A 在每次试验中发生的概率为 P，则对任意正数 ε，有：

$$\lim_{n \to \infty} P\left(\left| \frac{u_n}{n} - p \right| < \varepsilon \right) = 1$$

该定律是切比雪夫大数定律的特例，将该定律应用于抽样调查，就会有如下结论：当样本容量 n 足够大时，事件 A 出现的频率将几乎接近于其发生的概率，即频率的稳定性。

在抽样调查中，用样本成数去估计总体成数，其理论依据即在于此。

二、中心极限定理

大数定律揭示了大量随机变量的平均结果，但没有涉及随机变量的分布问题。而中心极限定理说明的是在一定条件下，大量独立随机变量的平均数是以正态分布为极限的。中心极限定理也有若干个表现形式，这里仅介绍其中两个常用定理。

（一）辛钦中心极限定理

辛钦中心极限定理假设随机变量 $X_1, X_2, \cdots, X_n$ 相互独立，服从同一分布且有有限的数学期望 μ 和方差 σ^2，则随机变量 $\overline{X} = \dfrac{\sum X_i}{n}$ 在 n 无限增大时，服从参数为 μ 和 $\dfrac{\sigma^2}{n}$ 的正态分布：

$$当 n \to \infty 时，\overline{X} \sim N\left(\mu, \frac{\sigma^2}{n} \right)$$

将该定理应用到抽样调查中，就有这样一个结论：如果抽样总体的数学期望 μ 和方差 σ^2 是有限的，无论总体服从什么分布，从中抽取容量为 n 的样本时，只要 n 足够大，其样本平均数的分布就趋于数学期望为 μ、方差为 $\dfrac{\sigma^2}{n}$ 的正态分布。

（二）棣莫弗-拉普拉斯中心极限定理

棣莫弗-拉普拉斯中心极限定理假设 X 是 n 次独立试验中事件 A 发生的次数，事件 A 在每次试验中发生的概率为 p，则当 n 无限大时，随机变量 X 趋于服从参数为 np 和 $p(1-p)$ 的正态分布：

$$X \sim N(np, p(1-p))$$

该定理是辛钦中心极限定理的特例。在抽样调查中,不论总体服从什么分布,只要 n 充分大,那么频率就近似服从正态分布。

抽样推断是建立在概率论的大数定律和中心极限定理基础上的一种科学推断方法。大数定律是阐述大量随机现象内在规律性的理论,它揭示样本容量同推断结果之间的内在联系。中心极限定理是阐述平均数分布状态的理论,它告诉我们,不管总体的分布呈何种状态,由一系列随机样本组成的所有可能平均数的分布均服从于正态分布。大数定律帮助我们认识了样本平均数趋近总体平均数的趋势,这是推断的前提条件。中心极限定理则帮助我们正确测试样本平均数与总体平均数之间的误差,可依据样本平均数推断总体平均数的可靠程度。这是我们推断的主要依据。

第四节　抽样误差

一、抽样误差的概念

当总体指标未知时,往往要安排一次抽样调查,然后用抽样调查所获得的抽样指标的观察值作为总体指标的估计值。这种处理方法是存在一定误差的,我们把抽样指标与所要估计的总体指标之间的差值称为抽样误差。抽样误差的大小能够说明抽样指标估计总体指标是否可行,抽样效果是否理想等调查性问题。常见的抽样误差有:抽样平均数与总体平均数之差($\bar{x}-\bar{X}$)、抽样成数与总体成数之差($p-P$)等。

例如,某年级 100 名同学的平均体重 $\bar{X}=55\mathrm{kg}$,现随机地抽取 10 名同学为样本,其平均体重 $\bar{x}=52\mathrm{kg}$。若用 52kg 估计 55kg,则其误差为 52kg$-$55kg$=-$3kg;若重新抽 10 名同学,测得 $\bar{x}=57\mathrm{kg}$,则其误差为 2kg。这种只抽取部分样本而产生的误差,都被称为抽样误差。

由本例不难看出,抽样误差既是一种随机性误差,也是一种代表性误差。说其是代表性误差,是因为利用总体的部分资料推算总体时,不论样本选取有多么公正、设计得多么完善,总还是一部分单位而不是所有单位,产生误差是无法避免的。说其是随机性误差,是指按随机性原则抽样时,由于抽样的不同,会得到不同的抽样指标值,由此产生的误差值各不相同。抽样误差中的代表性误差是抽样调查本身所固有的、无法避免的误差,但随机性误差则可利用大数定律精确地计算并能够通过抽样设计程序加以控制。

抽样误差不包括下面两类误差:一类是调查误差,即在调查过程中由于观察、测量、登记、计算上的差错而引起的误差;另一类是系统性误差,即由于违反抽样调查的随机原则,有意抽选较好单位或较坏单位进行调查,这样造成样本的代表性不足所引起的误差。这两类误差都属于思想、作风、技术等问题,是可以防止和避免的。

二、影响抽样误差的因素

(一)全及总体标志值的差异程度

抽样误差的大小与全及总体标志值的差异程度成正比。总体标志值的差异程度越大,抽样误差就越大;反之,抽样误差就越小。假如全及总体标志变异消失了,总体各单位标志值没有差异,则抽样指标及全及指标就会相等,因而也就不存在抽样误差了。

(二)抽样调查的样本容量

由大数定律可知,抽样误差的大小与样本容量成反比。抽样单位数越多,抽样误差就越小;反之,抽样单位数越小,则抽样误差就越大。这是因为随着样本单位数的扩大,样本的结构就越能反映总体的结构,样本指标就越能代替总体相应的数量特征。如果进一步把抽样单位数扩大到接近于总体,那么此时的抽样调查也就近于全面调查了,抽样误差就会缩小到几乎完全消失的程度。

(三)样本的抽样方法

在同一总体和相同样本容量的要求下,不重复抽样比重复抽样所产生的误差要小些。这是因为:在重复抽样时,同一个样本内同一个单位被抽中多次的可能性是存在的,这就降低了样本对总体的代表性;而在不重复抽样时,同一个单位被抽中两次及以上的可能性是不存在的,这样的样本能更好地反映总体的结构,故所产生的抽样误差也要比前者小。

(四)抽样调查的组织形式

抽样调查可以有不同的组织形式,如纯随机(简单随机)抽样、机械(等距)抽样、类型(分层)抽样和整群抽样。在样本容量相同的情况下,不同的抽样组织形式会有不同的抽样误差。这是因为组织形式不同,所抽出的样本对总体的代表性不同,所以产生的抽样误差也不同。抽样的组织形式不同,对取得样本的难易程度也不一样,要根据总体分布的特征来选择不同的组织形式。

三、抽样平均误差

一个总体可能抽取很多个样本,因此样本指标(样本平均数、样本成数等)就有不同的数值,它们与总体指标(总体平均数、总体成数等)的离差(即抽样误差)也就不同。抽样平均误差就是反映抽样误差一般水平的指标,通常用样本平均数(或样本成数)的标准差来表示。

(一)样本平均数的平均误差

通常,以 $\mu_{\bar{x}}$ 表示样本平均数的平均误差,以 σ 表示总体的标准差。根据定义有:

$$\mu_{\bar{x}}^2 = E(\bar{x} - \overline{X})^2$$

1. 当抽样方法为重复抽样时

样本标志值 $x_1, x_2, \cdots, x_n$ 是相互独立的,样本变量 x 与总体变量 X 同分布,则由数理统计知识可知:

$$\begin{aligned}
\mu_{\bar{x}}^2 &= E(\overline{x_i} - \overline{X})^2 = E\left[\frac{x_1 + x_2 + \cdots + x_n}{n} - \frac{n\overline{X}}{n}\right]^2 \\
&= E\left[\frac{(x_1 - \overline{X}) + (x_2 - \overline{X}) + \cdots + (x_n - \overline{X})}{n}\right]^2 \\
&= \frac{1}{n^2}\left[E(x_1 - \overline{X})^2 + \cdots + E(x_n - \overline{X})^2 + \sum_{i \neq j} E(x_i - \overline{X})(x_j - \overline{X})\right]
\end{aligned}$$

由于 x_i 服从同一分布,则有:

$$D(x_i) = E(x_i - \overline{X})^2 = \sigma^2$$

而 x_i 和 x_j 相互独立,故有:

$$E(x_i - \overline{X})(x_j - \overline{X}) = E(x_i - \overline{X}) \times E(x_j - \overline{X}) = 0$$

则可得:

$$\mu_{\bar{x}}^2 = \frac{\sigma^2}{n}$$

上式说明在重复抽样的条件下,抽样平均误差与总体标准差成正比,与样本容量的平方根成反比。

【例 7-1】 有 5 个工人的日产量(单位:件)分别为:6,8,10,12,14,用重复抽样的方法,从中随机抽取 2 个工人的日产量,用以代表这 5 个工人的总体水平。试问:抽样平均误差为多少?

【解】 根据题意可得:$\overline{X} = \dfrac{6+8+10+12+14}{5} = 10$(件)。

总体标准差 $\sigma = \dfrac{\sqrt{\sum(X - \overline{X})^2}}{\sqrt{N}} = \dfrac{\sqrt{40}}{\sqrt{5}} = \sqrt{8}$(件)。

则抽样平均误差 $\mu_{\bar{x}} = \dfrac{\sigma}{\sqrt{n}} = \dfrac{\sqrt{8}}{\sqrt{2}} = 2$(件)。

2. 当抽样方法为不重复抽样时

样本标志值 $x_1, x_2, \cdots, x_n$ 不是相互独立的,则根据数理统计知识可知:

$$\begin{aligned}
\mu_{\bar{x}}^2 &= E(\overline{x_i} - \overline{X})^2 = E\left[\frac{x_1 + x_2 + \cdots + x_n}{n} - \frac{n\overline{X}}{n}\right]^2 \\
&= E\left[\frac{(x_1 - \overline{X}) + (x_2 - \overline{X}) + \cdots + (x_n - \overline{X})}{n}\right]^2 \\
&= \frac{1}{n^2}\left[E(x_1 - \overline{X})^2 + \cdots + E(x_n - \overline{X})^2 + \sum_{i \neq j} E(x_i - \overline{X})(x_j - \overline{X})\right]
\end{aligned}$$

由于 x_i 服从同一分布，则有：

$$D(x_i) = E(x_i - \overline{X})^2 = \sigma^2$$

$\sum\limits_{i \neq j} E(x_i - \overline{X})(x_j - \overline{X})$ 共有 $n(n-1)$ 项，而 x_i 和 x_j 相互影响，故有：

$$E(x_i - \overline{X})(x_j - \overline{X}) = \sum_{K \neq L} P_{KL}(x_K - \overline{X}) \times (x_L - \overline{X}), K, L = 1, 2, 3, \cdots, N$$

P_{KL} 表示第 i 次抽中 x_K，第 j 次抽中 x_L 的概率，$P_{KL} = \dfrac{1}{N(N-1)}$，故有：

$$\sum_{K \neq L} P_{KL}(x_K - \overline{X}) \times (x_L - \overline{X}) = \left[\sum_{K=1}^{N} (x_K - \overline{X}) \right]^2 - \sum_{K=1}^{N} (x_K - \overline{X})^2$$

$$= N^2 \times \left[\frac{\sum\limits_{K=1}^{N} x_K}{N} - \overline{X} \right]^2 - N \times \frac{\sum\limits_{K=1}^{N} (x_K - \overline{X})^2}{N}$$

$$= 0 - N\sigma^2$$

则 $E(x_i - \overline{X})(x_j - \overline{X}) = -\dfrac{\sigma^2}{N}$，代入可得：

$$\mu_{\bar{x}} = \sqrt{\frac{\sigma^2}{n} \left(\frac{N-n}{N-1} \right)}$$

当总体单位数 N 很大时，这个公式可近似表示为：

$$\mu_{\bar{x}} = \sqrt{\frac{\sigma^2}{n} \left(1 - \frac{n}{N} \right)}$$

与重复抽样相比，不重复抽样的平均误差是在重复抽样的平均误差的基础上，再乘以 $\sqrt{(N-n)/(N-1)}$，而 $\sqrt{(N-n)/(N-1)}$ 总是小于 1，所以不重复抽样的平均误差也总是小于重复抽样的平均误差。如前例，若改用不重复抽样方法，则抽样平均误差为：

$$\mu_{\bar{x}} = \sqrt{\frac{\sigma^2}{n} \left(\frac{N-n}{N-1} \right)} = \sqrt{\frac{8}{2} \times \left(\frac{5-2}{5-1} \right)} = 1.732 \text{（件）}$$

在计算抽样平均误差时，通常得不到总体标准差的数值，一般可以用样本标准差来代替总体标准差。

（二）抽样成数的平均误差

总体成数是指总体中具有某一相同标志表现的单位数占全部总体单位数的比重。总体成数 P 可以表现为总体是非标志的平均数。即 $E(X) = P$，它的标准差 $\sigma = \sqrt{P(1-P)}$。

根据样本平均误差和总体标准差的关系，可以得到抽样成数的平均误差的计算公式。

（1）在重复抽样下，抽样成数的平均误差为：

$$\mu_p = \sigma / \sqrt{n} = \sqrt{\frac{P(1-P)}{n}}$$

（2）在不重复抽样下，抽样成数的平均误差为：

$$\mu_p = \sqrt{\frac{\sigma^2}{n} \left(\frac{N-n}{N-1} \right)} = \sqrt{\frac{P(1-P)}{n} \left(\frac{N-n}{N-1} \right)}$$

当总体单位数 N 很大时,上式可近似地写成:

$$\mu_p = \sqrt{\frac{P(1-P)}{n}\left(1-\frac{n}{N}\right)}$$

当总体成数未知时,可以用抽样成数来代替。

【例 7-2】 某企业生产的产品,按正常生产经验,合格率为 90%,现从 5000 件产品中抽取 50 件进行检验,求合格率的抽样成数的平均误差。

【解】 根据题意,在重复抽样条件下,合格率的抽样成数的平均误差为:

$$\mu_p = \sqrt{\frac{P(1-P)}{n}} = \sqrt{\frac{0.9 \times 0.1}{50}} = 4.24\%$$

在不重复抽样条件下,合格率的抽样成数的平均误差为:

$$\mu_p = \sqrt{\frac{P(1-P)}{n}\left(1-\frac{n}{N}\right)} = \sqrt{\frac{0.9 \times 0.1}{50} \times \left(1 - \frac{50}{5000}\right)} = 4.22\%$$

四、抽样极限误差

抽样极限误差,又称置信区间或抽样允许误差范围,是指在一定的把握程度(P)下保证样本指标与总体指标之间的抽样误差不超过某一给定的最大可能范围,记作 Δ。作为样本的随机变量——抽样指标值($\bar{x}$ 或 p),以全及指标值($\overline{X}$ 或 P)为中心上下波动,与全及指标值可能会产生正(或负)离差,这些离差均是抽样指标的随机变量,因而难以避免,只能将其控制在预先要求的误差范围($\Delta_{\bar{x}}$ 或 Δ_p)内。

$$|\bar{x} - \overline{X}| \leqslant \Delta_{\bar{x}}, \qquad |p - P| \leqslant \Delta_p$$

或

$$\bar{x} - \Delta_{\bar{x}} \leqslant \overline{X} + \Delta_x, \qquad P - \Delta_p \leqslant p \leqslant P + \Delta_p$$

由于 $\Delta_{\bar{x}}$ 和 Δ_p 是预先给定的抽样方案中所允许的误差范围,所以利用 $\Delta_{\bar{x}}$ 和 Δ_p 可以反过来估计未知的全及指标的取值可能的范围。解上述两个绝对值不等式便可得:

$$\bar{x} - \Delta_{\bar{x}} \leqslant \overline{X} \leqslant \bar{x} + \Delta_{\bar{x}}$$

$$p - \Delta_p \leqslant P \leqslant p + \Delta_p$$

例如,若要估计宁波火车站整车到达货物的平均运送时间,则从交付的全部整车货票共 26193 批中,用不重复抽样抽取 2718 批货票。若允许的抽样极限误差 $\Delta_{\bar{x}} = 0.215$(天),经计算知所抽取的每批货物平均运送时间 $\overline{X} = 5.64$(天),那么宁波火车站整车到达货物的平均运送时间区间估计为(5.64 - 0.125, 5.64 + 0.125),即在 5.515 天到 5.765 天之间。

又如,若要估计宁波火车站整车到达货物的逾期运到率(报告期内超过规定货物运到期限运到的货物批数/货物的到达总批数),从随机抽取的 2718 批货票中,计算得抽样逾期运到率为 6.43%,所确定的抽样极限误差为 $\Delta_p = 0.642\%$,由此可得宁波火车站总体的逾期运到率的区间估计是(6.43% - 0.642%, 6.43% + 0.642%)。

五、抽样估计的概率度、精度和可靠程度

(一)抽样估计的概率度

抽样极限误差 Δ 是单个样本值与总体指标值之间的绝对离差,而抽样平均误差 μ 是所有可能样本值与总体指标值之间的平均离差,用抽样极限误差与抽样平均误差相比,从而使由单一样本值得到的抽样极限误差标准化,这样可称为抽样标准极限误差,通常称其为概率度(t)或相对误差范围。

$$t=\frac{\Delta_{\bar{x}}}{\mu_{\bar{x}}}=\frac{|\bar{x}-\overline{X}|}{\sigma/\sqrt{n}} \qquad 或 \qquad t=\frac{\Delta_{p}}{\mu_{p}}=\frac{|p-P|}{\sqrt{\dfrac{P(1-P)}{n}}}$$

由中心极限定理可知,变量 t 服从标准正态分布。

(二)抽样估计的精度

为了比较不同现象总体的抽样误差程度,必须消除总体规模大小悬殊的影响,通常还需计算抽样误差系数。抽样误差系数记作 Δ',反映了抽样误差的相对程度。其计算公式为:

$$\Delta_{\bar{x}}'=\frac{\Delta_{\bar{x}}}{\bar{x}}, \qquad \Delta_{p}'=\frac{\Delta_{p}}{p}$$

则抽样估计的精度(A)公式为:

$$A_{\bar{x}}=1-\Delta_{\bar{x}}', \qquad A_{p}=1-\Delta_{p}'$$

(三)抽样估计的可靠程度

置信区间的测定总是在一定的概率保证程度下进行的,因为既然抽样误差是一个随机变量,就不能指望抽样指标落在置信区间内成为必然事件,只能视其为一个可能事件,这样就必定要用一定的概率来给予保证。抽样误差的可能范围是估计的准确性问题,而保证抽样指标落在抽样误差的可能范围之内则是估计的可靠性问题。所以抽样估计可靠程度又称置信度。具体地说,置信区间是以一定的概率把握程度确定总体指标所在的区间。置信度是总体指标落在某个区间的概率把握程度。

抽样估计的可靠程度即概率用 P 表示,P 是概率度 t 的函数。而 $P=F(t)$ 表明概率分布是概率度 t 的函数。确定抽样估计的可靠程度,就是要确定抽样平均数($\bar{x}$)或抽样成数(p)落在置信区间($\bar{x}-\Delta_{\bar{x}},\bar{x}+\Delta_{\bar{x}}$)或($P-\Delta_{p},P+\Delta_{p}$)中的概率 P。$F(t)$ 的函数形式为:

$$P(|\bar{x}-\overline{X}|\leqslant t\mu_{\bar{x}})=F(t)$$

$$P(|p-P|\leqslant t\mu_{p})=F(t)$$

由此可知,t 增大,$t\mu$ 也增大,即 Δ 增大,这表明所要求的误差范围增大,说明从总体中随机抽取一个样本,其样本值落在这个较大的置信区间内的可能性或把握性 P 越大;反之,

t减小，$t\mu$也减小，即 Δ 减小，这表明所要求的误差范围减小，说明从总体中随机抽取一个样本，其样本值落在这个较小的置信区间内的可能性或把握性越小。

应用标准正态分布概率表，可以得出抽样指标落在置信区间内的置信度。

$$F(1)=P\{|\bar{x}-\overline{X}|\leqslant\mu_{\bar{x}}\}=68.27\%$$
$$F(2)=P\{|\bar{x}-\overline{X}|\leqslant2\mu_{\bar{x}}\}=95.45\%$$
$$F(3)=P\{|\bar{x}-\overline{X}|\leqslant3\mu_{\bar{x}}\}=99.73\%$$

表 7-1 列出了常用的概率保证程度（即概率面积）与对应的概率度。

表 7-1　常用概率面积、概率度对应表

概率面积 $F(t)$	概率度 t	概率面积 $F(t)$	概率度 t
0.6827	1.00	0.9545	2.00
0.7995	1.28	0.99	2.58
0.8664	1.50	0.9973	3.00
0.90	1.64	0.99994	4.00
0.9500	1.96	0.999999	5.00

第五节　全及指标的推断

全及指标的推断是指对总体平均数 $\overline{X}$ 和总体成数 P 的推断估计。抽样推断有三项基本要素：估计值，包括平均数、成数和方差；估计值的可能误差范围，即抽样极限误差 $\Delta_{\bar{x}}$ 和 Δ_p；和误差范围相对应的概率保证程度——抽样推断的置信度，即：

$$P(|\bar{x}-\overline{X}|\leqslant t\mu_{\bar{x}})=F(t),\qquad P(|p-P|\leqslant t\mu_p)=F(t)$$

根据上一节的分析，我们会发现以下规律：

第一，在同样的概率保证程度（t 一定）下，平均误差 μ 越小，则误差的可能范围就越小；平均误差 μ 越大，则误差的可能范围也就越大。

第二，当抽样平均误差 μ 一定时，极限误差的大小随着 t 的变化而变化，t 小，则误差范围就小，估计的精确度提高，而概率上的保证程度（即置信度）就降低；t 值增大，则误差范围也就增大，估计的精确度就会降低，在概率上的保证程度就会提高。抽样推断的精确程度和置信度是一对矛盾，科学的抽样推断要在两者之间慎重地选择。

第三，如何选择精确度和置信度，常有两种考虑方法：一种是对一项估计值先提出估计的可靠性要求，然后再利用标准正态分布概率表查出这个概率保证程度所对应的概率度 t，然后再用 t 和抽样的平均误差 $\mu_{\bar{x}}$ 相乘，求出抽样误差的可能范围（极限误差）Δ；另一种方法是对一项估计值，先提出估计的误差范围，然后将极限误差 Δ 除以平均误差 $\mu_{\bar{x}}$，求出概率度 t，再从标准正态分布概率表中查出有关 t 所对应的置信度 $F(t)$。

用样本指标来估计总体指标，要达到 100% 的准确而没有任何误差，几乎是不可能的，所以在估计总体指标时就必须同时考虑估计误差的大小。区间估计就是以一定的概率保证估计包含总体参数的一个值域，即根据样本指标和抽样平均误差推断总体指标的可能范围。它包括两部分内容:一是可能范围的大小;二是总体指标落在可能范围内的概率。

在实际抽样调查中,区间估计根据给定的条件不同,有两种估计方法:①给定极限误差,要求对总体指标做出区间估计;②给定概率保证程度,要求对总体指标做出区间估计。

【例 7-3】 某企业对某批电子元件进行检验,随机抽取 100 只,测得平均耐用时间为 1000 小时,标准差为 50 小时,合格率为 94%,求:

(1)以耐用时间的允许误差范围 $\Delta_{\bar{x}}=10$ 小时,估计该批产品平均耐用时间的区间及其概率保证程度。

(2)以合格率估计的误差范围不超过 2.45%,估计该批产品合格率的区间及其概率保证程度。

(3)试以 95% 的概率保证程度,对该批产品的平均耐用时间做出区间估计。

(4)试以 95% 的概率保证程度,对该批产品的合格率做出区间估计。

【解】 问题(1)的计算步骤:

①求样本指标:

$$\bar{x}=1000（小时），\quad \sigma=50（小时）$$

此题中,耐用时间测试应是不重复抽样。但总体未知,我们可认为该企业连续生产,总体产品数量趋于无穷大,则计算抽样平均误差可采用简单重复抽样公式:

$$\mu_{\bar{x}}=\frac{\sigma}{\sqrt{n}}=\frac{50}{\sqrt{100}}=5（小时）$$

②根据给定的 $\Delta_{\bar{x}}=10$ 小时,计算总体平均数的上、下限:

下限: $\bar{x}-\Delta_{\bar{x}}=1000-10=990（小时）$

上限: $\bar{x}+\Delta_{\bar{x}}=1000+10=1010（小时）$

③根据 $t=\frac{\Delta_{\bar{x}}}{\mu_{\bar{x}}}=\frac{10}{5}=2$,查标准正态分布概率表得 $F(t)=95.45\%$。

由以上计算结果,估计该批产品的平均耐用时间为 990~1010 小时,有 95.45% 的概率保证程度。

问题(2)的计算步骤:

①求样本指标:

$$p=94\%$$

$$\sigma_p^2=p(1-p)=0.94\times0.06=0.0564$$

$$\mu_p=\sqrt{\frac{p(1-p)}{n}}=\sqrt{\frac{0.0564}{100}}=2.37\%$$

②根据给定的 $\Delta_p=2.45\%$,求总体合格率的上、下限:

下限: $p-\Delta_p=94\%-2.45\%=91.55\%$

上限: $p+\Delta_p=94\%+2.45\%=96.45\%$

③根据 $t=\frac{\Delta_p}{\mu_p}=\frac{2.45\%}{2.37\%}=1.03$,查标准正态分布概率表得 $F(t)=69.70\%$。

由以上计算结果,估计该批产品的合格率为 91.55%~96.45%,有 69.70% 的概率保证程度。

问题(3)的计算步骤:

①求样本指标：

$$\overline{x}=1000（小时），\quad \sigma=50（小时）$$

$$\mu_{\overline{x}}=\frac{\sigma}{\sqrt{n}}=\frac{50}{\sqrt{100}}=5（小时）$$

②根据给定的 $F(t)=95\%$，查标准正态分布概率表得 $t=1.96$。

③根据 $\Delta_{\overline{x}}=t\mu_{\overline{x}}=1.96\times5=9.8$，计算总体平均耐用时间的上、下限：

下限：$\overline{x}-\Delta_{\overline{x}}=1000-9.8=990.2（小时）$

上限：$\overline{x}+\Delta_{\overline{x}}=1000+9.8=1009.8（小时）$

所以，以 95% 的概率保证程度估计该批产品的平均耐用时间为 990.2～1009.8 小时。

问题(4)的计算步骤：

①求样本指标：

$$p=94\%$$

$$\sigma_p^2=p(1-p)=0.94\times0.06=0.0564$$

$$\mu_p=\sqrt{\frac{p(1-p)}{n}}=2.37\%$$

$$\Delta_p=t\mu_p=1.96\times2.37\%=4.6\%$$

②计算总体合格率的上、下限：

下限：$p-\Delta_p=94\%-4.6\%=89.4\%$

上限：$p+\Delta_p=94\%+4.6\%=98.6\%$

所以，以 95% 的概率保证程度估计该批产品的合格率为 89.4%～98.6%。

在上述公式中，σ^2、σ_p^2 是总体方差，但在实际抽样过程中，总体方差一般是未知的。因此，在实际计算过程中我们可采用下列数据替代总体方差。

(1)可用样本方差或历史样本方差代替总体方差；

(2)如果样本方差有多个，选择其中最大的一个；

(3)如果乘数样本方差未知，可采用 $p=50\%$ 时的乘数方差代替。

第六节 抽样方案设计

一、抽样调查的组织原则

如何科学地组织抽样调查是抽样推断中一个十分重要的问题。在抽样调查之前，首先要进行抽样方案的设计。抽样方案的设计是对抽样推断进行的一个总体规划，应包括如何从总体中抽取样本，要调查哪些项目的资料，用什么样的方法去取得这些资料，要求资料的精确程度和确定必要的样本单位数目，等等。完整的抽样方案还应包括一些必要的附件，如调查人员的培训计划、调查问卷或调查表的设计、调查项目的编码以及汇总表的格式等。因此，抽样方案的设计是一个非常重要的问题。

　　首先,抽样推断的基础是样本。样本的充分代表性是降低抽样推断误差的关键。而样本充分代表性的前提是在抽选样本时必须按照随机抽样的原则来进行。

　　其次,随着样本容量 n 的增大,样本对总体的代表性会增强,但调查单位增多也会增加组织抽样的负担,样本容量减小又会使抽样推断的误差增大。所以,样本容量究竟多大才算合适,也是抽样方案设计时要考虑的问题。

　　再次,不同的抽样组织形式和抽样方法会产生不同的抽样误差,抽样效果也是不同的。在样本选取的具体操作上也存在难易之分。抽样组织形式和抽样方法都与总体的数值分布、总体单位的空间分布有关。科学的抽样方案要兼顾这两方面的要求。

　　最后,在抽样方案设计中必须重视调查费用这个基本的因素。在通常情况下,提高精度的要求和节省费用的要求往往有矛盾。因为要求抽样误差越小,就要增加样本容量,相应地增加调查费用。但实际工作中并非抽样误差最小的方案就是最好的方案。因为不同的调查项目对于精度的要求往往是不同的,而且调查费用和精度之间往往不是线性关系。抽样调查中用 100% 的费用可以达到 100% 的精度,但如果用 75% 的费用就可以达到 98% 的精度,若 98% 的精度已能满足需要,就没有必要再花 25% 的费用来获取余下 2% 的精度。何况有些调查要求精度比较高,而有些调查并不一定要有很高的精度,这要视具体情况而定。

　　综上所述,抽样方案设计必须掌握以下两项基本原则:

　　(1)保证实现抽样的随机性原则,即保证总体的各个单位 $X_1, X_2, \cdots, X_n$ 的相互独立性,以及任何一个单位被抽中的机会都是相等的。

　　(2)保证实现最大的抽样效果原则,即在一定的调查费用条件下,选取抽样误差最小的方案;或在给定的精确度的要求下做到调查费用最少。

二、简单随机抽样

　　简单随机抽样也称纯随机抽样,是在总体单位均匀混合的情况下,随机逐个抽出样本的抽样方法。其具体的抽取方法多种多样,例如,可先把总体各单位全部编号,然后制成签条或签卡,将其混合后,由手摸取,直至抽到预定需要的抽样单位数为止;也可用摇号机摇出任意号码,确定中选单位。通常采用事前编好的随机数字表示抽取样本单位。

　　随机数字表,是包含许多随机数字的表格。它是从 0 到 9 的 10 个数码中随机组成的数字表格。0~9 各个数码出现的概率是相同的。为了方便使用可以编成 2 个数一组、5 个数一组,甚至 10 个数一组。编制随机数字表一般采用数码机,每次摇出一个数字。按照它们出现的次序,按行或列排列,几位一组就构成了随机数字表。或利用电子计算机的随机键来编制随机数字表,每按下一次随机键就可得一组数码,按照它们出现的次序按行或列排列,就构成了一张随机数字表。

　　随机数字表的查用,可以竖查、横查、顺查、逆查,可以用每组数字左边的几个数,也可以用右边的几个数,还可以用中间的某几位数字,没有什么规则,可以随意使用。但一旦决定某一种用法,就得用一种方法抽出全部样本单位来。

　　例如,有一张随机数字表:

...	73292	97313	61419	40623	71046	44081
13522	18454	35263	17594	33760	48183	09614
97815	29002	36086	18726	40329	16657	40257
68442	85669	96015	34152	70623	31009	62833
02065	68015	15633	60839	75103	33053	...

假设要从 30 人中抽选 5 人进行调查,就先将 30 人编号,如 01,02,03,…,29,30。同时确定随机数字表的方法,如定为顺查,选用后两个数字。这时就可以随机决定一组数字为起点数字。假定抽出第 2 行第 5 列数 33760 为起点数,则顺查后 2 个数字为 60,83,14,15,02,86,26,29,57,42,69,…。最先出现的 30 以内的数码为 14,15,02,26,29,这就是抽中的 5 个人。

简单随机抽样虽然最符合随机原则,是最基本的一种抽样方式,但它不能保证所取得的样本在总体中有较均匀的分布,所抽样本可能缺乏代表性,抽样误差就会较大。为减少抽样误差,保证抽样结果的精确程度,就需要抽取较多的样本单位数。所以,简单随机抽样只适合在总体单位标志变异度较小的情况下使用。另外,这种方式在实践中也有很大的局限性,因为这种抽样方式是直接从总体中随机抽取样本,需先将各单位编号,只能是在总体单位数较少而又集中时方能实行,如果总体单位面广,抽取单位数较多,则应采取其他更恰当的抽样方式。

三、分层抽样

(一)分层抽样及其组织

分层抽样又称类型抽样或分类抽样,它将总体各单位按照某个标志分成若干组,然后在各组中随机抽取样本单位。例如,在职工收支调查中先按全民所有制、集体所有制、中外合资等经济类型分组(类),然后在全民所有制和集体所有制内再按国民经济部门分为工业、商业、基本建设、交通运输等部门;在国民经济各部门内还可进一步分类,再按所需研究的问题,抽选样本单位。在农作物产量调查中,可按地形条件的不同,将调查单位分为平原、丘陵、山区三种类型,然后抽取样本单位。

分层抽样实际上是分组法和抽样原理的结合。通过分组把性质比较接近的各个单位归入同一组内,使各组内调查变量的标志值差异缩小,从而减少抽样误差,提高抽样结果的代表性。特别是当总体各单位标志值差异悬殊时,划分类型后,有效缩小了各类型组内的方差。另外,在各类型组内,都有一定的单位选入样本,可以取得较好的抽样效果,能用较少的抽样单位数获得较精确的推断结果。

经过划类分组后,确定各类型组抽样单位数,一般有两种方法:

第一,各类型组所抽选单位数,按各类型组标志变动程度来确定,变动程度大的多抽一些,变动程度小的少抽一些,没有统一规定的比例关系。这种方法称为类型适宜抽样或一般类型抽样,也叫作不等比例抽样。

第二,不考虑各类型组标志变动程度,按统一的比例确定各类型组应抽选的单位数。这种方法称为类型比例抽样。

假定全及总体分成 K 个类型组,每组抽取一定的单位数进行抽样观察,分别计算抽样平均数、成数以及标准差等指标。为说明方便起见,特制表 7-2。

表 7-2　分层抽样有关参数说明

有关参数	第 1 组	第 2 组	…	第 k 组	合计或平均
分组后各组固有的单位数 N_i	N_1	N_2	…	N_k	N
分组后各组所抽选的单位数 n_i	n_1	n_2	…	n_k	n
各组抽样比例 $\dfrac{n_i}{N_i}$	$\dfrac{n_1}{N_1}$	$\dfrac{n_2}{N_2}$	…	$\dfrac{n_k}{N_k}$	$\dfrac{n}{N}$
各组抽样平均数 $\overline{x_i}$	$\overline{x_1}$	$\overline{x_2}$	…	$\overline{x_k}$	$\overline{x}$
各组抽样成数 p_i	p_1	p_2	…	p_k	p
各组平均数的方差 σ_i^2	σ_1^2	σ_2^2	…	σ_k^2	$\overline{\sigma^2}$
各组成数的方差 $p(1-p)$	$p_1(1-p_1)$	$p_2(1-p_2)$	…	$p_k(1-p_k)$	$\overline{p(1-p)}$

根据表 7-2 不难了解,在类型比例抽样条件下,各组抽取单位数的比例是相同的:

$$\frac{n_1}{N_1}=\frac{n_2}{N_2}=\frac{n_3}{N_3}=\cdots=\frac{n_i}{N_i}=\cdots=\frac{n_k}{N_k}=\frac{n}{N}$$

且

$$\frac{n_1+n_2+n_3+\cdots+n_k}{N_1+N_2+N_3+\cdots+N_k}=\frac{n}{N}$$

而在类型适宜抽样条件下,各组抽样单位数的比例一般是不等的:

$$\frac{n_1}{N_1}\neq\frac{n_2}{N_2}\neq\frac{n_3}{N_3}\neq\cdots\neq\frac{n_i}{N_i}\neq\cdots\neq\frac{n_k}{N_k}\neq\frac{n}{N}$$

只有在少数特殊情况下,即当各组的标志变异程度完全相同时,类型适宜随机抽样和类型比例随机抽样才会一致。在实际工作中,由于事先很难了解各组标志变异程度,因此,类型适宜随机抽样不常采用。况且,类型适宜随机抽样不能保证总体均匀地分布在样本中,我们对这种抽样方式不作过多的探讨。

(二)分层抽样的估计量及推断步骤

根据各种方差之间的关系,即总方差(σ^2)等于组间方差($\sigma_{x_i}^2$)与组内方差($\overline{\sigma_i^2}$)之和。由于分层抽样对于各组来说是全面调查,而对于每一组内部来讲是抽样调查,所以分层抽样的误差仅与组内方差有关,而与组间方差无关。因此,在将总体划分为若干层时,要遵守两个原则:一是层内的齐一性,即被划入同一层内的各单位要尽可能使之相接近;二是层间的差异性,即在不同的层间的单位要尽可能使其有较大差异。由于分层抽样的误差取决于各组样本单位数的总和与各组组内的方差的平均数,因此,当测定平均数指标时,计算抽样误差不是用方差 σ^2,而是用各组组内方差的加权算术平均数 $\overline{\sigma^2}$。根据同样的道理,在测定成数指标时,计算抽样误差不是用抽样成数的方法 $p(1-p)$,而是用各组方差的加权算术平均数。所以,类型比例抽样的误差计算公式如下:

在重复抽样条件下:

$$\mu_{\bar{x}} = \sqrt{\frac{\overline{\sigma^2}}{n}}, \qquad \overline{\sigma^2} = \frac{\sum_{i=1}^{k} \sigma_i^2 N_i}{N} \text{ 或 } = \frac{\sum_{i=1}^{k} \sigma_i^2 n_i}{n}$$

$$\mu_p = \sqrt{\frac{\overline{p(1-p)}}{n}}, \qquad \overline{p(1-p)} = \frac{\sum_{i=1}^{k} p_i(1-p)N_i}{N} \text{ 或 } = \frac{\sum_{i=1}^{k} p_i(1-p)n_i}{n}$$

在不重复抽样条件下:

$$\mu_{\bar{x}} = \sqrt{\frac{\overline{\sigma^2}}{n}\left(1 - \frac{n}{N}\right)}, \qquad \mu_p = \sqrt{\frac{\overline{p(1-p)}}{n}\left(1 - \frac{n}{N}\right)}$$

在实际工作中,我们同样不知道全及总体各类的组内方差,所以,用样本各类型组的组内方差来代替。

【例 7-4】 某乡有农户 4200 户,根据所居住的地势将其划分为平原区的山区两部分。各农户 2018 年第二季度收入资料如表 7-3 所示。现抽选 10% 农户进行调查,要求在 90% 的概率保证程度($t=1.65$)下对其平均收入做出区间估计。

表 7-3　某乡农户平均收入分布

农户按平均收入分组(元)	平原区	山区	全乡
4500～5000	0	200	200
5000～5500	60	960	1020
5500～6000	960	640	1600
6000～6500	1002	220	1222
6500～7000	140	180	158
合计	2162	2038	4200

【解】 依题意,首先计算各组平均数和各组的组内方差(或标准差),如表 7-4 所示。

表 7-4　分层抽样有关指标计算

有关指标	平原区	山区	全乡
总体单位数 N_i	2162	2038	4200
抽样单位数 n_i	216.2	203.8	420
各组组内平均数 $\overline{x_i}$	6032.6	5479.1	5764
各组组内标准差 σ_i	328.2	422.3	467.4

样本平均数:

$$\bar{x} = \frac{\sum \bar{x}_i n_i}{n} = \frac{6032.6 \times 216.2 + 5479.1 \times 203.8}{420} = 5764(元)$$

组内方差平均数：

$$\overline{\sigma^2} = \frac{\sum \sigma_i^2 n_i}{n} = \frac{(328.2)^2 \times 216.2 + (422.3)^2 \times 203.8}{420} = 141983.7$$

抽样平均误差：

$$\mu_{\bar{x}} = \sqrt{\frac{\overline{\sigma^2}}{n}} = \sqrt{\frac{141983.7}{420}} = 18.39$$

抽样极限误差：

$$\Delta_{\bar{x}} = t\mu_{\bar{x}} = 1.65 \times 18.39 = 30.34$$

则全乡农户 2018 年第二季度平均收入为 $\bar{x} \pm \Delta_{\bar{x}}$，即 5764 ± 30.34 元。即以 90% 的置信度推断全乡农户 2018 年第二季度平均收入的置信区间为 $[5733.66, 5794.34]$。

根据分层抽样的特点，我们可归纳出分层抽样推断的步骤（以平均数的推断为例）：

(1) 计算各组的组内平均数：

$$\bar{x}_i = \frac{\sum x_i f_i}{\sum f_i} \qquad i = 1, 2, \cdots, k$$

(2) 计算各组的组内方差：

$$\sigma_i^2 = \frac{\sum (x - \bar{x}_i)^2 f_i}{\sum f_i} \qquad i = 1, 2, \cdots, k$$

(3) 计算抽样的样本平均数：

$$\bar{x} = \frac{\sum_{i=1}^{k} \bar{x}_i n_i}{n}$$

(4) 计算抽样样本的组内方差平均数：

$$\overline{\sigma^2} = \frac{\sum_{i=1}^{k} \sigma_i^2 n_i}{n}$$

(5) 计算抽样的平均误差：

$$\mu_{\bar{x}} = \sqrt{\frac{\overline{\sigma^2}}{n}}（重复抽样）$$

(6) 计算抽样推断的极限误差 $\Delta_{\bar{x}} = t\mu_{\bar{x}}$，或确定抽样推断的置信度 $F(t)$。

四、等距抽样

(一)等距抽样的概念

等距抽样又叫系统抽样或机械抽样。其方法是：将总体各单位按某一标志顺序排列，然后按照一定的间隔抽取样本单位。

设总体共有 N 个单位,现在需要抽选容量为 n 的样本。将总体 N 个单位除以样本单位数 n,求得 $k = N/n$ 个单位,再每隔 k 单位抽一个,直到抽满 n 个单位为止。这种相邻样本单位的间隔相等的抽样方法称为等距抽样法,或机械抽样法。

等距抽样按照排队时所依据的标志不同,可分为按无关标志排队和按有关标志排队。所谓按无关标志排队,是指用来排队的标志与调查研究的标志无关。例如,研究工人的平均收入水平时,将工人按照姓氏笔画顺序排列;在产品连续生产过程中进行质量检查,要每隔一定时间抽取产品进行检查等。所谓按有关标志排队,是指用来排队的标志与调查研究的目的有关。例如,研究职工工资收入时,按职工平均工资排队;农作物产量调查以往年的平均亩产作为排队标志。

不论是按无关标志排队还是按有关标志排队的等距抽样,都是不重复抽样。按无关标志排队的等距抽样,其性质接近于简单随机抽样。而按有关标志排队的等距抽样,已具有分层抽样的性质,其所抽取的样本单位已经不是随机任意抽取的,而是将总体划分为相等的层,从每层中抽取一个单位,抽样构成的样本将优于按无关标志排队的等距抽样。

等距抽样的优点是:抽取方式简单,容易实施,所以这种方式在实际工作中常被采用。由于等距抽样能使抽出的样本均匀地分布在总体中,因此调查的精度高于简单随机抽样。按有关标志排队的等距抽样接近于分层抽样,也常用分层抽样的公式来计算等距抽样的误差,但计算出来的误差比实际存在的误差可能小,不利于抽样推断置信度的提高。用简单抽样的公式来计算等距抽样(包括按有关标志排队和按无关标志排队)的误差,计算出来的误差比实际存在的误差大,有利于抽样推断置信度的提高。所以,在实际工作中常用简单抽样的误差公式和推断程度对等距抽样的误差和估计量进行推断。

但需要注意,等距抽样的第一个样本单位位置确定以后,其余样本单位的位置也就确定了。因此,要避免由抽样间隔和现象本身的周期性节奏相重合而引起的系统性影响。例如,农作物产量调查时,农作物的抽样间隔不宜和垄的长度相等;工业产品质量检查时,产品抽取时间不要和上下班的时间相一致,以防止发生系统性误差。

(二)等距抽样的组织

等距抽样常有三种具体的组织方法:随机起点等距抽样、半距起点等距抽样、随机起点对称等距抽样。

1. 随机起点等距抽样

计算出组距以后,就在 $1 \sim k$ 之间确定随机起点,设随机起点为 r,则 r 为第一个抽中单位 u_1,第二个单位 $u_2 = r + k$,第三个单位 $u_3 = r + 2k$,第四个单位 $u_4 = r + 3k$,其余类推。

采用随机起点等距抽样时,随机起点的确定若是偏高或偏低,都很容易产生系统性的偏差。

2. 半距起点等距抽样

半距起点等距抽样,就是随机起点选在组距的一半处,即 $\frac{k}{2}$ 处,$u_1 = \frac{k}{2}$,$u_2 = \frac{k}{2} + k$,$u_3 =$

$\dfrac{k}{2}+2k,\cdots$，一直抽出全部样本单位为止。这个方法除具有简单易懂、易于实践等优点外，当总体采用按有关标志排队时，还起到了将总体按有关内容进行分层的作用，保证样本有充分的代表性，使层内方差缩小，提高了抽样调查的效率。

由于半距起点等距抽样所具有的优点，长期以来该方法在大规模社会经济调查中被广泛地运用。但是，它也存在一定的局限性。它的随机性不够鲜明，只有属于组距半数起点系统的单位才能被抽中，它排除了这个系统以外的单位被抽中的可能性。它只能抽出一套样本，抽样框的利用效率太低，且不可能在同一个抽样框里进行交叉样本和轮换样本的抽样设计。

3. 随机起点对称等距抽样

随机起点对称等距抽样，是当前抽样调查中运用最为广泛的抽样方法之一。它既保留了随机起点等距抽样的优点，又避免了它的局限性，使其优点更加明显。如果随机起点 x 为组距的半数值，那么它所抽取的样本就是半距起点等距抽样抽出的样本。

随机起点对称等距抽样可分为以下几个步骤：

(1)编制抽样框。为了提高抽样效率，一般采用按有关标志排队，同时累计辅助变量的抽样框。在排队标志相同的情况下，可以根据事先规定安排先后。

(2)计算组距。使用公式 $k=N/n$ 求得组距。

(3)决定随机起点。随机起点在 $0\sim k$ 中确定，可以利用随机数表或计算器上的随机按键来决定。

(4)计算各样本单位的位置值。当样本单位数为偶数时，第 1 个抽中单位的位置值为 r，从第 2 个单位起，偶序数倍 k 值减 r、奇序数倍 k 值加 r，依次求得各样本的位置值：

$$u_1=r$$
$$u_2=2k-r$$
$$u_3=2k+r$$
$$u_4=4k-r$$
$$u_5=4k+r$$
$$\vdots$$

五、整群抽样

(一)整群抽样的概念

将总体各单位按一定的标志或要求，分成若干群，然后以群为单位，随机抽取几个群，对被抽中的群进行全面调查，这种抽样方式称为整群抽样。

进行整群抽样时，可以按随机抽样方式进行抽选，也可以按等距抽样方式进行抽选。由于整群抽样是在各群之间进行抽样调查，而被抽中群的内部是全面调查。所以整群抽样的误差大小取决于群间方差的大小和抽样数目的多少，各群间的平均变异程度越小，则抽样结果就越趋精确。而群内方差是不会影响整群抽样的误差的。进行整群抽样将总体进

行分解时,必须遵循以下两项原则:

(1)群内单位的变异性,即同一群体内的各单位,其统计特征值相差大一些为好;

(2)群间的齐一性,即群与群之间的统计特征值相差小一些为好。

以上两点刚好和分层抽样相反。

整群抽样的优点是抽选的单位比较集中,调查较为方便,可以节省人力、物力和财力,尤其是当总体中包括的单位数很多,且缺乏可靠的登记资料时,直接对这些单位进行抽样调查将有很大困难。例如,对农民的人均收入进行调查,不容易获得可靠的登记资料,在这种情况下,可以将总体按某种标志分为许多群,如农村的乡、村、户等,然后进行整群抽样。所以整群抽样一般适合在下列场合中应用:

(1)在总体单位缺少可以利用的表册和名单的场合;

(2)有的虽可编造名册,但由于费用太高或不宜编出名册的场合;

(3)有一些小的抽样单位,因界限不易区分,容易造成偏误推算的场合。

(二)整群抽样的估计量及其抽样平均误差

设将总体划分为 R 群,每群所包含的单位数为 M。现在从总体 R 群中随机抽取 r 群组成样本,并且对选取的 r 群中的所有 M 个单位进行调查,样本的第 i 群第 j 单位的标志值为 x_{ij},第 i 群的样本平均数为 $\overline{x_i} = \dfrac{1}{M}\sum_{i=1}^{M} x_{ij}$,则样本平均数为:

$$\overline{x} = \frac{\sum_{i=1}^{r}\sum_{j=1}^{M} x_{ij}}{rM} = \frac{\sum_{i=1}^{r} \overline{x_i}}{r}$$

从上式不难看出,整群抽样实质上是以群代替总体单位,以群平均数 $\overline{x_i}$ 代替总体单位标志值的简单随机抽样。因此抽样平均数的抽样平均误差 μ_x 也可以按这一方法来推算。

设 σ^2 为群间方差,则有:

$$\sigma^2 = \frac{\sum (\overline{x_i} - \overline{x})^2}{R} \qquad 或 \qquad \sigma^2 = \frac{\sum (\overline{x_i} - \overline{x})^2}{r}$$

整群抽样都是采用重置抽样的方法,所以抽样平均误差 μ_x 为:

$$\mu_{\overline{x}} = \sqrt{\frac{\sigma^2}{r}\left(\frac{R-r}{R-1}\right)} \approx \sqrt{\frac{\sigma^2}{r}\left(1 - \frac{r}{R}\right)}$$

同样,用整群抽样估计总体成数时,也可以把它看作估计总体平均数的一种特例,即第 i 群的成数为:

$$p_i = \frac{n_1}{M}$$

总体成数估计的抽样平均误差为:

$$\mu_p = \sqrt{\frac{\sigma^2}{r}\left(\frac{R-r}{r-1}\right)}$$

其中,$\sigma^2 = \dfrac{1}{R}\sum_{i=1}^{R}(p_i - p)^2$。

整群抽样抽取群数的公式为:

$$r_{\bar{x}} = \frac{t^2 R \sigma^2}{R \Delta_{\bar{x}}^2 + t^2 \sigma^2} \quad （抽样平均数的）$$

$$r_p = \frac{t^2 R \sigma_p^2}{R \Delta_p^2 + t^2 \sigma_p^2} \quad （抽样成数的）$$

【例 7-5】　某工厂生产某种电灯泡,在连续生产 720 小时中,每隔 24 小时抽取 1 小时的全部产品加以检查。根据抽样资料计算结果,灯泡的平均寿命为 1200 小时,群间方差为 60 小时,计算样本平均数的抽样方差,并以 95％的可靠程度推断该批灯泡的平均使用寿命。

【解】　由题意得:$\bar{x} = 1200$ 小时,$\sigma^2 = 60$ 小时,$R = 720$,$r = 30$。

全样本平均数的抽样平均误差为:

$$\mu_{\bar{x}} = \sqrt{\frac{\sigma^2}{r}\left(\frac{R-r}{R-1}\right)} = \sqrt{\frac{60}{30} \times \left(\frac{720-30}{720-1}\right)} = 1.385（小时）$$

以 $95\%（t = 1.96）$ 估计该批灯泡的平均寿命(单位:小时)为$[1200 - 1.96 \times 1.385,$ $1200 + 1.96 \times 1.385]$,即$[1197.29, 1202.72]$。

【例 7-6】　某工厂为了估计某产品的一级品率,在全月连续生产的 720 小时中,以 1 小时产品作为抽样单位,随机抽选了 20 个小时,这 20 个小时的一级品率分别为:

78％　85％　88％　82％　86％　86％　86％　89％　85％　85％

83％　84％　82％　87％　87％　88％　86％　83％　85％　85％

根据以往的经验,假设每小时产量中的一级品率近似符合正态分布,要求以 95％的置信度估计该厂这一个月的一级品率的置信区间。

【解】　依题意 $R = 720$,$r = 20$,虽然样本容量不满足大样本要求,但已知总体近似正态分布,故仍可按正态分布进行推断。

$$p = \frac{1}{r}\sum_{i=1}^{r} p_i = 85\%$$

由于总体的群间方差未知,故用样本方差进行估计:

$$\sigma^2 = \frac{1}{r-1}\sum_{i=1}^{r}(p_i - p)^2$$

所以,抽样平均误差估计量为:

$$\mu_p = \sqrt{\frac{\sum_{i=1}^{r}(p_i - p)^2}{r(r-1)}\left(r - \frac{1}{R}\right)} = \sqrt{\frac{0.000642}{20} \times \left(1 - \frac{20}{720}\right)} = 0.0056$$

当置信度为 $95\%（t = 1.96）$ 时,一级品率的置信区间为 $85\% \pm 1.96 \times 0.56\%$,即$[83.90\%, 86.10\%]$。

第七节　样本容量的确定

在参数区间估计的讨论中,估计值和总体的参数之间存在着一定的差异,这种差异是由样本的随机性产生的。在样本容量不变的情况下,若要增加估计的可靠度,置信区间就会扩大,估计的精度就降低了。若要在不降低可靠性的前提下,增加估计的精确度,就只有扩大样本容量。当然,增大样本容量要受到人力、物力和时间等条件的限制,所以需要在满足一定精确度的条件下,尽可能恰当地确定样本容量。

一、影响样本容量的因素

(一)总体的变异程度(总体方差 σ^2)

在其他条件相同的情况下,有较大方差的总体,样本的容量应该大一些;反之,则应该小一些。例如,在正态总体均值的估计中,抽样平均误差为 $\frac{\sigma}{\sqrt{n}}$,它反映了样本均值相对于总体均值的离散程度。所以,当总体方差较大时,样本的容量也相应要大,这样才会使 $\frac{\sigma}{\sqrt{n}}$ 较小,以保证估计的精确度。

(二)允许误差的大小

允许误差指允许的抽样误差,记为 $|\hat{\theta}-\theta|=\Delta_\theta$。例如,样本均值与总体均值之间的允许误差可以表示为 $|\bar{X}-\mu|=\Delta_{\bar{x}}$,允许误差以绝对值的形式表现了抽样误差的可能范围,所以又称为误差。

允许误差说明了估计的精度,所以,在其他条件不变的情况下,如果要求估计的精度高,允许误差就要小,那么样本容量就要大一些;如果要求的精确度不高,允许误差就可以大些,则样本容量就可以小一些。

(三)置信度 $1-\alpha$ 的大小

概率保证度说明了估计的可靠程度。所以,在其他条件不变的情况下,如果要求较高的可靠度,就要增大样本容量;反之,可以相应减少样本容量。

(四)抽样方法不同

在相同的条件下,重复抽样的抽样平均误差比不重复抽样的抽样平均误差大,所需要的样本容量也就不同。重复抽样需要更大的样本容量,而不重复抽样的样本容量则可小一些。

此外,必要的抽样数目还要受抽样组织方式的影响,这也是因为不同的抽样组织方式有不同的抽样平均误差。

二、样本容量的确定

(一)估计总体均值的样本容量

在总体均值的区间估计里,在概率保证度为 $F(t)$ 时,置信区间是由下式确定的:

$$\left[\overline{X}\pm t\,\frac{\sigma}{\sqrt{n}}\right]$$

对于正态总体以及非正态总体大样本,都是以上式为置信区间的。

从估计量 x 的取值到点 $t\,\dfrac{\sigma}{\sqrt{n}}$ 的距离,实际上为置信区间长度的 $\dfrac{1}{2}$。这段距离表示在一定置信度 $1-\alpha$ 下,用样本均值估计总体均值时所允许的最大绝对误差即允许误差 Δ。显然,若以 x 的取值为原点,则允许误差 Δ 可以表示为:

$$\Delta_{\bar{x}}=t\,\frac{\sigma}{\sqrt{n}}$$

上式反映了允许误差 Δ、可靠性系数 t、总体标准差 σ 与样本容量之间的相互制约关系。只要这四个因素中的任意三个因素确定后,另一个因素也就确定了。

在重复抽样条件下,把允许误差 Δ 的计算公式 $\Delta_{\bar{x}}=t\,\dfrac{\sigma}{\sqrt{n}}$ 变形整理,则得到样本容量的计算公式:

$$n=\frac{t^2\sigma^2}{\Delta_{\bar{x}}^2}$$

在不重复抽样条件下,抽样允许误差为 $\Delta_{\bar{x}}=|\overline{X}-\mu|=t\sqrt{\dfrac{\sigma^2}{n}\left(1-\dfrac{n}{N}\right)}$,因此变形后得到不重复抽样条件下的样本容量计算公式为:

$$n=\frac{t^2\sigma^2 N}{\Delta_{\bar{x}}^2 N+t^2\sigma^2}$$

【例 7-7】　某食品厂要检验本月生产的 10000 袋某产品的重量,根据以往的资料,这种产品每袋重量的标准差为 25 克。如果要求在 95.45% 的置信度下,平均每袋重量的误差不超过 5 克,应抽查多少袋产品?

【解】　由题意可知 $N=10000$,$\sigma=25$ 克,$\Delta_{\bar{x}}=5$,根据置信度 $1-\alpha=95.45\%$,有 $t=2$。在重复抽样条件下:

$$n=\frac{t^2\sigma^2}{\Delta_{\bar{x}}^2}=\frac{2^2\times 25^2}{5^2}=100(袋)$$

在不重复抽样条件下:

$$n=\frac{t^2\sigma^2 N}{\Delta_{\bar{x}}^2 N+t^2\sigma^2}=\frac{2^2\times 25^2\times 10000}{5^2\times 10000+2^2\times 25^2}=99(袋)$$

由计算结果可知,在其他条件相同的情况下,重复抽样所需要的样本容量大于不重复抽样所需要的样本容量。

在计算样本容量时,必须知道总体的方差,而在实际抽样调查前,总体的方差往往是未知的。在实际操作时,可以用过去的资料,若过去曾有若干个方差,应该选择最大的,以保证抽样估计的精确度;也可以进行一次小规模的调查,用调查所得的样本方差来替代总体的方差。

(二)估计总体成数时的样本容量

估计总体成数时,样本容量的确定方法与估计总体均值时是一样的,设 $\Delta_p = |P-p|$ 为允许误差,在 $1-\alpha$ 的置信度下,重复抽样条件下有:

$$\Delta_p = |P-p| = t\sqrt{\frac{P(1-P)}{n}}$$

解上面的方程可得重复抽样条件下样本容量的计算公式为:

$$n = \frac{t^2 P(1-P)}{\Delta_p^2}$$

同理可得,不重复抽样条件下样本容量的计算公式为:

$$n = \frac{t^2 P(1-P)N}{\Delta_p^2 N + t^2 P(1-P)}$$

在估计成数时,计算样本容量时需要总体的成数,但是总体的成数通常是未知的,在实际抽样调查时,可先进行小规模的试调查求得样本的成数并以此来代替;也可用历史资料,如果有若干个成数可供选择,则应选择最靠近 50% 的成数,使样本成数的方差最大,以保证估计的精确度。

【例 7-8】 为了检查某企业生产的 10000 个显像管的合格率,需要确定样本的容量。根据以往经验,合格率为 90%、91.7%。如果要求估计的允许误差不超过 0.0275,置信水平为 95.45%。试问:应该取多少个显像管?

【解】 根据资料,我们应该选择 $P=0.9$ 来计算样本容量,根据置信水平 0.9545,有 $\mu_{\alpha/2}=2$, $\Delta_p = |P-p| = 0.0275$。

在重复抽样条件下,样本容量为:

$$n = \frac{t^2 P(1-P)}{\Delta_p^2} = \frac{2^2 \times 0.9 \times (1-0.9)}{0.0275^2} = 476.03 \approx 477(\text{个})$$

在不重复抽样条件下,样本容量为:

$$n = \frac{t^2 P(1-P)N}{\Delta_p^2 N + t^2 P(1-P)} = \frac{2^2 \times 0.9 \times (1-0.9) \times 10000}{0.0275^2 \times 10000 + 2^2 \times 0.9 \times (1-0.9)}$$
$$= 454.40 \approx 455(\text{个})$$

从计算的结果可以看出,重复抽样应该抽 477 个显像管进行检验,而不重复抽样应该抽 455 个,可见,在相同条件下,重复抽样需要的样本容量更大。

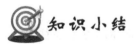 知识小结

本章主要讲授抽样调查中的基本概念、抽样误差、抽样方案设计等问题。

统计抽样基本概念汇总

基本概念	含义	内容	特点
总体	所研究事物的全体	总体单位数 N	唯一的

续表

基本概念	含义	内容	特点
样本	从总体中随机抽取的那部分单位	样本单位数 n	随机的
全及指标（参数）	据总体计算的指标	$\overline{X}$、σ、σ^2 P、Q、$P(1-P)$	唯一的 未知的
样本指标（统计量）	据样本计算的指标	$\overline{x}$、s、s^2 p、q、$p(1-p)$	随机的 已知的

抽样误差公式汇总

现象类型	简单随机抽样		分层抽样	整群抽样
	重复抽样	不重复抽样		
平均数的抽样平均误差(μ_x)	$\sqrt{\dfrac{\sigma^2}{n}}$	$\sqrt{\dfrac{\sigma^2}{n}\left(1-\dfrac{n}{N}\right)}$	$\sqrt{\dfrac{\overline{\sigma_i^2}}{n}\left(1-\dfrac{n}{N}\right)}$	$\sqrt{\dfrac{\sigma_p^2}{r}\left(\dfrac{R-r}{R-1}\right)}$
成数的抽样平均误差(μ_p)	$\sqrt{\dfrac{P(1-P)}{n}}$	$\sqrt{\dfrac{P(1-P)}{n}\left(1-\dfrac{n}{N}\right)}$	$\sqrt{\dfrac{\overline{p_i(1-p_i)}}{n}\left(1-\dfrac{n}{N}\right)}$	$\sqrt{\dfrac{\sigma_p^2}{r}\left(\dfrac{R-r}{R-1}\right)}$

简单随机抽样确定必要样本容量公式汇总

现象类型	重复抽样	不重复抽样
平均数	$n=\dfrac{t^2\sigma^2}{\Delta_x^2}$	$n=\dfrac{Nt^2\sigma^2}{N\Delta_x^2+t^2\sigma^2}$
成数	$n=\dfrac{t^2P(1-P)}{\Delta_p^2}$	$n=\dfrac{Nt^2P(1-P)}{N\Delta_p^2+t^2P(1-P)}$

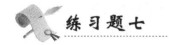

练习题七

一、单选题

1. 在生产过程中,对产品的质量检查和控制应该采用（　　）。

　A. 普查　　　　　　　B. 重点调查　　　　　　C. 典型调查　　　　　D. 抽样调查

2. 某校高三年级学生共 1000 人参加考试,将 1000 份试卷编好号码后,从中随机抽取 30 份计算其平均成绩。此种抽样方法为（　　）。

A. 简单随机抽样　　　B. 系统随机抽样　　　C. 分层随机抽样　　　D. 整群随机抽样

3. 先对总体单位按主要标志分组,再从各组中按随机原则抽选样本单位的抽样组织形式是(　　　)。

A. 简单随机抽样　　　B. 分层抽样　　　C. 等距抽样　　　D. 整群抽样

4. 在抽样调查中(　　　)。

A. 总体是唯一确定的　　　　　　　　　B. 总体指标只能有一个

C. 样本是唯一确定的　　　　　　　　　D. 样本指标只能有一个

5. 先将总体中各单位按一定的标志排队,然后每隔一定的距离抽取一个单位构成样本,此种抽样方法为(　　　)。

A. 简单随机抽样　　　B. 系统随机抽样　　　C. 分层随机抽样　　　D. 整群抽样

6. 为了了解一批课本的质量,从中抽取 500 册进行检测,在这个问题中样本是(　　　)。

A. 全部课本　　　　　　　　　　　　B. 500 册课本

C. 全部课本的质量　　　　　　　　　　D. 抽取的 500 册课本的质量

7. 为了了解某市大一学生学业水平考试的数学成绩,从中随机抽取 1000 名学生的数学成绩,下列说法正确的是(　　　)。

A. 某市大一级学生是总体　　　　　　　B. 每一名大一学生是个体

C. 1000 名大一级学生是总体的一个样本　D. 样本容量是 1000

8. 某厂生产的一批零件共 10 万个,质检部门为了检测这批零件的合格情况,从中随机抽查了 500 个,其中合格 499 个。下列说法正确的是(　　　)。

A. 总体是 10 万个零件的合格情况,样本是抽取的 500 个零件的合格情况

B. 总体是 10 万个零件的合格情况,样本是抽取的 499 个零件的合格情况

C. 总体是 500 个零件的合格情况,样本是抽取的 500 个零件的合格情况

D. 总体是 10 万个零件的合格情况,样本是抽取的 1 个零件的合格情况

9. 要调查下列问题,你认为适合抽样调查的是(　　　)。

①市场上某种食品的某种添加剂的含量是否符合国家标准;

②检测某地区空气的质量;

③调查全市中学生一天的学习时间。

A. ①②　　　　　B. ①③　　　　　C. ②③　　　　　D. ①②③

10. 要使抽样误差减少一半(在其他条件不变的情况下),则抽样单位数必须(　　　)。

A. 增加 2 倍　　　B. 增加到 2 倍　　　C. 增加 4 倍　　　D. 增加到 4 倍

11. 抽样平均误差反映了样本指标与总体指标之间的(　　　)。

A. 实际误差　　　　　　　　　　　　B. 实际误差的绝对值

C. 平均误差程度　　　　　　　　　　D. 可能误差范围

12. 在实际工作中,不重复抽样的抽样平均误差的计算,采用重复抽样的公式的场合是(　　　)。

A. 抽样单位数占总体单位数的比重很小时

B. 抽样单位数占总体单位数的比重很大时

C. 抽样单位数目很少时

D. 抽样单位数目很多时

13. 概率抽样与非概率抽样的根本区别是（　　）。

A. 是否能保证总体中每个单位都有完全相同的概率被抽中

B. 是否能保证总体中每个单位都有事先已知或可以计算的非零概率被抽中

C. 是否能减少调查误差

D. 是否能计算和控制抽样误差

14. 非概率抽样与概率抽样的主要区别为（　　）。

A. 适用的场合不同　　　　　　　　　B. 总体特征值的估计不同

C. 样本量的确定不同　　　　　　　　D. 抽样时是否遵循随机原则

15. 抽样极限误差是（　　）。

A. 调查性误差　　　　　　　　　　　B. 一定可靠程度下的抽样误差的可能范围

C. 最小抽样误差　　　　　　　　　　D. 等于抽样平均误差

16. 总体平均数和样本平均数之间的关系是（　　）。

A. 总体平均数是确定值,样本平均数是随机变量

B. 总体平均数是随机变量,样本平均数是确定值

C. 两者都是随机变量

D. 两者都是确定值

17. 在简单随机重复抽样条件下,若要求允许误差为原来的 2/3,则样本容量应（　　）。

A. 扩大为原来的 3 倍　　　　　　　　B. 扩大为原来的 2/3

C. 扩大为原来的 4/9　　　　　　　　D. 扩大为原来的 2.25 倍

18. 在同样条件下,不重复抽样的抽样平均误差与重复抽样的抽样平均误差相比（　　）。

A. 前者小于后者　　　B. 前者大于后者　　　C. 两者相等　　　D. 无法判断

19. 在简单随机重复抽样条件下,欲使抽样平均误差缩小为原来的 1/3,则样本容量应（　　）。

A. 增加 8 倍　　　　B. 增加 9 倍　　　　C. 增加 10 倍　　　D. 增加 2.25 倍

20. 为了调查某校学生的购书费用支出情况,从男生中抽取 60 名学生调查,从女生中抽取 40 名学生调查,这种抽样方法属于（　　）。

A. 简单随机抽样　　　B. 整群抽样　　　　C. 系统抽样　　　　D. 分层抽样

二、多选题

1. 分层抽样误差的大小取决于（　　）。

A. 各组样本容量占总体比重的分配状况　　B. 各组间的标志变异程度

C. 样本容量的大小　　　　　　　　　　　D. 各组内标志值的变异程度

E. 总体标志值的变异程度

2. 影响必要样本容量的因素主要有（　　）。

A. 总体的标志变异程度　　　B. 允许误差的大小　　　　C. 重复抽样和不重复抽样

D. 样本的差异程度　　　　E. 估计的可靠度

3. 对全及总体 1000 个单位进行 5% 的等距随机抽样,可以确定(　　　)。

A. 全及总体划分为 50 个同等部分

B. 抽取单位的间隔是 20 个单位

C. 某组抽取了第 2 号,则选中单位依次为 2,22,42,…,202,222,…,982,共 50 个单位

D. 每个部分各有 20 个单位

E. 每个部分各有 50 个单位

4. 下列抽样方法中,属于非概率抽样的有(　　　)。

A. 随意抽样　　　　B. 志愿者抽样　　　　C. 判断抽样

D. 配额抽样　　　　E. 分层抽样

5. 抽样调查的组织形式有(　　　)。

A. 简单随机抽样　　　　B. 分层抽样　　　　C. 整群抽样

D. 等距抽样　　　　E. 抽签法

6. 抽样调查适用的场合包括(　　　)。

A. 不宜进行全面调查而又要了解全面情况

B. 工业产品质量检查

C. 调查项目多、时效性强

D. 只需了解一部分单位的情况

E. 适用于任何调查

7. 抽样平均误差是(　　　)。

A. 所有可能样本平均数的标准差

B. 所有可能样本平均数的平均差

C. 抽样推断中作为计算误差范围的衡量尺度

D. 反映抽样平均数与总体平均数的平均误差程度

E. 一种系统性误差

8. 总体参数的区间估计必须同时具备的要素有(　　　)。

A. 概率保证程度　　　　B. 点估计值　　　　C. 抽样误差范围

D. 样本单位数　　　　E. 抽样标准误差

9. 影响抽样误差大小的因素有(　　　)。

A. 抽样组织方式　　　　B. 全及总体的标志变动度的大小

C. 样本单位数的多少　　　　D. 抽样方法不同　　　　E. 抽样的随机性

10. 参数估计方法有(　　　)。

A. 点估计　　　　B. 区间估计　　　　C. 随机估计

D. 假设检验　　　　E. 简单估计

三、判断题

1.抽样误差是不可避免的,但人们可以通过调整总体方差的大小来控制抽样误差的大小。(   )

2.抽样调查所遵循的基本原则是可靠性原则。(   )

3.样本指标是一个客观存在的常数。(   )

4.抽样平均误差就是抽样平均数的标准差。(   )

5.分层抽样不仅能对总体指标进行推算,而且能对各层指标进行推算。(   )

6.有些调查必须也只能使用抽样调查。(   )

7.样本容量是指从一个总体中可能抽取的样本个数。(   )

8.分层抽样在划分层时,要求层内差异尽可能大,层间差异尽可能小。(   )

9.总体是指包括调查对象所有单位的全体,而样本是指从总体中按随机原则抽取出来的部分单位所组成的集合体。(   )

10.重复抽样条件下的抽样平均误差总是大于不重复抽样条件下的抽样平均误差。(   )

四、综合题(一)

1.简单随机重复抽样中,若抽样单位数增加 3 倍,则抽样平均误差如何变化? 若抽样允许误差扩大为原来的 2 倍,则抽样单位数如何变化? 若抽样允许误差缩小为原来的 1/2 时,抽样单位数如何变化?

2.某企业对一批产品进行质量检验,这批产品的总数为 5000 件,过去几次同类调查所得的产品合格率为 93%、95% 和 96%,为了使合格率的允许误差不超过 3%,在 99.73% 的概率下应抽查多少件产品?

3.某企业对职工用于某类消费的支出进行了等比例分层抽样,调查结果如下:

职工类型	职工人数(人)	调查人数(人)	平均支出(元)	标准差(元)
青年职工	2400	120	230	60
中老年职工	1600	80	140	47

要求以 95.45% 的置信度估计该企业职工平均支出和总支出的置信区间。

4.有一连续生产企业,一昼夜中每小时抽 5 分钟产品进行全面调查,测得该产品的平均使用寿命为 160 小时,样本平均数的群间方差为 62 小时,试以 95.45% 的把握程度推断全天产品的平均使用寿命。

5.从某年级学生中按简单随机抽样方式抽取 50 名学生,对某门课程的考试成绩进行检查,得知其平均分数为 75.6 分,样本标准差为 10 分,试以 95.45%,$t=2$(99.73%,$t=3$;68.27%,$t=1$)的置信度推断全年级学生考试成绩的区间范围。如果其他条件不变,将允许误差缩小一半,应抽取多少名学生?

6.某学校有 2000 名学生参加英语等级考试,为了解学生的考试情况,用不重复抽样方法抽取部分学生进行调查,所得资料如下:

考试成绩(分)	<60	60~70	70~80	≥80
学生人数(人)	20	20	45	15

试以 95.45% 的置信度估计该校学生英语等级考试成绩在 70 分以上的学生所占比重范围。

7.某住宅区调查居民的用水情况,该区共有 $N=1000$ 户,调查了 $n=100$ 户,得 $y=12.5$ 吨,$s^2=1252$,有 40 户用水超过了规定的标准。要求计算:

(1)该住宅区总的用水量及 95% 的置信区间。

(2)若要求估计的相对误差不超过 10%,应抽多少户作为样本?

(3)以 95% 的可靠性估计超过用水标准的户数。

8.2019 年末,某储蓄所按 2420 户的定期储蓄存款账号,进行不重复抽样得到如下资料:

定期储蓄存款(百元)	户数(户)
<100	58
100~300	150
300~500	200
500~800	62
≥800	14
合计	484

试以 95.45% 的置信度估计平均每户的定期储蓄存款。(100 百元以下组中值为 50 百元)

五、综合题(二)

1.为检查某批电子元件的质量,随机抽取 1% 的产品,将测得结果整理成如下形式:

耐用时间(小时)	元件数(只)
<1200	10
1200~1400	12
1400~1600	55
1600~1800	18
≥1800	5
合计	100

质量标准规定:元件的耐用时间在 1200 小时以下为不合格品。若给定可靠度为 95%,试确定:

(1)该批电子元件的平均耐用时间;

（2）该批元件的合格品率；

（3）该批元件的合格品数量。

2.对一批成品按重复抽样方法抽选 100 件,其中废品 4 件,当置信度为 95.45％($t=2$)时,可否认为这批产品的废品率不超过 6％?

3.某企业生产一种新的电子元件,用简单随机重复抽样方法抽取 100 只做耐用时间试验。测试结果显示,平均寿命为 6000 小时,标准差为 300 小时,试在 95.45％（$t=2$）概率保证下,估计这种新电子元件的平均寿命区间。

4.从一批零件中抽取 200 件进行测验,其中合格品为 188 件。要求:

（1）计算该批零件合格率的抽样平均误差；

（2）按 95.45％的置信度（$t=2$）对该批零件的合格率做出区间估计。

5.某县欲调查某种农作物的产量,由于平原、丘陵和山区的产量有差别,故拟采用分层抽样方式将其划分为平原、丘陵和山区。平原区共有 150 个村庄,丘陵区共有 100 个村庄,山区共有 250 个村庄。按照各种地形等比例各抽取 5％样本,进行实割实测产量,结果计算如下表。

地形	村庄总数量（个）	样本村数量（个）	样本平均产量（吨）	样本产量标准差	样本低产量村数量（个）
平原	140	7	202.5	82.20	2
丘陵	100	5	147	36.84	1
山区	240	12	121.11	47.35	7

（1）在 95％的概率保证程度下,试估计该县农作物平均每村产量的区间范围。

（2）若村庄的农作物产量低于 150 吨,县政府将其归为低产量村,从而对其实施农业补贴政策。因此,试在 95％的置信度下估计该县低产量村比例的区间范围。

练习题七
参考答案

第八章

相关分析与回归分析

相关分析是现代统计学中非常重要的内容,它用来判断两个或两个以上的变量之间是否存在相关关系、相关关系的方向、形态及相关关系的密切程度,广泛应用于企业管理、商业决策、金融分析以及自然科学等许多研究领域。

第一节　相关分析的意义和任务

一、相关关系的概念

在现实世界中,各种现象之间存在着相互联系、相互制约、相互依存的关系,某些现象发生变化时,另一现象也随之发生变化。例如,商品价格的变化会刺激或抑制商品销售量的变化;劳动力素质的高低会影响企业的效益;直接材料、直接人工的价格变化对产品销售成本有直接的影响;居民收入的高低会影响对该企业产品的需求量;等等。研究这些现象之间的依存关系,找出它们之间的变化规律,对经搜集、整理过的统计数据进行数据分析,为客观、科学地统计提供了依据。

现象间的依存关系大致可以分成两种类型:一类是函数关系,另一类是相关关系。

(一)函数关系

函数关系是指现象之间存在着严格的依存关系。在这种关系中,对于某一变量的每一个数值,都有另一个变量的确定值与之相对应,并且这种关系可以用一个数学表达式反映出来。例如,电流(I)与电压(U)、电阻(A)的关系是$I=U/A$;商品销售额是商品销售价格与商品销售量的乘积;某种农作物总产量等于单位面积产量与种植面积的乘积;等等。这类现象的变化关系是确定的,已知某种现象数值,可求解出另一现象的数值。在自然界中,广泛存在着函数关系。

（二）相关关系

相关关系是指现象之间确实存在的,而关系数值不固定的相互依存关系。理解相关关系时要把握以下两个要点。

(1)相关关系是指现象之间确实存在数量上的相互依存关系。两个现象之间,一个现象发生数量上的变化,另一个现象也会相应地发生数量上的变化。例如,施肥量多的农作物一般其产量也要高一点;劳动生产率提高,相应地会使成本降低、利润增加;等等。

在具有相互依存关系的两个变量中,作为根据的变量叫作自变量,发生对应变化的变量叫作因变量。自变量一般用 X 代表,因变量一般用 Y 代表。

(2)现象之间数量依存关系的具体关系不是固定的。在相关关系中,对于某项标志的每一数值,可以有另外标志的若干个数值与之相适应,在这些数值之间表现出一定的波动性,但又总是围绕着它们的平均数并遵循一定的规律而变化。例如,每亩耕地的施肥量适当增加,亩产量便相应提高,但在亩产量增长与施肥量增长的数值之间,并不存在严格的依存关系。在一般条件下,除施肥量这一因素外,亩产量还受到种子、土壤、降雨等其他因素的影响,这就造成即使在施肥量相同的条件下,其亩产量也并不完全相等。但即使如此,它们之间仍存在着一定的规律性,即在一定范围内,随着施肥量的增加,亩产量便相应地有所提高。

（三）函数关系和相关关系的区别与联系

相关关系与函数关系是既有区别又有联系的两个概念。两者的区别在于:函数关系所反映的现象之间的具体关系值固定,自变量与因变量在数量上一一对应;而相关关系所反映的现象之间的具体关系不固定,有关现象变动在数量上不是一一对应的,具有一定的随机性。两者的联系是:函数关系中的有些自变量与因变量由于观测或实验出现误差,其关系值不可能绝对固定,有时也通过相关关系来反映;相关关系分析也可用函数表达式来近似地反映现象之间的数量依存关系。当随机因素不存在时,相关关系就变为函数关系。因此,函数关系是相关关系的特殊形式。

二、相关关系的种类

现象之间的相互关系是很复杂的,它们各以不同的方向、不同的程度相互作用着,并表现出不同的类型和形态。

（一）单相关和复相关

从相关关系涉及的因素多少来划分,相关关系可以分为单相关和复相关。

两个因素之间的相关关系叫作单相关,即研究时只涉及一个自变量和一个因变量。例如,耐用消费品与居民货币收入之间的关系。三个或三个以上因素的相关关系叫作复相关,即研究涉及两个或两个以上的自变量和因变量。例如,消费基金与国民收入使用额、平均人口的相关关系。

(二)直线相关和曲线相关

从相关关系的表现形态来划分,相关关系可分为直线相关和曲线相关。

相关关系是一种数量上不严格的相互依存关系。如果这种关系近似地表现为一条直线,则称为直线相关。例如,耐用消费品与居民货币收入之间的关系。如果这种关系近似地表现为一条曲线,则称为曲线相关。曲线相关也有不同的种类,如抛物线、指数曲线、双曲线等。

研究现象的相关关系时,究竟采取哪种形态,要对现象的性质做理论分析,并根据实际经验,才能得到较好解决。

(三)正相关和负相关

从直线相关变化的方向来划分,相关关系可分为正相关和负相关。

自变量(X)的数值增加,因变量(Y)的数值也相应增加,这叫作正相关。例如,施肥量增加,亩产量也增加。自变量数值增加,因变量数值相应减少;或者自变量数值减少,因变量数值相应增加,这叫作负相关。例如,产品生产越多,生产成本就越低;商品价格降低,商品销售量增多。

(四)完全相关、不完全相关和不相关

按相关的程度来划分,相关关系可分为完全相关、不完全相关和不相关。

两种现象中一个现象的数量变化,随另一个现象的数量变化而确定,这两个现象间的依存关系,就称为完全相关。两个现象的数量各自独立,互不影响,称为不相关。例如,企业生产成本与工人年龄之间,一般是不相关的。两个现象之间的关系,介于完全相关和不相关之间,称为不完全相关。通常,相关分析主要是指不完全相关分析。

此外,相关关系按变量之间的依存关系,还可以分为单向因果关系、互为因果关系和分不清因果的依存关系。单向因果关系是指两个变量之间因果分明,不能互相转化的相关关系。例如,农作物亩产量与施肥量之间的关系。互为因果关系是指两个变量之间互相影响,能互相转化的相关关系。例如,身高与体重之间的关系。分不清因果的依存关系是指两个变量之间只存在相互联系而并不存在明显的因果关系。例如,工业总产值与耗电量之间的关系。

三、相关分析的主要内容

相关分析是用以分析社会经济现象之间的依存关系,其目的就是从现象的复杂关系中消除非本质的偶然影响,从而找出现象间相互依存的形式和密切程度以及依存关系变动的规律性。这在实际工作中运用得非常广泛。相关分析的主要内容如下。

(一)确定现象之间有无关系,以及相关关系的表现形式

这是相关分析的出发点。有相互依存关系才能用相关方法进行分析,没有关系而当作

有关系会使认识发生错误。关系表现为什么样的形式就要使用什么样的方法分析,把曲线相关当作直线相关来进行分析,也会使认识发生偏差。

(二)确定相关关系的密切程度

相关分析的目的之一,就是从不严格的关系中判断其关系的密切程度。判断的主要方法,就是把自变量和因变量的数据资料编制成散布图或相关表,帮助我们进行一般分析,判断相关的密切程度,进而计算出相关系数。

(三)选择合适的数学模型

确定了现象之间确实有相关关系及密切程度之后,就要选择合适的数学模型,对变量之间的联系给予近似的描述。

如果现象之间的关系表现为直线相关,则应采用拟合直线的方法;如果现象之间的关系表现为各种曲线,则应采用拟合曲线的方法。使用这种方法能使我们找到现象之间在相互依存关系上的规律性。这是进行判断、推算、预测的根据。

(四)测定变量估计值的准确程度

拟合直线或拟合曲线后,可反映现象间的变化关系,也就是说,当自变量变化时,因变量会有多大的变化。根据这个数量关系,可测定因变量的估计值。把估计值与实际值进行对比,如果它们的差别小,说明估计得较准确;反之,就不够准确。这种因变量估计值的准确程度,通常用估计标准误差来衡量。

(五)对计算出的相关系数,进行显著检测

对现象之间变量关系的研究,统计学主要从两方面进行:一方面是研究变量之间的相互依存关系,这种研究称为相关分析;另一方面是研究自变量和因变量功能之间的变动关系,用数学方程式表达,这种研究称为回归分析。相关分析与回归分析既有区别,又有密切联系。

第二节　相关分析的基本方法

判断现象间的相关关系,一般先做定性分析,然后做定量分析。定性分析就是根据经济理论,有关专业知识和实际工作经验,进行科学的分析研究,初步确定现象间有无关系。如果通过定性统计分析法确定现象之间存在相关关系,就可以进一步编制相关图(也称散布图)和相关表。相关表和相关图是两种常用的基本定性分析方法,通过它们我们可以直接地判断现象之间大致上呈现何种关系形式,以此计算相关系数做定量分析,精确反映相关关系的方向和程度。

一、相关表分析法

(一)简单相关表

相关表是一种反映变量之间相关关系的统计表。将其中一个变量的取值由小到大排列,再将与其相关的另一变量的对应值平行排列,便可得到简单的相关表。

例如,假设对 8 户居民家庭的月收入和月储蓄进行调查,得到的资料如表 8-1 所示。

表 8-1　8 户居民家庭月收入和月储蓄额数据　　　　　　　　　　　　单位:百元

居民家庭编号	1	2	3	4	5	6	7	8
月收入 X	36	40	44	46	52	56	60	66
月储蓄 Y	14	14	16	20	18	22	20	24

从表 8-1 中可以看出,随着收入的提高,居民的储蓄也有相应提高的趋势,两者之间存在明显的正相关关系。

(二)分组相关表

如果原始资料很多,按照上述方法编制的简单相关表会很长,使用起来不方便。由于相关点太多,在这种情况下,可以编制分组相关表。

分组相关表就是将原始数据进行分组而编制的相关表。根据分组的情况不同,分组相关表有以下两种类型。

1. 单变量分组相关表

有相关关系的两个变量中,只根据一个变量进行分组,另一个变量不进行分组,只是计算出次数和平均数,这种表叫作单变量分组相关表,如表 8-2 所示。

表 8-2　商品销售额与流通费用率相关表

商店按商品销售额分组(万元)	商店个数(个)	流通费用率(%)
<40	14	9.81
40~80	22	7.90
80~120	38	7.32
120~160	44	7.00
160~200	66	6.80
200~240	50	6.71
240~280	34	6.66
280~320	26	6.60
≥320	10	6.56
合计	304	—

这种单变量分组相关表是在实际工作中使用得很多的一种形式,它能使资料简化,并且反映出两个现象的相互依存关系。

单变量分组相关表也可以作为以后计算的依据。和简单相关表不同的是,它在计算相关系数等指标的时候,采用加权法,因为每个组代表的原始资料数目是不相同的。

2. 双变量分组表

双变量分组相关表就是对自变量和因变量都进行分组的相关表。如果两个相关变量变动均较为复杂,根据分析的需要,同时对两个变量进行分组,即对总体做复合分组,一个分组设在主体栏,另一个设在叙述栏,形成的棋盘式的表格,称为双变量分组相关表,如表 8-3 所示。

表 8-3　化肥施用量与稻谷单产量双变量分组相关表

按单产量分组 (kg/hm²)	按化肥施用量分组(kg/hm²)							施肥田块合计
	300	450	600	750	900	1050	1200	
8250～9000							2	2
7000～8250					1	3	1	5
6750～7500					2	2		4
6000～6750				3				3
5250～6000			1	2	2			5
4500～5250		1	2	1				4
3750～4500		2	1					3
3000～3750	1	1	1					3
2250～3000	1							1
产量田块合计	2	4	5	6	5	5	3	30

这种双变量分组相关表,可作为探寻最佳方案、提高经济效益的一种工具。但是,根据双变量分组相关表的资料来计算相关分析指标的过程较为复杂,所以在相关分析中较少使用。

二、相关图分析法

相关图又称散布图,它是根据相关表中的观测数据,在坐标图中绘制的点状图形。用 x 和 y 分别代表两个变量,把相关表中的对应观测值一一描绘在坐标图中,则形成了反映相关点分布状况的图形,据此就可以观测现象间相关关系的情况。例如,根据表 8-1 绘制的图 8-1,根据表 8-2 绘制的图 8-2。

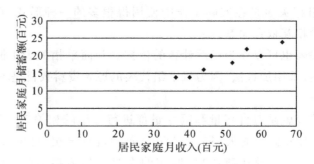

图 8-1　8 户居民家庭月收入和月储蓄额的散布图

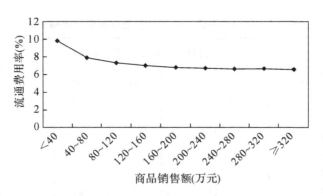

图 8-2　商品销售额与流通费用率相关图

在相关图中,若相关点呈现出一定的规律性,如或大致为一条直线,如图 8-1 所示;或为一条曲线,如图 8-2 所示,这表明现象间存在相关关系,且为直线相关或曲线相关。相关点越密集,表明相关关系越密切。若相关点分布毫无规律,则表明现象间无相关关系或存在低度的相关关系。

三、相关系数法

相关图(表)对了解现象之间的相关关系是有用的。但这只是初步的判断,是相关分析的开始,为了说明现象之间相关关系的密切程度,可以计算相关系数。依据相关现象之间的不同特征,其统计指标的名称有所不同。如将反映两变量间线性相关关系的统计指标,称为相关系数(相关系数的平方称为判定系数);将反映两变量间曲线相关关系的统计指标,称为非线性相关系数、非线性判定系数;将反映多元线性相关关系的统计指标,称为复相关系数、复判定系数等。这里只介绍相关系数。

相关系数的定义公式为:

$$r = \frac{\sigma_{xy}^2}{\sigma_x \sigma_y} \qquad\qquad (8-1)$$

式中,r 为相关系数;σ_{xy}^2 为自变量数列和因变量数列的协方差;σ_x 为自变量数列的标准差;σ_y 为因变量数列的标准差。

由于:

$$\sigma_{xy}^2 = \frac{\sum (x-\bar{x})(y-\bar{y})}{n} = \frac{1}{n}\sum (x-\bar{x})(y-\bar{y})$$

$$\sigma_x = \sqrt{\frac{\sum (x-\bar{x})^2}{n}} = \sqrt{\frac{1}{n}\sum (x-\bar{x})^2}$$

$$\sigma_y = \sqrt{\frac{\sum (y-\bar{y})^2}{n}} = \sqrt{\frac{1}{n}\sum (y-\bar{y})^2}$$

将上述三式代入式(8-1)即可得：

$$r = \frac{\sum (x-\bar{x})(y-\bar{y})}{\sqrt{\sum (x-\bar{x})^2}\sqrt{\sum (y-\bar{y})^2}} \tag{8-2}$$

相关系数在实际工作中存在着多种计算方法，在此只介绍几种常用的计算方法。

(一)积差法

根据相关系数的定义公式直接计算相关系数的方法，即为相关系数的积差法计算方法。具体计算时，要使用相关资料，设计一个计算表，将式(8-2)中所需要的基本数据先计算出来。已知某市生产总值和社会商品零售总额的历史资料如表8-4所示。

表 8-4　某市生产总值和社会商品零售总额的历史资料表　　　　　　单位:亿元

年份	2011	2012	2013	2014	2015	2016	2017	2018
生产总值	2376.0	2677.6	3161.0	3710.5	4330.4	5023.8	6060.3	6886.3
社会商品零售总额	1373.6	1509.3	1658.7	1831.4	2005.2	2296.9	2626.6	2902.8

现根据表8-4中的资料，用积差法计算相关系数。其计算过程列于表8-5。

表 8-5　积差法相关系数计算表

序号	x	y	$x-\bar{x}$	$(x-\bar{x})^2$	$y-\bar{y}$	$(y-\bar{y})^2$	$(x-\bar{x})(y-\bar{y})$	xy
1	2376.0	1373.6	−1902.2	3618365	−652.0	425104	1240234	3263674
2	2677.6	1509.3	−1600.6	2561920	−516.3	266566	826390	4041302
3	3161.0	1658.7	−1117.2	1248136	−366.9	134616	409901	5243151
4	3710.5	1831.4	−567.7	322283	−194.2	37714	110247	6795410
5	4330.4	2005.2	52.2	2725	−20.4	416	−1065	8683318
6	5023.8	2296.9	745.6	555919	271.3	73604	202281	11539166
7	6060.3	2626.6	1782.1	3175880	601.0	361201	1071042	15917984
8	6886.3	2902.8	2608.1	6802186	877.2	769480	2287825	19989552
合计	34225.9	16204.5	—	18287414	—	2068701	6146855	75473557

237

根据表 8-5 中数据得：

$$r = \frac{\sum (x - \bar{x})(y - \bar{y})}{\sqrt{\sum (x - \bar{x})^2} \sqrt{\sum (y - \bar{y})^2}} = \frac{6146855}{\sqrt{18287414 \times 2068701}} = 0.999374$$

相关系数为 0.999374，说明该市生产总值和社会商品零售总额之间有高度的线性正相关关系。

(二)相关系数的简捷计算方法

积差法相关系数在计算过程中要使用两个数列的平均值，计算比较烦琐。实践中多采用由上述相关系数的定义公式推导的简捷公式来简化相关系数的计算过程。常用的相关系数简捷计算公式为：

$$r = \frac{n \sum xy - \sum x \sum y}{\sqrt{n \sum x^2 - \left(\sum x\right)^2} \sqrt{n \sum y^2 - \left(\sum y\right)^2}} \tag{8-3}$$

根据表 8-5 中资料可计算得：

$$r = \frac{8 \times 75473557 - 34225.9 \times 16204.5}{\sqrt{8 \times 164713943 - 1171412231} \times \sqrt{8 \times 34891927 - 262585820}} = 0.999374$$

另外，在已有平均值及标准差的情况下也可以使用以下公式：

$$r = \frac{\sum xy - n\bar{x}\bar{y}}{\sqrt{\sum x^2 - n\bar{x}^2} \sqrt{\sum y^2 - n\bar{y}^2}} \tag{8-4}$$

所有这些计算方法，其实只是积差法相关系数的变形。了解了公式中各项指标的关系，我们就可以根据已有的材料选用适当的方法。

(三)相关系数的密切程度

根据以上相关系数的计算公式可知，相关系数 r 的数值具有一定特性，具体情况如下：

(1) r 的取值范围为 $-1 \leqslant r \leqslant 1$。因为协方差的绝对值最小为 0，最大为 σ_x 和 σ_y 的乘积。

(2) r 的绝对值越接近于 1，表明相关关系越密切；越接近于 0，表明相关关系越不密切。

(3) $r = 1$ 或 $r = -1$，表明两变量完全相关。

(4) $r = 0$，表明两变量无直线相关关系。

(5) $r > 0$，表明现象呈正直线相关；$|r| < 0.3$，表明现象呈负直线相关。在实际工作中，$|r| < 0.3$，视为不相关；$0.3 \leqslant |r| < 0.5$，视为低度相关；$0.5 \leqslant |r| < 0.8$，视为显著相关；$|r| \geqslant 0.8$，一般视为高度相关。

这里需要指出的是，相关系数有一个明显的缺点，即它接近于 1 的程度与数据组数 n 相关，这容易给人一种假象。因为，当 n 较小时，相关系数的波动较大，对有些样本相关系数的绝对值易接近于 1；当 n 较大时，相关系数的绝对值容易偏小。特别是当 $n = 2$ 时，相关系数的绝对值总为 1。因此在样本容量 n 较小时，我们仅凭相关系数较大就判定变量 x 与 y 之间有密切的线性关系是不妥当的。

四、相关分析中应注意的问题

(1)相关系数不能解释两变量间的因果关系。相关系数只能表明两个变量间互相影响的程度和方向,它并不能说明两变量间是否有因果关系,以及何为因、何为果,即使是在相关系数非常大时,也并不意味着两变量间具有显著的因果关系。例如,根据一些人的研究,发现抽烟与学习成绩有负相关关系,但不能由此推断是抽烟导致了成绩差。

因与果在很多情况下是可以互换的。如研究发现收入水平与股票的持有额正相关,并且可以用收入水平作为解释股票持有额的因素,但是否存在这样的情况,你赚的钱越多,买的股票也越多,而买的股票越多,赚的钱也就越多,何为因? 何为果? 众所周知,经济增长与人口增长相关,可是究竟是经济增长引起人口增长,还是人口增长引起经济增长呢? 这些都不能从相关系数中得出结论。

(2)警惕虚假相关导致的错误结论。有时两变量之间并不存在相关关系,却可能出现较高的相关系数。

如存在另一个共同影响两变量的因素。在时间序列资料中往往就会出现这种情况,有人曾对教师薪金的提高和酒价的上涨做了相关分析,计算得到一个较大的相关系数,这是否表明教师薪金提高导致酒的消费量增加,从而导致酒价上涨呢? 经分析,事实是由于经济繁荣导致教师薪金和酒价的上涨,而教师薪金增长和酒价之间并没有什么直接关系。

原因的混杂也可能导致错误的结论。如有人做过计算,发现在美国经济学学位越高的人,收入越低,笼统地计算学位与收入之间的相关系数会得到负值。但分别对大学、政府机构、企业各类别计算学位与收入之间的相关系数得到的则是正值,即对同一行业而言,学位高,收入也高。

另外,注意不要在相关关系据以成立的数据范围以外,推论这种相关关系仍然保持。一般来说,雨下得多,农作物长得好,在缺水地区,干旱季节雨是一种福音,但雨量太大,却可能损坏庄稼。又如,广告投入多,销售额上涨,利润增加,但盲目加大广告投入,却未必使销售额再增长,利润反而可能减少。正相关达到某个极限时,就可能变成负相关。这个道理似乎人人都明白,但在分析问题时却容易被忽视。

第三节　回归分析

一、回归分析的概念

最早使用"回归"这一统计术语的是英国遗传学家高尔登,他把这种统计分析方法应用于研究生物学的遗传问题,指出生物后代有回复或回归到其上代原有特性的倾向。高尔登的学生皮尔逊继续研究,把回归的概念和数学方法联系起来,把代表现象之间一般数量关系的直线或曲线称为回归直线或回归曲线。

回归分析是指将具有相互依赖关系变量的变动转变为函数关系,并建立变量关系的数学表达式,来研究变量之间数量变动关系的统计分析方法。其具体内容包括以下两个方面。

(1)确定现象之间相关关系的数学模型。回归分析的目的之一就是要根据一个现象的变动对另一现象的变动做出数量上的判断,测定变量间的一般数量变化关系,即建立描述现象间相关关系的数学模型——回归方程,用函数关系式近似地表现相关关系,进而找出现象间相互依存关系数量上的规律性,作为判断、推算、预测的根据。

(2)测定数学模型的拟合精度。数学模型是现象间相关关系进行回归分析的数量描述形式,模型拟合的精度,直接影响着统计分析结论的准确性。因此,在模型建立后,需要对其精确度进行检验。统计上一般通过计算估计标准误差来测定模型的拟合精度。估计标准误差小,说明模型拟合的精度高,从而进行统计分析结论的可靠性就大;反之,估计标准误差大,说明模型拟合的精度低,则统计分析结论的可靠性就低。

二、相关分析和回归分析的区别与联系

相关分析与回归分析既相互区别又密切联系,是相辅相成的。相关分析是研究两个或两个以上变量之间相关关系及其密切程度的分析方法。判断相关关系及其密切程度,一般可通过进行定性与定量分析、编制相关图表、计算相关系数等来反映相关方向和密切程度。回归分析是指将具有相互依赖关系变量的变动转变为函数关系,并建立变量关系的数学表达式,来研究变量之间数量变动关系的统计分析方法。

相关分析和回归分析是研究现象之间互相依存关系的不可分割的两个方面。一般先进行相关分析,测定相关现象之间相关程度的大小,进而决定是否需要进行回归分析,并拟合相应的回归方程,以便进行推算和预测等,因而可以说相关分析是进行回归分析的基础,回归分析是把变量的相关关系转变为函数关系的手段。但须指出,相关分析可以不分自变量和因变量,而进行回归分析时,则必须明确自变量和因变量,当自变量与因变量位置互换时,所得到的回归方程则不同。

三、直线回归

(一)简单直线回归分析

1. 简单直线回归分析的特点

(1)在两个变量之间,在进行回归分析时,必须根据研究目的,具体确定哪个是自变量、哪个是因变量。

(2)在两个现象互为根据的情况下,可以有两个回归方程——y 倚 x 回归方程和 x 倚 y 回归方程。

（3）回归方程的主要作用在于给出自变量的数值，来估计因变量的可能值。一个回归方程只能做一种推算。推算的结果表明变量之间的具体的变动关系。

2. 简单直线回归方程的确定

（1）基本方法

简单直线回归方程又称一元一次回归方程，其基本形式是：

y 倚 x 回归方程：$y_c = a + bx$

x 倚 y 回归方程：$x_c = c + dy$

式中，a 和 c 是两条直线的截距，b 和 c 是两条直线的回归系数。a, b, c 和 d 都是待定参数。估计这些参数可有不同的方法，统计中使用最多的是最小平方法，用这个方法求出的回归线是原资料的最合适线。就 y 倚 x 回归线来讲，即为：

$$\sum (y - y_c)^2 = 最小值$$

应用数学方法可以推导出 a 和 b 两个待定参数为：

$$\begin{cases} b = \dfrac{n \sum xy - \sum x \sum y}{n \sum x^2 - (\sum x)^2} \\ a = \bar{y} - b\bar{x} \end{cases} \tag{8-5}$$

当 a, b 求出后，一元线性回归方程 $y_c = a + bx$ 便可确定了。如果已用积差法计算了相关系数，有相应的资料，也可以用如下的方法求解：

$$\begin{cases} b = \dfrac{\sum (x - \bar{x})(y - \bar{y})}{\sum (x - \bar{x})^2} \\ a = \bar{y} - b\bar{x} \end{cases} \tag{8-6}$$

（2）直线回归方程的计算

我们仍用表 8-4 的资料计算出如下数据：

$$\bar{x} = \frac{\sum x}{n} = \frac{34225.9}{8} = 4278.2375（亿元）$$

$$\bar{y} = \frac{\sum y}{n} = \frac{16204.5}{8} = 2025.5625（亿元）$$

$$b = \frac{n \sum xy - \sum x \sum y}{n \sum x^2 - (\sum x)^2} = \frac{8 \times 75473557 - 34225.9 \times 16204.5}{8 \times 164713943 - 34225.9^2} = 0.336125$$

$$a = \bar{y} - b\bar{x} = 2025.5625 - 0.336125 \times 4278.2375 = 587.53992$$

把 a 和 b 值代入回归方程 $y_c = a + bx$，则

$$y_c = 587.53992 + 0.336125x$$

在实际过程中，可根据实际情况保留小数位数，本书是为保证后面的计算正确，所以才保留足够多的小数位数。其计算过程及结果如表 8-6 所示。

表 8-6 直线回归方程计算

序号	生产总值 x（亿元）	社会商品零售总额 y（亿元）	x^2	xy	y_c	$(y-y_c)^2$
1	2376.0	1373.6	5645376	3263674	1386.2	158.76
2	2677.6	1509.3	7169542	4041302	1487.6	470.89
3	3161.0	1658.7	9991921	5243151	1650.1	73.96
4	3710.5	1831.4	13767810	6795410	1834.8	11.56
5	4330.4	2005.2	18752364	8683318	2043.1	1436.41
6	5023.8	2296.9	25238566	11539166	2276.2	428.49
7	6060.3	2626.6	36727236	15917984	2624.6	4.00
8	6886.3	2902.8	47421128	19989552	2902.2	0.36
合计	34225.9	16204.5	164713943	75473557	16204.8	2584.43

把各值代入上式，即可求得相应的 y_c 值，在 y_c 中任取两个值即可得回归直线，如图 8-3 所示。

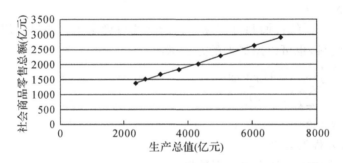

图 8-3 某市 8 年生产总值和社会商品零售总额的直线回归方程

(二) 多元线性回归分析

在实际工作中，因变量的因素不只是一个，而是很多个。因此，我们必须应用两个或更多的自变量来估计因变量，这叫作多元线性回归分析。

多元线性回归分析的步骤、方法和一元线性回归分析基本上是相同的，不过在计算上更复杂些。为了便于理解，我们先介绍二元线性回归方程，即以一个因变量 y 与两个自变量 x_1 和 x_2 进行线性回归，其方程式为：

$$y_c = a + b_1 x_1 + b_2 x_2$$

式中，y 为因变量估计值；a, b_1, b_2 为三个参数。

确定 a, b_1, b_2 的数值，也要用最小平方法，使 $\sum (y-y_c)^2$ 为最小值。因为式中有三个参数，从而要确定如下的三个规范方程式：

$$\begin{cases} \sum y = na + b_1 \sum x_1 + b_2 \sum x_2 \\ \sum x_1 y = a \sum x_1 + b_1 \sum x_1^2 + b_2 \sum x_1 x_2 \\ \sum x_2 y = a \sum x_2 + b_1 \sum x_1 x_2 + b_2 \sum x_2^2 \end{cases} \tag{8-7}$$

例如,某市 2011—2018 年的在册总户籍数、从业人口总报酬和社会消费品零售总额如表 8-7 所示,可根据前两者的数据来预测该市 2019 年的社会消费品零售总额。

表 8-7　某市 2011—2018 年的在册总户籍数、从业人口总报酬和社会消费品零售总额

年份	社会消费品零售总额 y (亿元)	在册总户籍数 x_1 (万户)	从业人口总报酬 x_2 (亿元)
2011	1435.38	461.40	547.87
2012	1593.27	465.72	554.86
2013	1722.33	470.11	635.84
2014	1865.28	475.73	647.55
2015	2016.37	478.92	716.95
2016	2203.89	481.77	788.55
2017	2404.45	486.06	873.06
2018	2656.91	490.58	925.33
合计	15898	3810	5690

根据表 8-7 中资料计算得:

$$\sum x_1 y = 7600938$$
$$\sum x_2 y = 11714693$$
$$\sum x_1 x_2 = 2719740$$
$$\sum x_1^2 = 1815497$$
$$\sum x_2^2 = 4185942$$

代入式(8-7)求解参数,即有:

$$\begin{cases} 15898 = 8a + 3810b_1 + 5690b_2 \\ 7600938 = 3810a + 1815497b_1 + 2719740b_2 \\ 11714693 = 5690a + 2719740b_1 + 4185942b_2 \end{cases}$$

解得:
$$\begin{cases} a = -944.88 \\ b_1 = 1.99 \\ b_2 = 2.79 \end{cases}$$

所以方程为:

$$y_c = -944.88 + 1.99x_1 + 2.79x_2$$

如果该市 2019 年的在册总户籍数、从业人口总报酬分别为 496.69 万户和 1245.44 亿元,则预测该市 2019 年的社会消费品零售总额为:

$$y_c = -944.88 + 1.99 \times 496.69 + 2.79 \times 1245.44 = 3518.31(亿元)$$

四、曲线回归

在实际问题中,有许多回归模型的因变量 y 与自变量 x 之间的关系都不是线性的,但 y 与未知参数 a,b 之间的关系都是线性的。注意,线性回归是针对参数而言的,而不是针对自变量而言的。因此,有些因变量 y 对自变量 x 的曲线关系我们可以通过变量代换转换成线性形式。具体思路是:当通过作散点图或定性分析认为两个变量之间存在的相关关系为曲线相关时,可先根据变量间不同类型配合一条与其相适应的回归曲线,如指数曲线、双曲线等,然后再确定回归方程中的未知参数。对于那些可线性化的回归方程,对新变量而言,线性化后的方程都为直线方程,故其参数可用线性回归方程求参数的公式来计算。下面给出几种常见的非线性模型及其线性化方法。

例如,指数模型:

$$y_c = ab^x$$

可对方程两边取对数得:

$$\lg y_c = \lg a + x \lg b$$

令 $y_c' = \lg y_c, A = \lg a, B = \lg b$,则得一元线性模型:

$$y_c' = A + Bx$$

又如,高次方程模型:

$$y_c = a + bx + cx^2 + dx^3 + \cdots \tag{8-8}$$

只要令 $x_1 = x, x_2 = x^2, x_3 = x^3, \cdots$,就可将其转化为多元线性模型:

$$y_c = a + bx_1 + cx_2 + dx_3 + \cdots \tag{8-9}$$

例如,某电器公司生产某种电器,单位生产成本与月产量的数据资料如表 8-8 所示,以此来说明曲线回归分析的方法。

表 8-8 某电器公司生产某种电器的生产成本与月产量

序号	月产量 x（件）	单位生产成本 y（元/件）	序号	月产量 x（件）	单位生产成本 y（元/件）
1	4004	343.34	8	6194	306.83
2	4300	327.46	9	6354	306.03
3	5013	313.27	10	6471	305.44
4	5511	310.75	11	6651	305.72
5	5648	307.61	12	6950	306.84
6	5876	314.56	13	7381	300.71
7	6024	310.82	14	7558	300.11

从表 8-8 资料中可以看出,在月产量与单位生产成本之间存在着一定的依存关系,因为随着产量的逐渐增多,单位生产成本有随之逐渐降低的趋势。但单位生产成本的降低程度并不是随着产量的增加而均匀变化的。例如,把 x 与 y 两个数列加以比较,在开始,x 值每

增加一个单位时,y 值降低得很多,随后 x 值继续增加,y 值虽也有降低,但和开始阶段比较,其降低程度逐渐下降。这种情形从图 8-4 中看会更为明显。

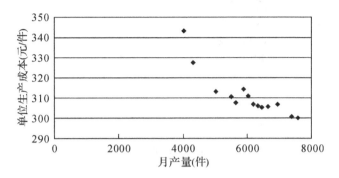

图 8-4　生产成本与产量的曲线散点图

从图 8-4 中观察点的分布来看,随着月产量 x 的增加,最初单位生产成本 y 下降很快,以后逐渐减慢并趋于稳定,因此两变量适宜用双曲线进行拟合。设双曲线回归方程为:

$$\frac{1}{y_c}=a+\frac{b}{x}$$

令 $x'=\dfrac{1}{x}$, $y_c'=\dfrac{1}{y_c}$,则可求得:

$$y_c'=a+bx' \tag{8-10}$$

为确定参数 a,b,列出计算表 8-9。

表 8-9　某电器公司生产某种电器的月产量与生产成本曲线回归计算

序号	x	y_c	$x'=\frac{1}{x}\times10^6$	$y_c'=\frac{1}{y_c}\times10^5$	x'^2	$x'y_c'$
1	4004	343.34	249.75	291.26	62375.06	72742.19
2	4300	327.46	232.56	305.38	54084.15	71019.17
3	5013	313.27	199.48	319.21	39792.27	63676.01
4	5511	310.75	181.46	321.8	32927.73	58393.83
5	5648	307.61	177.05	325.09	31346.70	57557.18
6	5876	314.56	170.18	317.90	28961.23	54100.22
7	6024	310.82	166.00	321.73	27556.00	53407.18
8	6194	306.83	161.45	325.91	26066.10	52618.17
9	6354	306.03	157.38	326.77	24768.46	51427.06
10	6471	305.44	154.54	327.40	23882.61	50596.40
11	6651	305.72	150.35	327.10	22605.12	49179.49
12	6950	306.84	143.88	325.90	20701.45	46890.49
13	7381	300.71	135.48	332.55	18354.83	45053.87
14	7558	300.11	132.31	333.21	17505.94	44087.02
合计	—	—	2411.87	4501.21	430927.65	770748.28

根据直线回归方程的求解公式可得：

$$b = \frac{n\sum x'y'_c - \sum x' \sum y'_c}{n\sum x'^2 - \left(\sum x'\right)^2}$$

$$= \frac{(14 \times 770748.28 - 2411.87 \times 4501.21) \times 10^{-11}}{(14 \times 430927.65 - 2411.87^2) \times 10^{-12}} = -3.0508$$

$$a = \bar{y}'_c - b\bar{x}' = 321.515 \times 10^{-5} + 3.0508 \times 172.276 \times 10^{-6} = 0.003741$$

即有方程式：

$$y'_c = 0.003741 - 3.0508x'$$

将 $x' = \dfrac{1}{x}, y'_c = \dfrac{1}{y_c}$ 代入回归方程，即得双曲线回归方程为：

$$\frac{1}{y_c} = 0.003741 - 3.0508\frac{1}{x}$$

第四节 估计标准误差

一、估计标准误差的概念

直线回归是在直线相关条件下，反映变量之间一般数量关系的平均线。根据直线回归方程，只要知道了自变量的数值，就可以推算出因变量的数值。但是，推算出来的因变量的数值并不是精确的数值，它是一个估计值，和实际值之间有差异。如表 8-6 所示，当生产总值为 3161.0 亿元时，其同年的社会商品零售总额的实际值为 1658.7 亿元，预测值为 1650.1 亿元，两者相差 7.6 亿元，即 $(y-y_c)=7.6$ 亿元。我们不仅用回归方程推算已有实际值的估计值，还要推算未知的值，这样就有了推算的准确性。

估计标准误差就是用来说明回归方程推算结果的准确程度的一项统计分析指标，也称为估计标准差或回归标准差。

二、简单直线回归估计标准误差的测定

估计标准误差有两种计算方法。

(一)根据因变量实际值和估计值的离差计算

其计算公式为：

$$S_{yx} = \sqrt{\frac{\sum(y-y_c)^2}{n-2}} \tag{8-11}$$

式中，S_{yx} 代表估计标准误差(估计标准误差和有两条回归直线一样,也可以计算两个,另一个估计标准误差可以用 S_{xy} 表示);y 为因变量数列的实际值;y_c 为根据回归方程推算出来的估计值;n 为因变量的项数。

$y-y_c$ 是因变量实际值和估计值的估计误差,如果将所有估计误差相加,其结果是：

$$\sum(y-y_c)=0$$

从计算公式可以看出,式(8-11)的计算结果实际上也是个平均误差。但它不是简单平均的结果,而是经过乘方、平均、再开方的过程,这和标准差的计算过程一样。例如,根据表8-6 的资料可得：

$$S_{yx}=\sqrt{\frac{\sum(y-y_c)^2}{n-2}}=\sqrt{\frac{2584.43}{6}}=20.75(\text{亿元})$$

估计标准误差数值越大,就表明估计值的代表性越小,也就是说,相关点的离散程度越小;这个数值越小,则说明估计值的代表性越大,即相关点的离散程度越小。如果 $S_{yx}=0$,就是说 y 和 y_c 没有差异,从相关图上看,则表明所有的相关点全在 y_c 这条直线上,说明估计值完全准确。

(二)根据 a,b 两个参数值计算估计标准误差

上述计算估计标准误差的方法是用平均误差来表现的,该方法虽然直观,但是计算比较麻烦,需计算出所有的估计值。如果已知直线回归方程的参数值,则有一个比较简便的计算估计标准误差的方法,其计算公式为：

$$S_{yx}=\sqrt{\frac{\sum y^2-a\sum y-b\sum xy}{n-2}} \tag{8-12}$$

根据表 8-5 中资料,可得：

$$\sum y=16204.5,\quad \sum y^2=34891928,\quad \sum xy=75473557$$
$$a=587.53992,\quad b=0.336125$$

代入式(8-12)即有：

$$S_{yx}=\sqrt{\frac{34891928-587.53992\times16204.5-0.336125\times75473557}{8-2}}$$
$$=20.76(\text{亿元})$$

三、相关系数和估计标准误差的关系

相关系数和估计标准误差这两个指标在数量上具有如下关系：

$$r=\sqrt{\frac{\sigma_y^2-S_{yx}^2}{\sigma_y^2}}=\sqrt{1-\frac{S_{yx}^2}{\sigma_y^2}} \tag{8-13}$$

仍用表 8-5 中资料来验证,可得：

$$\sigma_y^2=\frac{\sum(y-\bar{y})^2}{n}=\frac{2068701}{8}=258587.625$$

$$S_{yx}^2 = 430.74$$

$$r = \sqrt{1 - \frac{430.74}{258587.625}} = 0.999167$$

计算结果显示,相关系数 r 为 0.999167,与采用积差法得到的结果(0.999374)基本相同,相差不到 0.001 是由计算过程中小数点的取位多少所致。这也是相关系数的一种计算方法,但是这种计算方法一般并不常采用,因为它要求先配合回归直线,解出直线回归方程,计算出估计标准误差,然后才能进行这种推算。而从认识的一般程序来讲,首先要知道现象间关系是否密切,回归直线有实用价值,才去配合回归直线,用它来进行估计或预测。而且这样计算出来的 r,不能判明是正相关或负相关。

所以实际工作中常常采用一种推算方法,即根据相关系数 r 去推算估计标准误差 S_{yx},推算公式可以从上述关系公式推演出来。

因为 $r = \sqrt{1 - \dfrac{S_{yx}^2}{\sigma_y^2}}$

所以 $\qquad S_{yx} = \sigma_y \sqrt{1 - r^2} \sqrt{\dfrac{n}{n-2}}$ $\hfill$ (8-14)

还是利用表 8-5 中的数据,即有:

$$\sigma_y = \sqrt{\frac{\sum (y - \bar{y})^2}{n}} = \sqrt{\frac{2068701}{8}} = 508.52$$

$$r = 0.999374$$

$$S_{yx} = 508.52 \times \sqrt{1 - 0.999374^2} \times \sqrt{\frac{8}{6}} = 20.77(亿元)$$

(一) r 值越大,S_{yx} 值越小

r 值越大,说明相关程度越密切,这时 S_{yx} 值越小,也就是说,相关点距离回归直线比较近。当 r 值大到 $r = \pm 1$,即完全相关时,则有 $\sigma_y \sqrt{1 - r^2} = \sigma_y \times 0 = 0$,即估计标准差等于 0。从相关图上看,所有的相关点全在回归直线 y_c 上,这也就是完全相关。

(二) r 值越小,S_{yx} 值越大

r 值越小,说明相关程度不密切,这时 S_{yx} 值越大。从相关图上看,相关点距离回归直线比较远。当 r 值小到 $r = 0$,即不相关时,则有 $\sigma_y \sqrt{1 - r^2} = \sigma_y \sqrt{1 - 0} = \sigma_y$,即估计标准误差等于 y 数列的标准差。这说明相关点与回归直线的距离和相关点与 y 数列的平均线的距离一样,也就是说,回归直线和 y 数列的平均线是同一条直线。在这种情况下,相关点 x 值不管怎样变化,y_c 值始终不变,永远等于 y 数列的平均值,这当然就是不相关了。

相关系数和估计标准误差可以从不同角度说明相关关系密切与否。由于相关系数表明关系程度比较明确,而且能直接辨别出是正相关或是负相关,所以一般情况下相关系数用得更多。

第五节 Excel 在相关分析中的应用

在相关分析中,随着分析数据的增多,计算工作量将会急剧增加。在日常工作中,我们通常利用 Excel 来实现数据的相关分析和回归分析。

一、加载相关分析和回归分析功能

打开 Excel 软件,点击"工具"菜单,选择"加载宏"选项(见图 8-5)。在弹出的对话框中,勾选"分析工具库"功能,然后点击"确定"(见图 8-6)。再点击"工具"菜单,你就会发现增加"数据分析"功能。

图 8-5 Excel 相关分析功能加载(1)

图 8-6 Excel 相关分析功能加载(2)

二、相关分析和回归分析的实现

我们以表 8-6 中的数据为例进行分析。首先输入数据,再进入"数据分析"功能,选择"回归"功能菜单,如图 8-7 所示。然后选择数据,操作过程如图 8-8 所示。

图 8-7 数据输入

图 8-8 数据选择

点击"确定"后,我们就可以得到回归分析的有关数据,如图 8-9 所示。

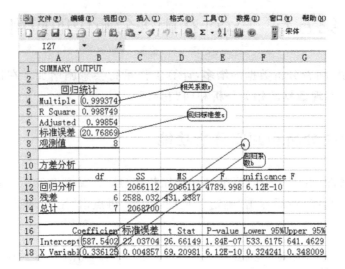

图 8-9 回归分析有关数据说明

知识小结

相关分析是确定变量间有无相关关系、相关关系的表现形式、密切程度和方向的相关关系分析方法。进行相关分析的主要方法是计算相关系数。

$$r = \frac{n\sum xy - \sum x \sum y}{\sqrt{n\sum x^2 - \left(\sum x\right)^2}\sqrt{n\sum y^2 - \left(\sum y\right)^2}}$$

回归分析就是对具有相关关系的诸变量之间数量变化的一般关系进行测定,确立一个数学表达式,用于估计或预测的相关关系分析方法。

简单线性回归方程模型为:

$$y_c = a + bx \qquad b = \frac{n\sum xy - \sum x \sum y}{n\sum x^2 - \left(\sum x\right)^2} \qquad a = \bar{y} - b\bar{x}$$

回归估计标准误差是实际值 y 与其估计值 y_c 的标准差,它是衡量回归直线代表性大小的统计分析指标。

$$S_y = \sqrt{\frac{\sum y^2 - a\sum y - b\sum xy}{n}}$$

在实际计算过程中,我们一般采用如下计算公式和流程:

首先计算出相关系数 $r = \dfrac{\sigma_{xy}^2}{\sigma_x \sigma_y}$(标准差和协方差通过计算器的统计功能很容易得到);

再计算出回归方程中的 $b = \dfrac{\sum(x-\bar{x})(y-\bar{y})}{\sum(x-\bar{x})^2} = \dfrac{\sigma_{xy}^2}{\sigma_x^2}$;

最后计算回归标准差 $S_y = \sigma_y \sqrt{1-r^2} \sqrt{\dfrac{n}{n-2}}$。

练习题八

一、单选题

1.现象之间的相互关系可以归纳为两种类型,即(　　　)。

A.相关关系和函数关系　　　　　　　　B.相关关系和因果关系

C.相关关系和随机关系　　　　　　　　D.函数关系和因果关系

2.在相关分析中,要求相关的两变量(　　　)。

A.都是随机的　　　　　　　　　　　　B.都不是随机变量

C.因变量是随机变量　　　　　　　　　D.自变量是随机变量

3.测定变量之间相关密切程度的指标是(　　　)。

A.估计标准误　　　　　　　　　　　　B.两个变量的协方差

C.相关系数　　　　　　　　　　　　　D.两个变量的标准差

4.现象之间线性相关关系的程度越高,则相关系数(　　　)。

A.越接近于 0　　　B.越接近于 1　　　C.越接近于 -1　　　D.越接近于 $+1$ 或 -1

5.能够测定变量之间相关关系密切程度的主要方法是(　　　)。

A.相关表　　　　B.相关图　　　　C.相关系数　　　　D.定性分析

6.如果变量 x 和变量 y 之间的相关系数为 ±1,说明两变量之间(　　　)。

A.不存在相关关系　　B.相关程度很低　　C.相关程度显著　　D.完全相关

7.变量 x 值增加时,变量 y 值随之下降,那么变量 x 与变量 y 之间存在着(　　　)。

A.直线相关关系　　　B.正相关关系　　　C.负相关关系　　　D.曲线相关关系

8.下列两个变量之间的相关程度高的是(　　　)。

A.商品销售额和商品销售量的相关系数是 0.9

B.商品销售额与商业利润率的相关系数是 0.84

C.平均流通费用率与商业利润率的相关系数是 -0.94

D.商品销售价格与销售量的相关系数是 -0.91

9.当所有的观察值 x 都落在直线 $y_c = a + bx$ 上时,则 x 与 y 之间的相关系数为(　　　)。

A.$r=0$　　　　　B.$|r|=1$　　　　C.$-1<r<1$　　　　D.$0<r<1$

10.在回归直线方程 $y_c = a + bx$ 中,b 表示(　　　)。

A.当 x 增加一个单位时,y 增加 a 的数量　　B.当 y 增加一个单位时,x 增加 b 的数量

C.当 x 增加一个单位时,y 的平均增加量　　D.当 y 增加一个单位时,x 的平均增加量

11.物价上涨,销售量下降,则物价与销售量之间的相关属于(　　　)。

A. 无相关   B. 负相关   C. 正相关   D. 无法判断

12. 设样本回归模型为 $Y_i=\hat{\beta}_0+\hat{\beta}_1 X_i+e_i$，则普通最小二乘法确定的 $\hat{\beta}_i$ 的公式中，错误的是（   ）。

A. $\hat{\beta}_1=\dfrac{\sum(X_i-\overline{X})(Y_i-\overline{Y})}{\sum(X_i-\overline{X})^2}$ B. $\hat{\beta}_1=\dfrac{n\sum X_iY_i-\sum X_i\sum Y_i}{n\sum X_i^2-\left(\sum X_i\right)^2}$

C. $\hat{\beta}_1=\dfrac{\sum X_iY_i-n\overline{X}\,\overline{Y}}{\sum X_i^2-n\overline{X}^2}$ D. $\hat{\beta}_1=\dfrac{n\sum X_iY_i-\sum X_i\sum Y_i}{\sigma_x^2}$

二、多选题

1. 直线回归方程 $y_c=a+bx$ 中的 b 称为回归系数，回归系数的作用是（   ）。

A. 确定两变量之间因果的数量关系

B. 确定两变量的相关方向

C. 确定两变量相关的密切程度

D. 确定因变量的实际值与估计值的变异程度

E. 确定当自变量增加一个单位时，因变量的平均增加量

2. 下列相关系数的算式中，正确的有（   ）。

A. $\dfrac{\overline{XY}-\overline{X}\,\overline{Y}}{\sigma_X\sigma_Y}$ B. $\dfrac{\sum(X_i-\overline{X}_i)(Y_i-\overline{Y}_i)}{n\sigma_X\sigma_Y}$ C. $\dfrac{\mathrm{cov}(X,Y)}{\sigma_X\sigma_Y}$

D. $\dfrac{\sum(X_i-\overline{X}_i)(Y_i-\overline{Y})}{\sqrt{\sum(X_i-\overline{X})^2\sum(Y_i-\overline{Y}_i)^2}}$ E. $\dfrac{\sum X_iY_i-n\overline{X}\,\overline{Y}}{\sqrt{\sum(X_i-\overline{X}_i)^2\sum(Y_i-\overline{Y}_i)^2}}$

三、判断题

1. 回归系数既可以用来判断两个变量相关的方向，也可以用来说明两个变量相关的密切程度。（   ）

2. 两个变量中不论假定哪个变量为自变量 x，哪个变量为因变量 y，都只能计算出一个相关系数。（   ）

3. 逻辑上没有关系，但在数值上相互依存的相关关系称为"伪相关"。（   ）

4. 最小二乘法估计的样本回归直线 $\hat{y}_t=\hat{\beta}_1+\hat{\beta}_2 x_t$ 一定通过点 $(\overline{x},\overline{y})$。（   ）

5. 所有样本观测点全部在最小二乘法估计的样本回归直线 $\hat{y}_t=\hat{\beta}_1+\hat{\beta}_2 x_t$ 上。（   ）

6. 对于可划为线性模型的非线性回归问题，一般先将其划为线性模型，然后再用最小二乘法估计参数。（   ）

7. 一元线性回归方程的回归系数的符号与相关系数的符号完全一致。正号表示正相关，负号表示负相关。（   ）

8. y 倚 x 的回归方程与 x 倚 y 的回归方程是一回事。（   ）

四、综合题(一)

1.根据 5 位同学西方经济学的学习时数(x)与学习成绩(y)计算出如下资料:

$n = 5, \sum x = 40, \sum y = 310, \sum x^2 = 370, \sum y^2 = 20700, \sum xy = 2740$。

要求:(1)编制以学习时间为自变量的直线回归方程;

(2)计算学习时间和学习成绩之间的相关系数,并解释相关的密切程度和方向。

(要求写出公式和计算过程,结果保留两位小数)

2.根据某地区历年人均收入(x,百元)与商品销售额(y,万元)资料计算的有关数据如下:

$n = 9, \sum x = 546, \sum y = 260, \sum x^2 = 3436, \sum xy = 16918$

要求:(1)建立以商品销售额为因变量的直线回归方程,并解释回归系数的含义;

(2)若 2016 年人均收入为 400 百元,试推算该年商品销售额。

3.某部门 5 个企业产品销售额和销售利润资料如下:

企业编号	产品销售额(万元)	销售利润(万元)
1	430	22
2	480	26.5
3	650	40
4	950	64
5	1000	69

试计算产品销售额与销售利润的相关系数,并进行分析说明。

4.试根据下列资料编制直线回归方程 $y_c = a + bx$ 和计算相关系数 r。

$\overline{xy} = 146.5, \overline{x} = 12.6, \overline{y} = 11.3, \overline{x^2} = 164.2, \overline{y^2} = 134.1$。

5.某部门所属 20 个企业,全员劳动生产率(x)与销售利润(y)的调查资料经初步加工整理如下:

$n = 20, \sum x = 30.8, \sum y = 961.3, \sum xy = 1652.02, \sum x^2 = 52.44, \sum y^2 = 65764.65$。

要求:(1)计算全员劳动生产率与销售利润之间的相关系数,并分析相关的密切程度和方向。

(2)建立销售利润倚全员劳动生产率变化的直线回归方程。

五、综合题(二)

1.某班 40 名学生,按某课程的学习时数每 8 人为一组进行分组,其对应的学习成绩如下:

学习时数	10	14	20	25	36
学习成绩(分)	40	50	60	70	90

试根据上述资料建立学习成绩(y)倚学习时间(x)的直线回归方程。（要求列表计算所需数据资料，写出公式和计算过程，结果保留两位小数）

2.某地区家庭调查资料显示，每户平均年收入为8800元，方差为4500元，每户平均年消费支出为6000元，均方差为60元，支出对于收入的回归系数为0.8。

要求：(1)计算收入与支出的相关系数；

(2)拟合支出对于收入的回归方程；

(3)收入每增加1元，支出平均增加多少元？

3.某地居民2012—2019年某商品销售额、该商品广告投入额与人均年收入的资料如下：

年份	某商品销售额 y （亿元）	人均年收入 x_1 （万元）	该商品广告投入额 x_2 （亿元）
2012	14	4	5.5
2013	15	4.5	5.4
2014	17	4.7	5.4
2015	18	4.7	6
2016	20	4.7	5.5
2017	22	4.8	5.5
2018	24	4.8	6
2019	26	5	7
合计	156	37.2	46.3

要求建立以销售额为因变量的直线回归方程。（结果保留两位小数）

4.从某项 $n = 20$ 的资料中已经求得：

$\bar{x} = 124(\text{m})^2, \bar{y} = 67.80(千元), \sum(x - \bar{x})^2 = 2080, \sum(y - \bar{y})^2 = 71.20, \sum(x - \bar{x})(y - \bar{y}) = 296.00$。

要求：(1)计算相关系数 r；

(2)估计回归系数 $\hat{\beta}_1, \hat{\beta}_2$；

(3)计算估计标准误差。

5.某地对温度与每亩害虫数做了统计，数据如下：

气温 x(℃)	6	17	17.5	18	19	19.3	20	20.5
每亩害虫数 y(只)	12	12	14	27	46	72	120	246

要求：(1)判断是否存在显著的线性相关关系；

(2)如果现在已确定两者的回归方程更接近指数函数，请拟合回归并列出回归方程。

练习题八

参考答案

参考文献

［1］安徽大学经济学院编写组.统计学原理［M］.北京:中国财政经济出版社,2004.

［2］陈仁恩.统计学基础［M］.厦门:厦门大学出版社,2004.

［3］陈仁恩.统计学原理习题解答问题辨析［M］.北京:中国统计出版社,2002.

［4］程海峰,赵杰.统计学原理［M］.北京:经济科学出版社,2010.

［5］董海军,社会调查与统计［M］.武汉:武汉大学出版社,2015.

［6］段雪妍,肖智明.统计学原理［M］.2 版.上海:上海财经大学出版社,2015.

［7］冯士雍,施锡铨.抽样调查——理论、方法与实践［M］.上海:上海科学技术出版社,1996.

［8］黄应绘.统计学实验［M］.3 版.成都:西南财经大学出版社,2013.

［9］简倍祥,万恒,张殷.客户问卷调查与统计分析——使用 Excel、SPSS 与 SAS［M］.北京:
清华大学出版社,2014.

［10］李金昌,苏为华.统计学［M］.4 版.北京:机械工业出版社,2015.

［11］刘桂荣.统计学原理［M］.上海:华东理工大学出版社,2016.

［12］刘强.大数据时代统计学思维［M］.北京:中国水利水电出版社,2018.

［13］刘太平.统计学原理［M］.北京:北京理工大学出版社,2014.

［14］钱伯海,黄良文.统计学［M］.成都:四川人民出版社,2001.

［15］宋廷山,葛金田,王光玲.统计学——以 Excel 为分析工具［M］.2 版.北京:北京大学出
版社,2012.

［16］王积田,田春兰.统计学原理［M］.北京:科学出版社,2012.

［17］王淑英,丁大建.统计学原理［M］.北京:中国电力出版社,2009.

［18］吴惠荣.统计学原理学习指导与练习［M］.3 版.上海:上海交通大学出版社,2009.

［19］吴有庆,童立华.统计学原理［M］.上海:上海财经大学出版社,2013.

［20］杨虎,杨玥含.金融大数据统计方法与实证［M］.北京:科学出版社,2016.

［21］杨金秀,胡旺联.统计学原理［M］.2 版.长沙:中南大学出版社,2010.

[22] 杨维忠,张甜.SPSS统计分析与行业应用案例详解[M].2版.北京:清华大学出版社,2013.

[23] 易丹辉.统计预测——方法与应用[M].北京:中国统计出版社,2001.

[24] 游正林.社会统计学——对问卷调查数据的统计分析[M].北京:社会科学文献出版社,2010.

[25] 袁卫,庞皓,贾俊平,等.统计学[M].4版.北京:高等教育出版社,2014.

[26] 袁卫,庞皓,曾五一.统计学[M].北京:高等教育出版社,2000.

[27] 曾五一.统计学概论[M].3版.北京:首都经济贸易大学出版社,2018.